看護を学ぶ人のための社会学

阪井俊文／濱野 健／須藤 廣

編著

明石書店

はじめに

　本書は看護専門学校等での講義を持っている教員が中心となって、看護専門学校・大学看護学部等、看護師を養成するコースの学生および、すでに看護師として働いている方の再教育に向けて書かれたものである。看護師の養成コースにおいては、社会学の授業が置かれていることが多いにもかかわらず、医療・介護現場に直結するような社会学の知識や考え方を紹介するようなテキストはあまりない。また、看護師が自分たちの専門性をより高めるための研修用教材にも、社会学から看護の領域について考察したものはほとんどない。本書において私たちは、看護師養成校における今までの教育経験から、学生たちがこれからの職業生活のなかで身につけるべき、社会学の基本的知識や考え方と、それを応用した看護（や福祉）の現場の社会学的研究の知見を、看護師のために厳選し、それぞれの立場から系統的に提示する。

　現在、医療の現場は専門性をますます要求され技術的にも変化しているのみならず、社会的使命という点においても急激に変化している。言うまでもなく、患者や利用者は一人で生きているわけではない。家族・地域社会・職場等の人間関係が患者・利用者を支えている。そして、医療施設は患者・利用者にとっては一つの社会であり、世界である。また新型コロナ禍において明らかになったように、現代社会のなかにおいて医療施設は非常に重要な位置を占めており、それらのあり方が現代社会の一つの特徴をつくり上げている。従って、社会学の領域においては、医療（や福祉）の分野が次第に重要なものとなりつつある。看護師が身近に接する患者・利用者の現状と現代社会のあり方との関係について、あるいは看護という行為と現代社会のあり方との関係について、社会学の視点から見つめ直してみようというのが、本書のねらいである。

　社会学という学問は、経済学や政治学等と同じように客観科学を体系的に目

指す社会科学の一つである。そのなかでも社会学は特に、私たちの日常的な行為そのものを対象にしている。私たちの日常的な行為は、収入や支出等、数量に表して分析できるものもあるが、「愛」や「憎しみ」等、とうてい数量化できないものも多い。つまり主に数量化できる客観的な条件（客観的条件のなかにも数量化できないものもある）と、主に数量化できない主観的な思い（これも数量化できるものもある）との関係のぶつかり合いのなかで、私たちは通常生きている。この客観と主観のぶつかり合いに、人間関係を取り結ぶ「常識」という暗黙の秩序が覆い被さり、私たちは何とか平穏に生きることができる。

　従って、もし私たちが生きている日常世界がどのように構成されているのか知ろうとしたら、この「常識」も分析の対象にならざるを得ない。「常識」を「常識」で理解することはできない。だから、社会学を学ぶときには、思考のなかだけであるが、一旦は「常識」の世界を突き放して見るという高度な技が必要となる。「常識」を突き放して反省的に見るということ、そしてまた「常識」の世界に再参入することこそが社会学の特徴であり、その魅力でもある。

　日常生活のなかで、私たちは「常識」という色眼鏡をかけている。この「常識」という共通の色眼鏡をかけていることで、私たちは物事を共通に認知し、共通に評価することができる。「常識」という色眼鏡は守らなければならない貴重なものであることは言うまでもない。およそ教育というものは、この色眼鏡をかけていることさえ忘れるくらい、いつも外さずにきちんとかけておくことを教えるということである。そのことはさておき、社会学は、長い時間をかけて身につけた、この「常識」眼鏡の再点検を迫る。ときに、社会学は「常識」眼鏡を外して、ほかの眼鏡に代えてみるようにすすめることもある。社会学が皮肉っぽい学問であるように、あるいは暴露癖があるように見えるのはそのためである。

　今まで当たり前であると思ってきたことを反省的に見つめ直したり、今までの「当たり前」を修正して、新しい「当たり前」につくり替えたりする性向のことを、社会学では「再帰性」と呼ぶ。イギリスの社会学者アンソニー・ギデンズ（Anthony Giddens）は、この性向は、人間が近代になってから発展させたものであると言う。もちろん、前近代社会にあっても人は自分の行為を反省的に見つめ直し、行為の方向を修正するというようなことはしていた。反省

するのは人間の本性であろう。前近代社会においては、自分の行為を振り返り、修正するときの基準は伝統（あるいは伝統的宗教）という固定的な体系であった。伝統もたまにはこっそりと変えられたり、ひっそりと新しくつくられたりもした。とはいえ、それでも伝統は「不変（あるいは普遍）」だというふりだけはしたはずだし、人々もそう信じていたはずだ。つまり前近代社会においては、伝統がどんなものであれ、人々は伝統を参照して自らを反省しながら、修正もしていた。重要なことは、前近代社会においては、その反省も比較的固定的な伝統に従ってしたはずであり、行為の修正も伝統に沿ったものであったということである。

　伝統という基準が失われた現代において、私たちは行為の基準を自ら探すということをしなければならなくなった。安定した参照枠を失った私たち現代人は、常に自己を振り返らなければならないし、自己詮索的な心の習慣を持たなくては生きていけない。常識化し疑問に思わず行っていた行為を、我々はつい反省的に意識してしまう。立ち止まって考えてみると、今まで何も疑問を持たずにやっていたことが、可笑しく感じられることもある。テレビ等で見られる「お笑い」もまた、この構造で成り立っている。現代人は、誰もがこの反省的で、自己詮索的な習性を多少なりとも身につけている。

　そしてまた、現代人は自己に対してのみ反省的になったわけではない。振り返って「変だな」と思った制度についても、現代人は納得できるものにつくり直そうと考える。もし、民主的で透明性のある制度づくりの条件（参加意欲のある市民やネットワークの存在等）があれば、こういった現代人の反省好きの習性を、常に制度を「納得できるもの」につくり変える力へと進化させていくこともできるだろう。こうして、これからも自己に対して詮索的で、制度に対して改革的な現代人の基本的な性格は、時代を経るごとに次第に鮮明になってくる。

　社会学はこのような現代人の反省好きの習性を徹底させ、さらに論理的に一貫性を持たせたものであると言える。従って、社会学は「常識化」した行為を疑い、そこから隠されたルールを可視化し、より納得のいく新しい「常識」をつくり出す手助けをする。社会学の役割は、隠されたルールの可視化の方に重点が置かれるので、皮肉で、露悪的だと見られてしまうことも多いのであるが、

社会学の洞察があるからこそ、単なるポリティカル・コレクトネス（政治的常套句）としての「自由」や「平等」ではない、反省的な「自由」と「平等」の可能性が開けてくるのである。ここに、きわめて現代的な学問としての社会学の存在意義がある。この本の読者の方々は、こうした社会学の特徴に少しとまどうかもしれない。しかし、社会学の批評的で分析的な見方こそ、日常的に反省をし、改革を行いつつ、自らを磨く専門職としての看護師になるために、必要な態度であると筆者たちは考える。

　本書は、患者のための社会学だけではなく、看護師自身の社会学をそのなかに含んでいる。看護師であることにはどんな喜びがあるのか、あるいはそこにはどのような問題点があるのかについても多くのところで触れている。看護師の（あるいはそれらに向けて勉強をしている）方々が、ときに自分の立場を振り返りながら、自分を見つめ直して生きていくためにもこの本が扱っている内容が大いに役に立つと筆者たちは自負している。私たちはそういう意味において、この本が看護師の方々の職業生活の参考になればと願っている。

　また、本文、注等で上げられている参考文献の表記は、（著者名　出版年：ページ）、翻訳書がある場合は（著者名　原著出版年＝翻訳書出版年：翻訳書ページ）とし、各章の最後に参考文献を載せているので、図書館等で手に取って欲しい。

編者を代表して
須藤　廣

看護を学ぶ人のための社会学

目次

第1章

社会学への招待

関係性の学問としての社会学

須藤　廣

　　　　　　　　　　　本章のねらい

　社会学は人間がいかに社会的存在であるかに注目する。また同時に、人間が持つ独特の社会性が、近代または現代社会のなかで変容していることにも関心を持ってきた。あまり変化のない伝統型の社会においては、人間と人間との関係、人間と諸制度との関係、人間とモノとの関係、人間と自然との関係は同様のパターンで反復するものであり、それらのことについて人間はあまり反省する必要がなかった。しかし、変わりゆく現代社会のなかで私たちは、今までのさまざまな関係のあり方を常に省察し、それらに関する新しいあり方をつくり上げている。そのときに、社会学が特徴として持っている「反省好きな（疑ってみる）」態度が、さまざまな局面で、社会の再構築にも役立つものなのである。新しい社会づくりに役立つべき、社会学的思考の特徴はどのようなものなのか、具体的な社会問題を扱う前に知っておこう。

○Keywords　基本的信頼感、アイデンティティ、道具的理性、市場、外部

1　社会的存在としての人間

　人間は誰でも「社会」のなかに生きている。どんなに孤独を愛する人でも、自分が一人だけでこの世を生きているのではないことを、おそらく知っている。孤独を愛する人間が、仮に大人になってから一人で生きることができたとしても、大人になるまでの間に、彼／彼女の人格のなかにすでに「社会」が入り込んでいる。私たちは社会のなかに生きているだけではなく、社会がまた私たちのなかに生きているのである。私たちは社会によって、性別・人種から職業に至るまで、「何者かであれ」と否応なく要求され、同時に（たとえそれらに抵抗するにせよ）「何者かである」という感覚を持つことによって、安定した「個人」であることができる。「何者かである」こととは、社会のなかに個人が生きることであり、個人のなかに「社会」が住みつくということである。

　このように、社会はある種の強制力を持って私たちの人格の内に立ち入るのであるが、また同時に、私たちは「社会」の創造に参加し、「社会」を常につくり変えてもいる。私たち一人ひとりが集まることによって連帯感をつくり出すことができたり、思わぬ力を発揮できたりした経験を持つ者も少なくないだろう。「社会」とは、私たちに「何者かである」ことを強いるような、私たちのコントロールを超えた得体の知れぬものでありながら、よく見れば私たち一人ひとりの集合でしかないものでもある。この形なきものを一体、私たちはどのようにとらえたらよいのだろうか。社会学の知とは、このような人間の奥底

に存在する秩序とはなにかという問いに答えようとする反省的態度から発したものである。反省的思考が変化の激しい現在とは異なり、固定的な形で存在した近代以前において、実体なき「社会なるもの」に対する問いかけの対象は「神」そのものであったり、神の「はかりごと」であったり、「しきたり」であったりしただろう。そして、それらに対して反省的な問いを投げかけることは、いささか「不遜な」ものとされたかも知れない。現代において、人間の創作物でしかないにもかかわらず、自分たちを超えた所にある、この見えない幻想の構築物（＝「社会なるもの」）を、社会学は解明しようとする。社会学は、近代人の「反省好き」な心性がつくり上げたものといえよう。

　以上のように、社会学は社会的存在である人間のありようについて、「当たり前」に疑問を投げかけ、反省的に考察する学問である。しかし、後で詳しく述べるように、社会学が焦点を当てる社会や人間の姿は、心理学等が関心を寄せるような歴史を欠いた一般的な姿であることはない。私たちの内に社会が存在するということは、すでに歴史のなかで限定された社会が私たちの内に存在するということであり、前提条件としての普遍的「人間性」については考慮されるものの、広く一般的に「人間とは？」という問いは、社会学的にはあまり意味をなさない。このことは、社会学が近代社会の成立とともに誕生したこととも関係があり、大ざっぱに言えば、社会学は、近代・現代社会のあり方と、そのなかにおける社会的存在としての人間のあり方について考察する学問である。

　スイスの動物学者アドルフ・ポルトマン（Adolf Portman）が書いた『人間はどこまで動物か』という本がある。第二次世界大戦後すぐに書かれたこの本は、人間と環境との関係について大変多くのことを私たちに教えてくれる。ポルトマンによれば、人間は他の高等哺乳類に比べて、生理的早産であると言う（Portman 1956=1961: 61）。人間が生まれた時点で他の哺乳類なみに発達を見るためには、妊娠期間が 21 カ月必要なのである。人間は生後一歳になってはじめて、他の哺乳類が生まれたときの状態にたどりつくことができる。生まれたての人間は「未成熟で能なし」（Portman 1956=1961: 39）であるために、その未成熟さを補うものが必要となる。特に、生まれてくるときに本来あるべき状態までたどりつく一歳頃までの間に、環境適応のための人為的な学習が必要とな

る。同時に、このことはポルトマンが強調するように「人間の行動は、世界に開かれ、そして決断の自由を持つ」（Portman1956＝1961: 95）ということでもある。

　しかし、人間の行為が「世界に開かれている」こと、「決断の自由を持つ」ことは、人間の行為が無秩序であるということではない。人間は「本能」による自然の秩序からは離れても、自らが他者と共同でつくり上げる人為的な秩序である文化や規範を学習し「身」につける。このことによって、それらがあたかも「本能」であるかのように環境に適応することができるようになるのである。特に、他の哺乳類の生まれたときの状態に近づく、生後一年から一年半に、人間が「本能」の代わりに身につけるもの、それが言語であることに注目しなければならない。言語を使う能力は人間共通の能力ではあるが、個々の言語は多様性のある基本的な文化の秩序の体系であり、私たちは言語を習得することによって、他者と共有すべき関係の秩序の体系のなかに入っていく。「動物的」な感覚による五感を使った非言語的なコミュニケーションの重要性を否定すべくもないが、成長の過程で誰もが、言語を使いこなすことと他者との関係を使いこなすことは、ほぼ同義であるという経験を持つであろう。人間は、未熟なまま生まれ、その「本能の」未熟さを補うように、言語に代表されるような文化（象徴）の秩序、あるいはそれを支える社会の秩序のなかに入っていき、それらの秩序の助けを借りて、やっと環境に適応できるのである。

2　自分を知ることと他者からの定義

　人間は誰でも未成熟なままこの世に生まれ落ち、人為的な文化の秩序を習得することによってやっと環境に適応するのであるが、この過程が問題なくスムーズに行われるとはかぎらない。いやむしろ、この過程においては、誰しも思うようにはいかない経験をするはずである。母親やその他の家族とのコミュニケーションと本能的な欲求のなかに起こる日常的な苦闘・葛藤、社会的なしきたりと個人的な欲望と感情との間に起こる苦闘・葛藤を経ることによって、初めて人間は身体と精神に一定の秩序が獲得できるのである。

　文化（象徴）の秩序は人間が創造したものであるが、生まれ落ちた一個の人

間にとっては自分自身でつくったものではない。それは自分にとって疎遠な
ところからいきなりやってきたものである。この人為的で疎遠な秩序を「自
然」と感じる程度にまで学習することは、一定期間、誰にとっても強いられる。
従って、その学習過程は誰しもある種の「苦痛」を伴うものである（もちろん
喜びでもあるが）。そして、その過程で最も重要なことは、秩序の確かさをもた
らす他者に対する信頼である。生まれたばかりの赤ん坊にとって、環境に秩
序をもたらす他者は第一に母親であろう。赤ん坊にとって母親は世界そのもの
であるから、母親に対する信頼感がその中心となる。人間が文化の秩序を自ら
の内に組み込む際に最も基本となる、母親を中心とした重要な他者に対する信
頼感のことを、アメリカの社会心理学者エリク・エリクソン（Erik Erikson）
は「基本的信頼感」と呼んだ（Erikson 1968=1973）。この「基本的信頼感」こそ、
未成熟な状態で生まれてくる人間が、自然の秩序ではない人為的な秩序を、あ
たかも自然の秩序であるかのごとく受け入れてゆく、最も重要な媒介者なので
ある。

　エリクソンは、自己が世界に受け入れられているという感覚としての「基本
的信頼感」が、人間が安定的に自己を認識するための自己像である「アイデン
ティティ」の感覚を獲得するのに不可欠であると言う。これは、人間が自己像
を他者からの定義としてしか獲得できないということによる。すなわち、他者
という「鏡」なしには自分とは何かを人は知ることができないのである。未成
熟な人間が秩序を獲得する第一歩は、世界の秩序のなかに自己を埋め込むこと、
すなわち「アイデンティティ」獲得の第一段階に足を踏み入れることである。
そして、その際欠かせないのは、その秩序を提供してくれる重要な他者を「無
条件」で信じ抜くということである。

　生まれて間もない赤ん坊から幼児期にかけて（一歳半くらいまでが重要な時期
であるとエリクソンは言うのであるが）、「基本的信頼感」の獲得に失敗した場合
どうなるのかは、児童虐待が原因の PTSD の症例（コラム参照）等からもわか
る。「基本的信頼感」の獲得に著しく失敗した場合、安定した「アイデンティ
ティ」を獲得することが困難になるのである。人間には、自分を取り囲む文化
的秩序を「自然」で「当たり前」であると思う（錯覚する）ための、無条件の
「信頼」という力がどうしても必要なのである。

しかし、エリクソンは人間にとってこの「信じる」という能力が完璧でないこともまた見抜いていた。彼はこれを「基本的不信感」と呼ぶ。この「基本的不信感」こそ、人間が宗教を持つ理由であるとも言う（従って宗教は世界から決してなくならない）。この「基本的不信感」は人間が成長してから後まで持ち続けると言う。「基本的不信感」をどこかに抱えつつ「基本的信頼感」を求め続け、やっとのことで世界とつながっている、というのがエリクソンの考えた人間の姿であろう。

　以上のような人間の姿を知ることは、社会学を学習するうえでは基本的なことである。未成熟なまま生まれてくる人間は、文化を身につけてやっと「人間」になる。そして、文化を支え、たえずつくり変えているのは集合としての人間の姿であり、社会である。そういう意味においては、「人間」であるためには、人間の内と外に社会が存在していることが条件となる。このような意味において、人間とは徹頭徹尾、社会的な存在なのである。社会をつくり、社会によってつくられるものこそ人間的「自然」であり、社会学はそうした人間の姿をさまざまな角度からとらえてきた。

　しかし、繰り返すが私たちの身体の内と外に存在する社会は、すでに歴史を持った社会であり、歴史を持たない一般化された社会ではない。私たちは現代人として常識を身につけ、真・善・美に関する価値観を持ち、社会のこと、自分のことを意識し、（たとえそれに逆らうことがあっても）その枠組みを参照しつつ行為する。社会学はあくまで近代・現代社会のあり方とそこに生きる人間に関心を持つ。社会学が、未開に関心を寄せる場合においても、それは近代化の進んだ社会と比較するためであり、この点において同族の学問であるが、主に未開社会に関心を寄せる、文化人類学とは視点が異なる。

3　社会学が問う近代の外部と社会の再編成

　これまで述べてきたように、社会学は近代の人間の社会的なあり方を批判的に問う学問である。近代社会に対して、社会学が投げかける疑問符の一つは、近代社会が標榜する道具的（効率性のみを重視する）理性や合理性である。近代社会は道具的理性や合理性をエネルギーにして発展してきた。社会学は発展

自体を否定するものでないが、近代化が生み出す強い副作用としての社会関係（一定の社会のなかで諸個人が互いに結びつく関係性）の変容、特に、その負の側面に、関心を集中させてきた（第 2 章を参照）。私たちの社会集団は本来、道具的理性や合理性だけでは説明ができない要素で成立してきた。社会に規定された人間同士の贈与や互酬性に、社会学は（文化人類学はより明確に）注目してきた。前節で述べたように、合理性だけでは説明できない他者との関係性こそが、人間性の根幹を形づくっているからである。このように社会学（や文化人類学）は近代合理性の「外部」にある人間の関係性に焦点を当てる。

　以上のような合理性に関連して、二つ目の疑問符は、私たちの社会関係に大きな力を持っている「市場」の力である。「市場」の力も近代合理性の一部といえるが、現代では特にその領域を社会全般に広げている。以前であれば市場取引の「外部」にあって、自然な互酬的行為であったものも、次第に市場の内部へと回収される。そしてさらに、市場の内部へと回収できない（すなわちビジネスにならない）関係性は、切り捨てられる。このため、社会学（や文化人類学）は近代あるいは現代社会の関係性のありように批判的な視点を持つのである。

4　おわりに

　次章で改めて述べることになるが、社会学は近代になってから変容した社会関係を再編成しようとする学問である。社会学は批判（や批評）を現代社会における関係性の再編成に向けたアイデアを探るために用いる。すなわち、社会学は合理性や市場の外部も含め、時代に合わせた人間性の再構築を目指す学問である。

　近代化により大きく変容した関係性のあり方として例をあげれば、家族のあり方がある。近代になって家族は生産活動をする単位としての結びつきから、愛情を中心に相互扶助的関係性を構築する場へと変容してきた。伝統社会の固定的な関係性から離陸し、合理化と市場化を促進させる社会のなかで、家族は市場の外部としての特徴をより鮮明にさせているといえる（家族を仕事の手段としてだけ考える人間はあまりいないだろう）。合理化や市場化は単線的に進むも

のではなく、内部と外部との複雑な絡み合いをとおして深化していくものと考えられる。

　ジェンダーの変容やセクシュアリティの多様化等もまた、こういった流れのなかで考えることができる。伝統的な決まり事を喪失した近現代社会においては、合理性や市場の外部をも含めた関係性の再構築が課題となっているのである。社会学が目指すゴールは、「当たり前」に疑問符を投げかけつつ得る、反省的、批判的な視座の構築であると同時に、流動性と複雑性を増しつつある現代社会総体におけるつながりの再構築なのである。

参考文献
References

Berger, Peter L. and Hansfried Kellner, 1981, *Sociology Reinterpreted: An Essay on Method and Vocation*. New York: Anchor Press/Doubleday.（＝森下伸也訳，1987,『社会学再考──方法としての解釈』新曜社.）

Erikson, Erik, 1968, *Identity: youth and crisi*s. New York: Norton.（＝岩瀬庸理訳，1973,『アイデンティティ──青年と危機』金沢文庫.）

Portman, Adolf, 1956, *Biologische Fragmente zu einer Lehre vom Menschen*. Reibek: Rowhhlt.（＝高木正孝訳，1961,『人間はどこまで動物か──新しい人間像のために』岩波新書.）

ディスカッションテーマ
Exercises

1　以下のコラムの内容も参照し、人間がいかに社会的存在であるのかを、「多重人格症」の例等（「オオカミに育てられた少女」等、他のものでもよい）、具体的な例を使い説明してみよう。

2　合理化や市場化だけでは説明しきれない社会関係の諸部分について具体的な例をあげて議論してみよう。

読書案内
Reading guide

1　Erikson, Erik, 1968, *Identity: youth and crisis.* New York: Norton.　（＝岩瀬庸理訳 , 1973, 『アイデンティティ——青年と危機』金沢文庫.）

　　本章でも紹介したが、著者であるエリク・エリクソンは、人間の発達のなかで「アイデンティティ」がどのように形成されていくのかをフロイト理論を応用しつつ分析している。本章では、「口唇期」（環境を身体的に受容する発達段階）の乳幼児にとって母親等重要な他者への「基本的信頼感」の有無が、それ以降のアイデンティティの獲得に大きく影響していることについて触れたが、この本全体においては、むしろ青年期の「アイデンティティ危機」と現代社会との関係に焦点が当てられている。そのことに関心のある読者にとっては、より重要な必読書である。

PTSD の症状が物語るもの

　1995 年 1 月の阪神・淡路大震災以来、災害・事故・犯罪等の犠牲者・被害者
が、事件後の生涯に持ち続ける心の傷についての報道が目につくようになった。
こうした「心的外傷」を受けた人が被るさまざまな症状のことを「心的外傷後
ストレス障害（Post-traumatic Stress Disorder=PTSD）」と言うのであるが、
この症状の一つに「多重人格症」がある。特に幼児期の虐待が原因で引き起こさ
れた「多重人格症」の事例を見ると、幼児期に刻まれた「心の傷」が、「私」と
いう一つの「人格」（これ自身幻想なのかも知れないのであるが）を安定的に維
持するという「普通」の能力をいかに奪ってしまうのかがわかる。逆に言えば、
我々が通常持っている「常に変わらぬ私」（たとえそれが「幻想」であったとし
ても）という感覚、すなわち「アイデンティティ」のあり方が、幼い頃に与えら
れた世界に対する素朴な「信頼感」に大きく依存していることがわかる。これは、
幼い頃に自分を定義してくれる身の回りの「重要な他者」に対する「基本的信頼
感」が、その後自分に向けられた他者からの定義を受け入れるかどうかの基本的
な態度を形成し、そのことがその人間の「アイデンティティ」形成とその安定に
重要な役割を持つからである。人間は単独で自分によって自分を定義することは
できない。「私」のイメージを獲得するには、信頼できる他者という信頼できる
「鏡」が必要なのである。「鏡」が信頼できないものであったり、歪んでいて一貫
した像を提供しなかったりすれば、人は自分に対する安定したイメージを持つこ
とができない。

　米国では、ベトナム戦争以降、PTSD が一般に知られるようになったのであ
るが、日本でこれが話題になるようになったのは阪神・淡路大震災のときからで
ある。1996 年、NHK で「私のなかの他人――現代が生む多重人格症」という
ドキュメンタリー番組が放送され、これがきっかけになり、以降、数多くの「多
重人格症」に関する報道番組がつくられた。発端となった NHK のこの番組で
は、アメリカの女子大生「レイチェル」の事例が紹介されている。レイチェルは
大学のキャンパスを歩いているときに突然倒れ、その後多数の人格が現れ、「レ
イチェル」としての彼女のアイデンティティはコントロールを失ってしまう。あ

るときは粗暴な人格が現れ、自分の髪を刈り坊主頭にしてしまう。あるときには、幼い甘えん坊の男の子の人格が現れる。レイチェルは大学を休学し治療に専念する。セラピストの原因究明の試みから、ようやく両親に虐待される人格（虐待を受けた体験を持つ者は無意識のうちに、この記憶が表に出ないように自己規制している）が現れ、これによって彼女の多重人格症の原因がわかり、症状は快方に向かうというストーリーであった。このドキュメンタリーでは「本当の私」とは何か、虐待は「本当に」あったのか、といった問題が先送りされてしまうのであるが、ここで重要なことは、「本当の私」という誰でも持っている幻想の「物語」が、家族といった重要な他者を中心とした「世界」とそれが提供する一貫した「物語」に対する信頼によって支えられているという事実である。他者と自己が、無前提の信頼感で結ばれ、そのことによって「私」という物語が一貫したものとして成立していることが、人間が人間であるための条件なのである。

　「多重人格症」に関するドキュメンタリー番組は多数放映されている。そのなかの一つから、他者と自己との信頼関係、あるいはそれがつくり出す自己に対する自己の信頼関係について考えてみることは、自己とは何かを見つめ直す意味でもよいことかもしれない。

（須藤　廣）

第2章

社会学のなりたち

社会学小史

須藤 廣

◇ 本章のねらい ◇

　第1章では、社会学とは近代の社会関係のあり方に対する省察（反省）と社会の再
再構築に向けた知的運動から社会学が誕生したことを述べた。この章では最初に社会の
合理主義的再構築に向けて理論を作った社会学第一世代といわれるコント、そこから単
純な合理主義を抜け出し、合理主義一辺倒の関係性のあり方への反省から人間のつなが
りについて考えた、社会学第二世代といわれるデュルケム、テンニエス、ウェーバーの
社会学について解説する。

Keywords 実証的段階、アノミー、意味、ゲマインシャフト、合理性

1 コントの社会学

　社会学が単に「常識」を問い直す「批判的」な学問であるだけでなく、きわめて建設的な性格を持っていることは、「はじめに」で述べたとおりである。このことはまた、社会学の誕生とその確立の過程からもわかる。社会学（英語では sociology、フランス語では sociologie、ドイツ語では Soziologie）という言葉を、現在通用している意味で最初に使った人は、19世紀前半の哲学者オーギュスト・コント（Auguste Comte）であった。コントは人間の精神および社会の歴史を、神学的段階から、形而上学的段階、実証的段階への進化の過程として描いてみせた。その考えの基本は、秩序が宗教によってもたらされ、迷信が横行する神学的段階から、神に代わってそれを人間が哲学的に秩序立てた形而上学的段階、そしてその後、科学的知識が世界に秩序をもたらす実証的段階へと人間の精神は進歩するというものである。その発展法則は、人間の知性が本来持っている合理的発展能力の発現の結果であると、彼は考えた。

　コントの人間の合理性に対する絶大な信頼は、19世紀の啓蒙主義の特徴でもあったのだが、これはコントが合理主義的社会革命家のサン＝シモンの弟子であったことにも起因する。科学教とさえも言えるような、合理的な人間の連帯の原理を持って宗教に代替させようとしていたアンリ・ド・サン＝シモン（Henri de Saint-Simon）の考えを引き継いだコントの思想の根底にあったのは、宗教に代わる合理的な人間の連帯を、神ではなく人間が科学的につくり上げる

ことであった。このように社会学は、学の成り立ちからしてきわめて建設的な社会構築という目的を持っていたのである。

　そして、コントが思想を完成させた時期は、大革命後、政治がジェットコースターのように揺れ動いた時代である。ナポレオンによる第一帝政とその後の王政復古、1848 年の二月革命とそれに続く第二共和制、そしてまたコントが没する 5 年前、1852 年にはナポレオン 3 世（ルイ・ナポレオン）が即位してフランスはまた帝政にもどっている。コントの社会学は、このような混乱のなかから、伝統を打ち破り、それに代わる新しい近代的社会秩序をつくっていこうとするものであった。このように社会学は、伝統に代わる近代的な人間関係がどのようにあるべきか、そのような社会をつくるにはどうしたらよいのか、ということを深く考える役割を最初から持っていた。社会学とはまさに近代がつくり出した近代化のための実践的な学問として出発したのである。

2　デュルケムの社会学

　社会再建の学として生まれた社会学の神髄を引き継いだのは、コントの死とほぼ同時期、ドイツ国境近くのロレーヌ地方でラビ（ユダヤ教律法学者）の子として生まれたエミール・デュルケム（Émile Durkheim）である。彼を筆頭に第二世代といわれる社会学者が活躍したときのフランスは、ルイ・ナポレオンによる第二帝政に続く、フランス革命の総仕上げとも言うべき第三共和制の黎明期にあり、社会近代国家としてのフランスの成熟と、それに伴って顕在化してきた近代社会の諸矛盾とのアンビバレンス（両面価値）のなかにあった。迷路のように入り組んだ路地だらけで、不衛生な都市であったパリも 1860 年代には大改造され、放射線状に真っ直ぐな道が張り巡らされた近代的な街へと生まれ変わり、また 1889 年の万博の際には万博会場にエッフェル塔が建設されている。この時期のフランスは都市の近代化に加え、個人と社会を結ぶ家族・同業組合・地域集団等の「中間集団（国家と個人を媒介する集団）」のあり方が急速に変容していたのである。

　社会の大変動のさなか、デュルケムはコントと同様、個人の自由を原則とする近代の理念に基づいた人間の連帯をいかにつくり出していくべきかに腐心し

た。こうしたなかで書かれたのが、社会学の古典としていまだ現代社会を説明するのに有効性を持っているとされるデュルケムの著書『自殺論』（1897＝1985）である。『自殺論』は個々の自殺の直接的原因を分析するものではなく、あくまでも「自殺率」のデータから、社会学的あるいは人間学的背景を分析する。そのなかでデュルケムは、カトリック信者よりもプロテスタント信者が、既婚者よりも未婚者が、子どもがいる者よりもいない者が、より自殺率が高いことに注目している。この自殺率の増加をもたらすものは、他者と自己とが共同でつくっている精神的秩序の欠落（方向性を失った個人主義がもたらす共同性の欠如と言ってもよい）、すなわちエゴイズムである。デュルケムはこのようなことから起こる自殺（率の上昇）を「エゴイズム的（または自己本位的）自殺」と呼んだ。他者と自己との共同制作物としての社会の紐帯こそ、人間に生きる意味を与えてくれるものである。他者との紐帯が崩壊すれば、人は「何のために生きるのか」といった、誰でも持つ本質的問いへの答えを安定的に持つことができない。生きる「意味」の基礎となる一定程度体系な「信念」は一人でも持つことはできるであろう。しかし、それを継続して安定的に持つためには、「意味」を共有する他者が必要なのである。

　デュルケムは、急激な不況ばかりでなく、経済の急激な発展もまた、人間の精神的安定を崩壊させ、自殺率を増加させることを明らかにしている。これは、好況が人間の欲望の急拡大を生み、欲望に限界を画していた共同の規範を崩壊させてしまうからである（もちろん急激な不況も同様である）。欲望が急拡大すること（また、それに続く自我の縮小感）によって生じる他者との「意味」の共有を失った個人、あるいは社会の状態のことを、デュルケムはアノミー（anomie、「無規制」の意味）と呼び、また、このようなことから起こる自殺（率の上昇）を「アノミー的自殺」と呼んだ。アノミーの状態もまた、エゴイズムの状態と同様、他者と自己とが共同で制作している、個人を超えた「意味」の秩序（デュルケムはこれを「集合意識」あるいは「集合表象」と呼んだ）を崩壊させてしまう。エゴイズムとアノミーの状態は、個人を超えた「意味」秩序としての「社会」が人間の内部に十分存在しない、という意味では同じなので、この両者を総称して「アノミー」と呼ぶこともある。いずれにせよ、基本的には、個人を超えた「意味」の秩序こそ人間に生きるエネルギーをもたらすものであ

り、これを失った人間のなかには「死」を自ら選ぶ者も出現する。人間はパンのみではなく、「意味」をも食べて生きている存在なのである。デュルケムは「意味」の共有状態をもたらす人間の紐帯が、近代化のなかで崩壊しかかっていることを時代から感じ取っていたに違いない。

　では、こういった近代化のなかにおける人間疎外状況を克服するには、どのような処方箋があるとデュルケムは考えていたのだろうか。フランス啓蒙主義の伝統を引く自由主義的知識人であったデュルケムは、「意味」秩序の崩壊を救うのは伝統の復活であるとは考えなかった。彼はコント同様、ある種の社会の発展段階的進化論を信じていたと言える。すなわち、社会は同質性（地縁や血縁）を原理とする機械的連帯の形から異質性（つまり分業）を原理とする有機的連帯へと移行すると考えていた。従って、伝統秩序の喪失は社会の発展段階的進化に伴うものであり、地縁や血縁ではなく、自由な個人が基本となった関係においてこそ真の連帯を創造できると考えたのである。そのために彼は、個人が基本となりながらも価値を共有する中間集団（たとえば同業組合）の復活や、合理主義的な教育に基づく規範の創造をうったえ、そこに新しい連帯創造の可能性をかけた。「意味」の共有という人間の条件を、伝統的な宗教へと逆戻りすることではなく、自由な個人を基本とした人間集団の合意形成に求めたところは、社会学の祖コントと同様であり、この当時の社会学自体が、フランス革命の理念の実現と根底で関わっていたことがわかる。

　デュルケムがコントから引き継いだものは、近代的社会再編への企図ばかりではない。デュルケムの考え方で重要なのは、社会が単なる人間の集合ではなく、個々人に対して外在的に存在するということである。デュルケムにとって社会とは、単なる人の集まりではない。人が集まることによって生じる、個人を超えた「意味」の共有状態こそが社会を社会たらしめ、人間の生の意味や現実感をもたらすのである。人間の共同作業によって構築したはずの「意味」の体系（＝集合意識、または集合表象）は、個々人が作っているものであるにもかかわらず、そのなかの個人にとっては人間を超えているように感じられる。まさにこうした「錯覚」によって、集合意識（集合表象）は人間の思考を拘束するのみならず、人間の経験に生き生きとした輪郭を与えるのである。「意味」秩序の外在性、拘束性こそ、社会を存続させる基本であり、私たちに生の意味

を与える源なのである。

　こういった彼の考え方は晩年の著作である『宗教生活の基本形態——オーストラリアにおけるトーテム体系』（1912=2014）において遺憾なく発揮された。このなかでデュルケムは、宗教は人間がつくったものであるにもかかわらず、人間にとって信念や信仰の内容を神がつくったものとして外在的に感じられ、そのことによって世界が「聖」と「俗」とに分けられると言う。そして彼は、この集合意識（集合表象）の外在性こそが、人々に生きる意味を与え、規範をつくり上げ、人々を結びつける機能を持つものだと考えた。人間に生きる力をもたらす意味的秩序の外在性、超越性という問題は、現在でもまだ廃棄された問題では決してない。人間性の奥底に存在するこの超越的なものへの渇望は、1995 年に起きたオウム真理教事件などにおいても垣間見られ、現代社会を分析する際にも依然通用するものなのである。

　また彼は、このような人間存在の基底に横たわる意味秩序や規範の外在性こそが社会学を科学たらしめるものであると言う。つまり、集団が共有する意味秩序が外在的で人間に対して拘束的であるがゆえに、社会を「物として（正確には、物のように（comme des choses）」客観的に観察することができるのである。こういった意味秩序の人間に対する外在性、拘束性への注目は、社会学よりもむしろ彼の流れを汲む、モース（Marcel Mauss）やレヴィ＝ストロース（Claude Lévi-Strauss）たちの文化人類学の方法へと引き継がれていった。

　以上のように、社会学はフランス革命の経験と深く関わっている。つまり、近代とは何かという問いを常に持ち続けている。ある意味においては、現代社会もまた、近代革命の典型であるフランス革命の延長線上にある。完全なる人間解放がフランス革命の目的なら、フランス革命はまだ終わっていない。終わらないこの人間解放の理念と現実のなかにこそ、社会学の存在理由がある。

3　テンニエスの社会学

　前節においては、社会学がその原点において、伝統社会から抜け出した人々が、いかに近代社会を建設するかというミッションを持つものであったことを、フランス社会学の第一、あるいは第二世代の流れのなかから述べた（デュルケ

ムはそれを単方向的に見ていたわけではなかったが）。一方、隣国ドイツの社会学において特に、近代の原理が単純に受け入れられたわけではなかったことをこの節では述べる。

　ドイツ社会学のみならず、その後の社会学一般において参照された『ゲマインシャフトとゲゼルシャフト——純粋社会学の基本概念』（1887 = 1957）においてフェルディナンド・テンニエス（Ferdinand Tönnies）は、コントの進化論的社会変動論を受け入れつつも、人間社会の結合の原理には、本来的で自然な非作為的感情による「本質意志」と、個人主義的で作為的な意志である「選択意志」によるものと二つあると言う。前者をゲマインシャフト（Gemeinshaft = 共同社会）、後者をゲゼルシャフト（Gesellshaft = 利益社会）と言うが、歴史的な流れから言うと、給付と返礼といった人格的交換や地縁・血縁に基づくゲマインシャフトが優勢な社会から、合理的で非人格的な交換（契約）に基づくゲゼルシャフトが優勢な社会へと移行していることは明らかである。しかし、比重の違いはあるが現代社会においても、家族等の自然的結合原理を見ればわかるように、いつの時代にも人間社会にはゲマインシャフトが存在している。

　テンニエスは、近代社会においては、ゲゼルシャフト的な合理主義的人間結合の原理がゲマインシャフト的自然的結合の原理を凌駕すると冷静に分析しつつも、その底流には人間の動物的、自然的なゲマインシャフト的結合原理がゲゼルシャフトに包摂されながらも存在していることを忘れてはいない。テンニエスの論理は基本的には、コントと同様に人間精神の非合理性から合理性への進化論に基づくものなのであるが、コントが実証主義的であり、より現実社会の合理的建設という「当為（〜すべきである）」を志向しているのに対し、テンニエスはより事実、あるいは「存在（〜である）」の解明を志向している。彼の客観的視線の裏側には近代の合理主義的な進歩に対する両義的・複眼的な見方が存在しており、そしてその底流には人格的人間関係を破壊するゲゼルシャフト的側面に批判的なロマン主義的哲学が脈打っている。

4　ウェーバーの社会学

　事実や存在の解明への志向が、そのまま批判へとつながるわけではないの

であるが、テンニエスに続くドイツの社会学者であるマックス・ウェーバー（Max Weber）の社会学は、その両義的・複眼的な（近代をポジティブにもネガティブにも見る見方）がより鮮明であり、さらに近代批判的な特徴をはっきり示している。ウェーバーもテンニエス同様、近代社会がより合理主義的で非人格的な原理に基づくゲゼルシャフトによって成立していることを強調するが、ウェーバーはこの合理主義の原理が西欧独特のものであることを見抜いていた。

　ウェーバーはその著書『プロテスタンティズムの倫理と資本主義の精神』（1905＝1989）において、16、17世紀の宗教改革によって人々にもたらされた古プロテスタンティズムの倫理観が、その後の産業革命による資本主義的生産様式とそれを支えた資本主義の精神の方向性をいかに決定してきたのかを明らかにした。功利主義的な合理主義を原理とする現在の資本主義社会は、科学技術革命のみでは存在しなかったのであり、この成功には合理的生産様式を支える人間的あるいは文化的革命が必要だったのである（もちろん科学技術の進歩による物質的な生産力抜きではあり得ないのであるが）。あえて言えば、近代西欧資本主義とは必然ではなく、歴史上現れた一つの社会のつくり方であり、ある一つの特殊な生き方の集合にしかすぎない。

　近代の資本主義のあり方を方向づけたものはいったい何だったのだろうか。それは、西欧で起こった日常における人々の生活倫理の変容、すなわち、世俗の生活のなかでの「禁欲主義」の徹底化である。もともと中世ヨーロッパにおいては、現世において世俗の欲望を絶ち、神のつくりたもうた合理主義的規範に従うという禁欲主義的な生活態度は存在していた。これは、後にウェーバーが、世界の宗教を比較する中で明らかにしてきたことであるが、来世の救済のために現世における活動に重きを置き、そこで禁欲主義を貫き通すことを徹底化させた宗教はキリスト教をおいて他になかった。ただし、中世末期まではこうした現世の禁欲主義は修道院の内部で行われるもので、神の世界から遠い世俗の世界で行われるものではなかった。特に、16世紀、ルター（Martin Luther）の時代においては、世俗における禁欲の不徹底は、免罪符（贖宥状）を購入することで許されていた（ローマ・カトリック教会がバチカンのサンピエトロ大聖堂改築の予算を捻出するために、民衆から金を収奪する目的で、フッガー家を仲介させて行った錬金術とも言われている）。このような教会権力の腐敗に対

する憤りも、ルターが宗教改革を決意したことの一因であるが、こうした腐敗に対する怒りを、世俗内の職業を神の与えた「召命（＝天職）」としてとらえることに代え、禁欲は修道院ではなく日常の職業生活のなかでこそ実現されるべきであるとしたところにこそ、ルターの宗教改革の社会学的意義がある。ルターは、キリスト教の持つ禁欲主義を修道院内部から外へと広げ、世俗の世界に普遍化していったのである。ルターの宗教改革とは、「堕落した」教会守旧派権力に対抗し、神とその言葉である聖書の超越性を徹底化した、キリスト教における言わば「原理主義」運動であった。

　ルターの原理主義をより完璧なものにしたのは、ルターの後スイス（フランス生まれであるが宗教活動は主にスイスのバーゼルやジュネーヴで行った）に現れたカルヴァン（Jean Calvin）であった。ルター派の教義においては、人間を「神の力の容器（信仰者の魂に神性が入り込む）」としていたように、神秘主義的で感情的なものを残していたが、カルヴァン派においては、人間を「神の力の道具である」と表現していたことからもわかるように、信仰者の感情的、神秘主義的な状態ではなく、人間の禁欲的な行為そのものと、その結果にのみ焦点が当てられていた。こうして、カルヴァン派の信徒たちは、人間に対する神の超越性を強調し、宗教行事における神秘主義をも「迷信」として否定する（英国における過激なカルヴァン派の「ピューリタン」たちは、メイポールやクリスマスの行事までも否定した）ほど、世俗内の禁欲を徹底化していったのである（Weber 1905＝1989：331）。そして、カルヴィニズムにおける神の超越性が究極の形として現れたもの、それこそが「予定説」と言われる教説である。

　カルヴィニズムにおいては、人間の行為と神の行為には厳然とした区別が行われ、人間はどんなことをしても神の行為に近づくことはできない。その究極の表現こそ、人が救済されるかどうかは、神のみぞ知るとする、彼の「予定説」なのである。人が救済されるかどうかは、現世において人間がどのように行為するにせよ決まっているのだから、「予定説」は人の日常的行為に何ら影響を及ぼさないように思われるが、実際にはそのようにはならなかった。人々は自分の運命に無関心になるのではなく、むしろ「救いの確証」を得ようと考えるようになったのである。つまり人々は、「もし自分が救済されているのなら」という前提のもとに行為するようになるのである。誰もが自分の救済を信

じていればこそ、その現れである禁欲主義的な「生真面目さ」が世俗の世界を覆っていった。そして、ウェーバーが「倫理の衣服をまとい、規範の拘束に服する」と表現した合理主義的な生活スタイルは、その場かぎりのものではなく、次第に生活全般を組織化するようなものへと発展していった。

　このような生活全般を組織化する禁欲的合理主義が、人々の生産活動を支える生活倫理へと形を変え拡がっていったものこそ、ウェーバーが言う「資本主義の精神」である。『プロテスタンティズムの倫理と資本主義の精神』において、フランクリンの有名な、「時は金なり」を唱えた教説を引用している（Weber 1905=1989：40-43）。時間や信用、それによる利子等、近代的な経済倫理の優越性を主張しているこのフランクリンの教説こそは、合理的禁欲主義による生活の組織化・方法化、すなわち後に資本主義社会の諸原則となったものをうまく表現している。こういった合理的生活スタイルの組織化・方法化を抜きにしては、欧米においてさえも根強く残っていた伝統主義を打ち破り、近代的な資本主義制度をつくり上げることはできなかった。

　以上のように『プロテスタンティズムの倫理と資本主義の精神』において、キリスト教の原理主義運動とも言える宗教改革が、近代資本主義が形成される歴史のなかでいかなる役割を持ち（ウェーバーは歴史の方向を決めた「転轍手」と言っている）、近代社会のあり方を規定しているかをウェーバーは明らかにしたのであるが、ここにおけるウェーバーの考察の底流には、するどい現代社会批判が流れていることを忘れてはならない。この本の終盤において、ウェーバーは自己へのコントロールを方法化する形式的合理主義が「鉄の檻」となって、未来の人間たちが持つさまざまな関係性から、あらゆる人格的なものを奪い去ることを指摘している。そして、「精神のない専門人、心情のない享楽人」となった、未来の人類「末人たち」は、その歪められた人間性には気づくことなく、「人間性のかつて達したことのない段階にまですでに登りつめた、と自惚れるだろう」と、ラディカルな近代批判であるニーチェの言葉を引用しながら、現代人の「合理主義」の傲慢さを厳しく断罪している（Weber 1905=1989: 366）。

　もちろん『プロテスタンティズムの倫理と資本主義の精神』は、彼の政治的心情や嗜好を発露したものではまったくない。そうではなく、彼の社会学方法

論の主張である「当為（〜であるべき）」と「存在（〜である）」の区別を基本として書かれたものである。しかし、彼が見つめた近代社会の「存在（〜である）」の裏側に隠された近代や現代社会の原理に対する根本的批判こそ、彼が「末人たち」に伝えたかったことであろう。

　社会学は、「当為」と「存在」（あるいは「事実」）を明確に区別する科学であり、規範を示す道徳ではない。しかし、前述したようにフランスにおける社会学の誕生の裏側には近代社会における、人間同士の新しい形の結合の仕方を示そうとする志向が存在していた。同時にまた、ドイツにおけるウェーバーの社会学は、近代社会形成の原理である形式的合理主義を批判する視点を持っていた。近代・現代批判と近代・現代における社会の再構築、そこにおける科学としての社会学の要請、これらのことが社会学を現在においても成立させている基本的要素である。

5　おわりに

　社会学は現代社会の批判的思考が生み出したものであり、「常識」に対して一歩引いたところからものごとを見るため、発想の仕方はやや難解かもしれない。しかし、社会学の歴史を概観することによって、その一見込み入った発想のあり方の特徴と魅力が理解できると考える。

　そして、人文科学の一つである社会学は、ある種の視点や問題関心（これを「パラダイム」とも言う）を持って、事実からデータを集め、社会の結合・葛藤・変動の原理をモデル化（ウェーバーはこのモデルを「理念型」と呼んだ）しつつ説明するものである。従って、社会とそのなかにいる人間に対する問題関心を抜きに社会学の理論はあり得ない。しかし、その研究においては、自分の主義主張や趣向は極力抑制し、事実を冷徹に観察する訓練された態度が必要である。問題構成における価値への「自由」（＝問題関心から出発すること）と、事実認識における価値からの「自由」（＝価値評価は極力差し控えること）をあわせ持つもの、これこそウェーバーが社会学の方法として唱えた「価値自由」というものであり、社会学の最も基本的な態度である。

参考文献
References

Durkheim, Emile, 1897, *Le Suicide: Étude de sociologie*. Paris: Félix Alcan.（＝宮島喬訳, 1985,『自殺論』中公文庫.）

Durkheim, Emile, 1912, *Les formes* élémentaires *de la vie réligieuse: Le système totémique en Australie*. Paris: Félix Alcan.（＝山崎亮訳, 2014,『宗教生活の基本形態——オーストラリアにおけるトーテム体系（上・下）』筑摩学芸文庫.）

Tönnies, Ferdinand, 1887, *Gemeinschaft und Gesellschaft: Abhandlung des Communismus und des Socialismus als empirischer Culturformen*. Frankfurt: Fues's Verlag.（＝杉之原寿一訳, 1957,『ゲマインシャフトとゲゼルシャフト——純粋社会学の基本概念（上・下）』岩波文庫.）

Weber, Max, 1905, *Die protestantische Ethik und der "Geist" des Kapitalismus*. Frankfurt: J.C.B. Mohr.（＝大塚久雄訳, 1989『プロテスタンティズムの倫理と資本主義の精神』岩波文庫.）

ディスカッションテーマ
Exercises

1 現代社会における「アノミー」について具体的な例をあげて議論しよう

2 現代社会における形式的合理性の諸原理がどのように「合理主義の非合理性」を生み出しているのか医療施設や社会福祉施設を例にあげて説明してみよう。

読書案内
Reading guide

1 Ritzer, George, 1996, *The McDonaldization of society: An Investigation into the changing character of contemporary social life revised edition*. Newbury Park, CA:

Pine Forge Press.（＝正岡寛司監訳，1999,『マクドナルド化する社会』早稲田大学出版部.）

　アメリカの社会学者ジョージ・リッツァによるこの本は、いわゆる「古典」ではない。近年、世界中の大学における社会学の授業で最も多く使われている本であろう。ウェーバーが現代社会における「鉄の檻」として描き出した官僚制化の諸原理（効率性・計算可能性・予測可能性・コントロール）が、マクドナルドを始めとするファストフード店の管理・営業の原理はもとより、ショッピングセンター・学校・病院の管理原理にまで及び、「合理主義の非合理性」をいかに生み出しているのかを指摘した本である。医療に関しての言及も多く、医療化論の側面からも話題となった。

「社会科」とは異なる「社会学」!?

　社会学という学問は日本の高等学校のカリキュラムのなかにはない（「公民科」という形では多くの国で存在するが）。日本の高等学校における社会科の教科目のなかでは「現代社会」という科目が近いように思われるが、これは細分化された社会科科目を総合したような科目で（従って一年生の科目になることが多い）、一部社会学の知見を取り入れてはいるものの、ものの見方は基本的には社会学的とは言えない。

　義務教育から高等学校までの社会科科目は、地理・歴史・政治・経済・倫理あるいは公民といったような、扱っている領域が比較的明確なもので、「国民的」常識になじみやすいものに限定されている。これらの科目における分析の手法も、客観科学に近いものも含まれるが「常識」的視点を前提にしており、社会の「常識」そのものをも分析の対象にするようなものではない。高等学校までの社会科とは、言わば「国民的」社会常識を涵養するためのもの、言い換えれば公民「道徳」教育の一種であると言うことができる。

　社会科学が自然科学と同じような「客観科学」たり得るのかという厳密な議論は後に回すことにして、社会学もまた科学であることを指向する学問である以上、「常識」とは距離を持つことが必要とされる。特に、社会学が対象とする領域はあまりにも日常生活に近く、普段生活者として私たちが「常識」を行使して観察しているものがあまりにも多く含まれる。そこで社会学が「科学」であるためには、より意識的な「常識からの自由」が要求されるのである。つまり、常識からの距離を要求される社会学の性格と、常識の涵養を目指す高等学校までの社会科とは性格が大きく異なる。このことが、社会学が高等学校までの学科のなかには仲間入りしない理由であろう。

　「常識」から距離を持った社会学のシニカルな性格は、ときに社会学が危険な学問であるというレッテルを貼られることにつながる。特に、全体主義的で権威主義的な社会においては、現在のような社会学は疎んじられていたこともあった。しかし、「坊主憎けりゃ袈裟まで憎い」といった諺や、イソップ物語の「酸っぱいブドウ」の話のように、人間は自分の都合のよいように世界を見がちであり、

その判断の多くには「常識」の見方が無反省に採用されている。人間がこういった「没反省的」（多くは「常識」の色眼鏡によって曇らされた）性格を持つゆえに、「常識」から一歩身を引いた枠組みから行う判断が、たとえ耳にして快いものではないものであっても、かえって冷静な現状把握、ひいては正しい戦略の構築には必要なのである（二重スパイの存在意義はここにある）。

　冷静な判断や計画性がより必要な現代社会においては、社会学が持つ「常識」からの距離は一つの武器となる。18歳以上を対象とする「大人」の学問である社会学は、そのシニカルで「感情抑制的」な性格ゆえに（ある程度の年齢にならなくてはそういった「主観性」の管理は難しいであろう）、現代社会を現実的に構築するうえで大きな武器になる。従って、現在の近代国家では、社会学が危険な学問であるとされることよりも、政治的にはむしろ「保守的」な学問であることの方が多い。

　先に、社会学は常識を身につけるための道徳学ではないと言ったが、そのことは社会学を学ぶ者は常識や道徳を知らなくてもよいということを意味しているわけではない。否、むしろ社会学は常識を熟知し、自分の価値観をしっかり持つことを要求する。このこともまた、社会学が高等学校の教科目のなかにはない「大人の学問」であることの理由なのである。常識を身につけ自分の価値観を持つ人間のみが、常識を自省的に見つめ直し、常識の自明性の裏側に隠された真実を発見することができる。社会学を始める人はある程度常識を身につけていると同時に、そこから距離も持てる大人でなくてはならない。そうでなければ、常識を見つめ直すことができないであろう。アメリカの社会学者、ピーター・バーガー（Peter L. Berger）は社会学が暴露癖を持つことを強調したが（Berger and Kellner 1981=1987:1-25）、常識を暴露するためには、社会学者は、暴露すべき常識の存在を知っているばかりではなく、その「使い方」も知っていなくてはならないのである。このような意味においては、社会学者は「王様は裸」だと叫ぶ子どもとは、似てはいるが異なったスタンスに立っている。社会学者は、無垢な子どもであることよりも、実は常識の達人であることを要求されるのである（もちろん常識の「暴露」には無垢な子どものセンスも必要であるが）。

　社会学とは、「常識」を身につけた人間が、「常識」の眼鏡をいったんはずし、「常識」を問い直すことによって、より新しい時代に合った新しい「常識」をつ

くり出すことを目指す、きわめて近代的な学問である。そのことは第2節で示したように、社会学の歴史はそもそも、凝り固まった古い「常識」を見つめ直し、人間の新しい集合的なあり方をどのようにつくり出したらいいのかという、近代社会構築に向けた実践的問いから発したものであったことからもわかる。

◎参考文献

Berger, Peter L. and Hansfried Kellner, 1981, *Sociology reinterpreted: An essay on method and vocation.* New York: Anchor Press/Doubleday. （森下伸也訳，1987『社会学再考——方法としての解釈』新曜社.）

（須藤　廣）

第3章

少子高齢化の推移と福祉国家の現在

少子高齢化を巡る現状の主な課題と政策的課題

舟木　紳介

本章のねらい

　少子高齢化が進む日本は世界に先駆けて超高齢社会に突入した。単に要介護者が急増するだけでなく、一人暮らしや夫婦のみ世帯の高齢者が増えるといった家族の形も変化し、これまで高齢者の生活を支えてきた社会構造が変化してきた。2000年に介護保険制度が開始し、その後、医療・介護・住まい・介護予防・生活支援が一体的に提供される地域包括ケアシステムの構築が基礎自治体を単位として進められてきた。しかし、制度の狭間で見えにくい虐待や「老老介護」問題は、ひきこもり、孤立化などの複合的な課題との関連のなかで生じている。このように複雑な背景を持つ当事者をどのように支援し、生活を支えるべきなのかについて本章を通して考えてほしい。

高齢化、人口減少、地域包括ケア、ソーシャルワーカー、
受け止める

1 日本における少子高齢化の現状と課題

　日本社会の高齢化は、高齢者▶1 の割合の高さのみならず、高齢化のスピードの速さが特徴である。日本の 65 歳以上人口は 1950 年には総人口の 5% 以下だったが、戦後の高度経済成長後、1970 年に高齢化率が 7% に達し、高齢化社会となった。特に高齢化のスピードは他の先進諸国よりも格段に早かった。たとえば、高齢化率が 7 ％から 14% になるまでの期間をみると、フランスが126 年、スウェーデンが 85 年かかったが、日本は 24 年しかかかっていない。日本は世界に先駆けて超高齢社会に突入した。2020 年の 65 歳人口は、3,619万人で高齢化率は 28.8％と世界一である。今後の高齢者の推移と人口の将来推計をみると（**図 3-1**）、65 歳以上の高齢者数は 2042 年には 3,935 万人でピークを迎え、その後は減少に転じると推計されている。総人口は 2019 年で 1 億2,617 万人が 2065 年には 8,808 万人へ減少するが、高齢者の数が増えることで高齢化率は年々上昇し、2065 年には高齢化率が 38.4％という高い水準に達する見込みである（内閣府 2021: 3-4）。

　人口の高齢化の流れは日本のみならず、世界人口全体としての傾向でもある。国連による世界人口推計によれば（国連広報センター 2019）、世界の人口は 2019 年の 77 億人から 2100 年には 109 億人に増加すると予想されているが、主な人口増加の半分以上は、インド、ナイジェリア、インドネシアなどの 9 カ国で発生するものである。日本を含む多くの先進諸国に加え、開発途上地域に

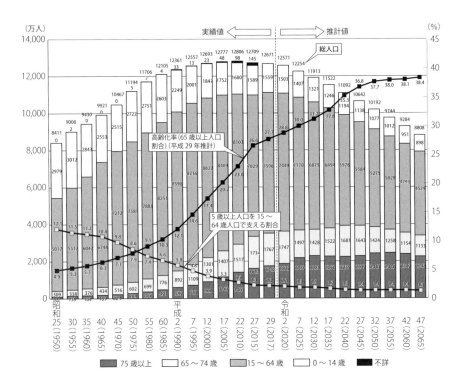

図 3-1　高齢者の推移と人口の将来推計（内閣府 2021）

　おいても急速な高齢化が進んでいく。アジア諸国では韓国やシンガポールの高齢化は日本よりも早いスピードで進んでいくと予測されている（内閣府 2021: 8）。
　日本社会の高齢化が 1970 年代から「社会問題」として注目されていたが、出生率の低下などの少子化の問題が高齢化との関連のなかで言及されはじめたのは 1990 年代と最近のことである（広井 2019: 58）。労働力（生産年齢人口）の減少に伴う経済成長の鈍化と年金・医療などの社会保障制度の不安定化の課題としての「人口減少」問題も指摘され、少子化対策の重要性がその頃から叫ばれてきた（赤川 2018: 83）。たとえば、15 歳から 64 歳までの生産年齢人口が減って、一人が支えなければならない高齢者数が増加する問題などである。

年間の出生数をみると、1949 年の第一次ベビーブームのときは約 270 万人
だったが、2019 年の出生数は 86 万 5,234 人にまで減った。合計特殊出世率[2]
をみると、1949 年には 4.32 だったが、1950 年台に急速に減少し、1970 年代に
第二次ベビーブームで 2.0 を超えたが、その後は減少傾向にあり、2019 年は
1.36 まで落ち込んでいる（図 3-2）。そして少子化の原因は、結婚したカップル
の子どもが減っているのではなく、若者の未婚化と晩婚化である（広井 2019:
58）。若者の間では日々の生活も不安定な非正規労働者も増加し、結婚して家
族を形成したくてもできないことが大きな要因である。婚外子出生数は増加
しているが、欧米諸国と比較すると圧倒的に少ない。しかし、日本の少子化
対策は、結婚や子育てにおけるそのような経済的側面が無視されてきた（山田
2020: 44）。加えて、他の先進諸国では少子化対策としての社会保障制度を充実

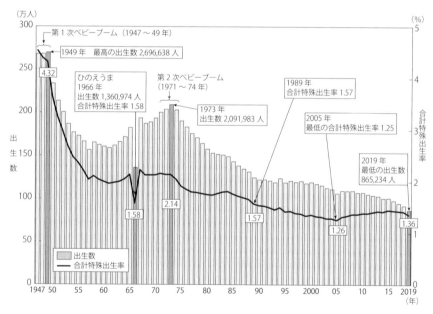

図 3-2　「出生数及び合計特殊出生率の年次推移」
（内閣府 2020c, 令和 2 年度版『少子化社会対策白書』より抜粋）

させてきたが、それ以上に若い移民を受け入れてきたので人口が減少していないのである。日本が将来的に大量の移民を受け入れないとすると、少子化対策によって出生率が多少増加したとしても人口減少が進むことが予測できる（是川 2020: 163）。重要なことは人口減少社会の過程のなかで、財とサービスをどのように分配するか、どのような社会をデザインするかの問題として認識することであろう（赤川 2018: 90）。

2　家族形態の変化

　国民生活基礎調査の高齢者世帯構造の年次推移をみると（厚生労働省 2019:4）、家族のかたちは変化し、1986年に多くを占めていた三世代世帯の割合は、44.8%であったものが、介護保険がスタートした後の2001年には25.5%に、さらに2019年には9.4%まで減少した。2019年に一人暮らしの高齢者は28.8%で、親と未婚の子のみの高齢者世帯は20.0%まで増加している（**図3-3**）。
　三世代世帯の減少や高齢者一人暮らし世帯の増加そのものは現代社会のライフスタイルの一つでもあり、その家族形態が悪いわけではない（濱島 2021: 35）。しかし、家族形態の変化のなかで、介護の形も変化してきた。同居で介護する側もされる側も65歳以上である割合は、2001年に40.1%であったが、2019年では59.7%にまで上昇した（厚生労働省 2019: 26）。いわゆる「老老介護」が急増している。また、同居する介護者がいたとしても、その多くは高齢者（特に女性）であり、何らかの病気や認知症を持っている可能性も高い。さらに高齢化が進展する中、認知症高齢者数も増加している。2012年に462万人と見込まれたが、その後急速に増加し、2025年には65歳以上の高齢者の約5人に1人、約700万人と推計されている（内閣府 2017）。近年では未成年のヤングケアラーの問題や80代の親がひきこもりの状態にある社会から孤立した50代の子どもと同居する「8050問題」など家族介護問題の多様化が起こっているのである。このような状況において、内閣府の「地域における将来の高齢者の介護や生活支援に対する不安」についての調査結果でも、高齢者の回答者の過半数が「公的な支援を十分受けられるかどうかわからない」と実際に老後への漠然とした不安を抱えていた（内閣府 2019）。

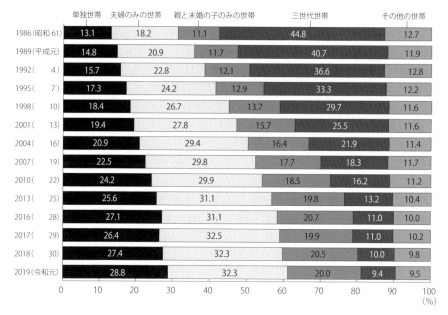

	単独世帯	夫婦のみの世帯	親と未婚の子のみの世帯	三世代世帯	その他の世帯
1986(昭和61)	13.1	18.2	11.1	44.8	12.7
1989(平成元)	14.8	20.9	11.7	40.7	11.9
1992(4)	15.7	22.8	12.1	36.6	12.8
1995(7)	17.3	24.2	12.9	33.3	12.2
1998(10)	18.4	26.7	13.7	29.7	11.6
2001(13)	19.4	27.8	15.7	25.5	11.6
2004(16)	20.9	29.4	16.4	21.9	11.4
2007(19)	22.5	29.8	17.7	18.3	11.7
2010(22)	24.2	29.9	18.5	16.2	11.2
2013(25)	25.6	31.1	19.8	13.2	10.4
2016(28)	27.1	31.1	20.7	11.0	10.0
2017(29)	26.4	32.5	19.9	11.0	10.2
2018(30)	27.4	32.3	20.5	10.0	9.8
2019(令和元)	28.8	32.3	20.0	9.4	9.5

注：1) 1995 年の数値は、兵庫県を除いたものである。
　　2) 2016 年の数値は、熊本県を除いたものである。
　　3)「親と未婚の子のみの世帯」とは、「夫婦と未婚の子のみの世帯」及び「ひとり親と未婚の子の
　　　みの世帯」をいう。

図 3-3　65 歳以上の者のいる世帯の世帯構造の年次推移
　（厚生労働省 2019, 2019 年度『国民生活基礎調査の概況』より抜粋）

3　超高齢社会と介護保険制度の導入

　高齢化社会となった 1973 年には「福祉元年」として、高齢者の医療費の無料化などの高齢者のための社会保障制度が充実していった。しかし、1980 年代には高齢者の「社会的入院」の増加、高齢者施設建設、年金などの増大する社会保障費が抑制に転じ（黒田 2018: 10）、個人の自助努力と家庭や近隣・地域社会等の連帯を基礎とし、家族による介護を前提とした「日本型福祉社会」を構築していった（藤崎 2013: 608）。その後、1980 年代後半には、介護の社会化

を目的とした在宅福祉サービスの推進を目標とした高齢者保健福祉推進10カ年戦略（ゴールドプラン）が策定され、ホームヘルプ、デイサービス、ショートステイといった高齢者向けの在宅サービスが市町村を実施主体として展開されることになった。さらに中学校区域で医療・保健職及び福祉・介護職の2名が24時間体制で介護相談を提供し、サービス調整を行う在宅介護支援センターが整備されることになった（舟木 2005: 36）。

　2000年には、介護保険制度がスタートした。この制度は、新しい社会保険の仕組みであり、40歳以上の保険者が収める保険料と税によって運営され、要介護・要支援の状態であるかどうかの認定を受けた人に、ケアマネージャーによる相談・調整のもとでさまざまな施設サービスや在宅サービスを提供する制度である（黒田 2018: 11）。2006年には介護保険制度において、前述の在宅介護支援センターが統合される形で、地域包括支援センターが規定され、総合相談や介護予防マネジメントを行う包括的支援事業と介護予防支援業務を行う「地域包括ケアシステム」の中核拠点として市町村に設置された。センターは成年後見制度の活用や高齢者虐待への対応など権利擁護業務も行う。2020年度現在、全国で5,221カ所設置され、約20％が市町村直営で、約80％のセンターが社会福祉法人、社会福祉協議会などに業務委託されている。地域包括支援センターには、三つの専門職、保健師、主任介護支援専門員（ケアマネージャー）、社会福祉士が配置され、要援護者に対しては専門職がチームとして介入する仕組みとなっている。

　また近年には、法律や制度から外れた生活課題への対応や複合的な課題を抱える人々への対応など、高齢者介護の問題だけでは止まらない総合的な支援体制が必要になっている。高齢者支援のみならず、障害者福祉、子育て支援、生活困窮者等へ総合的な支援体制を整備するために、2016年に厚生労働省は、『我が事・丸ごと』地域共生社会実現本部が設置された。「制度・分野事の『縦割り』や「支え手」「受け手」という関係を超えて、地域住民や地域の多様な主体が『我が事』として参画し、人と人、人と資源が世代や分野を超えて『丸ごと』つながることで、住民一人ひとりの暮らしと生きがい、地域をともに創っていく社会」を目指すことが目標とされている（厚生労働省 2017）。

4　制度の狭間で見えにくい課題──ある地方都市の事例

　人口20万人程度のある地方都市において、地域包括支援センターなど高齢者福祉分野で長年ソーシャルワーカー（社会福祉士）として活動してきたAさんにインタビューを行った。近年は、地方都市においても、高齢者が80代、その子どもが50代で同居しているいわゆる「8050問題」を抱えた高齢者世帯が増えてきたという。さらに同居の子どもがアルコール依存、知的障害、発達障害などを抱えており、経済的な問題を併せ持つケースも目立つ。子世代が経済的に苦しい状況である場合、親の要介護度が進むほど、貧困問題が顕在化するのである（ＫＨＪ全国ひきこもり家族会連合会 2019: 4）。

　前節で説明した地域包括支援センターや総合的な相談支援体制は地域単位で着実に進みつつある一方で、上記のような家族が地域のなかで長年孤立状態にあり、親の介護という問題に直面して初めて他の社会福祉的課題が顕在化してくる場合もある。実際に、60歳以上の高齢者を対象とした国際比較調査（2020年度）でも他の先進諸国と比較して、日本の高齢者は「相談ごとがあった場合に近所の人に相談する」割合が20%で最も低かった（内閣府 2021:61）。また、社会意識に関する世論調査結果によれば「あなたは、地域での付き合いをどの程度していますか。」という質問に対して、70歳以上の高齢者の22.5%が「付き合っていない」と回答した（内閣府 2020b: 7）。つまり、一定層の高齢者が困ったことがあっても相談しないだけでなく、そもそも地域や近所の人たちと付き合いさえ持たない可能性がある。

　2006年には高齢者に対する身体的・心理的虐待や介護の放棄等が家庭や介護施設で顕在化し、社会問題とされ、高齢者虐待防止法が施行された。地方都市においても、より深刻な状況として、ネグレクトを含む高齢者虐待につながるケースも増えているそうだ。全国的な傾向としては、2018年度の厚生労働省による調査によれば（厚生労働省 2018: 12）、地域での養護者による虐待は、相談・通報件数が3万2,231件で、虐待と認められた件数は17249件で、過去最多であった。虐待が発生した要因として、「虐待者の介護疲れ・介護ストレス」（25.4%）がもっとも高かった。性別では「女性」が76.3%を占めていた。

年齢階級別では「80 〜 84 歳」が 24.4% と最も多かった。未婚の子と同居している被虐待高齢者が 35.7% で最も多く、被虐待高齢者から見た虐待者の続柄は、「息子」が 39.9% と最も多かった。

　このような虐待ケースは、介護保険を利用している人がいつも同じ服を着ているなど、ケアマネージャーが何かが「おかしい」と気づくときがある。しかし、多くの場合高齢者本人は「おかしい」とは気づいていない。たとえば、息子に通帳を預けて、自分が経済的なネグレクトを受けていても、「おかしい」と気づかない例もある。一人暮らしや高齢者夫婦世帯の場合は、民生委員などの地域の見守りの対象となるが、このような世帯はその対象から排除されることも多い。全国統計をみても、虐待を受けている高齢者の 26.2% が介護保険制度を利用していない。

　地方都市では、三世代同居率も全国平均より高く、三世代近居の場合も多い。80 歳代の高齢者夫婦、50 代の息子夫婦、その子どもの三世代が同居または近くに暮らしながら、介護や子育てのサポートをしあう家族が多い（杉村ほか 2019）。いわゆる「8050 問題」とは異なり、経済的に自立した介護者が同居している、または近くに暮らしているので、周りから見れば介護問題はないようにみられる。親世代と子世代では、生活様式や価値観が異なり、共同生活がうまくいっていない場合もあるだろう。しかし、地方都市特有の世間体を考えて、うまくいっていない家族関係について近隣の人々や親戚、ましてや専門職に相談することもできない。そのようなケースでも感情のもつれから、家族関係のコミュニケーションが断絶し、虐待につながるケースもある。

5　当事者の気持ちを「受け止める」支援とは？

　前述のソーシャルワーカーの A さんは、認知症の疑いがあるとして、70 歳代の男性 B さん宅に訪問した。初回は玄関をノックしても反応はなかった。後日、再度訪ねても応答はなく、名前と要件をメモして帰った。訪問は半年続いた。半年後、男性はようやく A さんを玄関に招き入れた。B さんの家に入って驚いた。電化製品がまったくなかったのだ。つまり、お湯も出ない、お風呂にも入っていなかった。夜は裸電球がつくだけだった。食べ物は一日一食。と

きどき訪ねてくる親族以外の人と会うことはなかった。高齢ではあるが、認知症ではなく、本をよく読んでいた。高齢者福祉の「専門職」から見れば、「ひきこもり」「社会的孤立」状態として「要援護者」として診断を受けるだろう。「専門職」の視点からのアセスメントとして、その高齢者の食事は偏っており、不衛生と理解される。そのような状況の高齢者に専門職はどのようにかかわるべきなのだろうか。ソーシャルワーカーのAさんは、何度もその方を訪問し、話を聴く中で、Bさんの生き方や楽しみについて少しずつ理解し、当事者の幸せのあり方や生きる意味を承認することの大切さを学んだという。

　当事者の気持ちを「受け止める」支援については、ソーシャルワーカーの専門書であるバイスティックの『ケースワークの原則』のなかにも出てくる。ケースワーカーが受け止める対象とは、クライエント（当事者）の健康さと弱さ、肯定的感情と否定的感情などのすべてを含んだ実際のありのままのクライエントの姿であり、このような現実を理解すると同時に、クライエントに対する尊敬の念をも保ち続けることであるという（Biestek 1957: 111）。地域に暮らすさまざまな困りごとを持つ当事者を取り巻く制度は整いつつあるが、やはり制度の狭間で見えにくい課題というのは存在する。さらに専門職がそのように暮らしの課題を抱えた当事者に出会ったとしても、当事者とサービスや制度をつなぐだけでは不十分である。Aさんの実践のように、当事者に尊敬の念を持ち、当事者のありのままを受け止めることがクライエントとの信頼関係の構築につながり、そこで初めて地域包括ケアシステムが機能し、地域住民が安心して地域で暮らすことにつながる実践となるのではないだろうか。

　本章では、介護保険制度導入以後、医療・介護・住まい・介護予防・生活支援が一体的に提供される地域包括ケアシステムの整備が市町村単位でどのように進められてきたかを概観した。しかし、同時期は、単純に介護を受ける人が急増するのみならず、これまで日本社会の介護を支えてきた「家族介護」が成り立たなくなるほど一人暮らし世帯の増加や「8050問題」の顕在化が進んできた。まさに、制度の狭間のなかで高齢者福祉サービスそのものが受けにくかったり、支援を拒否する高齢者も増えていくことも予想できる。このように複雑な背景を持つ当事者をどのように支援し、生活を支えるべきなのか。今後「支援」をする側の専門職の資質がより問われる時代が来たと言えるだろう。

注
Notes

▶1　高齢社会対策大綱などの政府文書では、一律に 65 歳以上を「高齢者」と見る
これまでの傾向があった。しかし、2017 年に日本老年学会などは、特に 74 歳まで
の前期高齢者は活発な社会活動が可能な人が大多数であるため 75 歳以上を高齢者
として新たに定義することを提案している（内閣府 2020a: 3）。
▶2　合計特殊出生率とは、15 歳から 49 歳までの女性の年齢別出生率を合計したも
ので、一人の女性がその年次の年齢別出生率で一生の間に生むとしたときの子ども
の数に相当する（内閣府 2020c: 4）。

参考文献
References

赤川学, 2018,『少子化問題の社会学』弘文堂.

Biestek, Felix, 1957, *The casework relationship*, Chicago, Il: Loyala University Press.
　（＝尾崎新ほか訳, 2006,『ケースワークの原則──援助関係を形成する技法』誠信
　書房.）

藤崎宏子, 2013,「ケア政策が前提とする家族モデル── 1970 年代以降の子育て・高
　齢者介護─」『社会学評論』64（4）.

舟木紳介, 2005,「社会福祉専門職と相談──在宅介護支援センターの政策展開との関
　係性からの検討」『社会福祉学』45, 3.

濱島淑恵, 2021,「高齢者を取り巻く社会環境」日本ソーシャルワーク教育学校連盟編
　『高齢者福祉』中央法規.

広井良典, 2019,『人口減少社会のデザイン』東洋経済新報社.

KHJ 全国ひきこもり家族会連合会, 2019,『長期高年齢化する社会的孤立者（ひき
　こもり者）への対応と予防のための「ひきこもり地域支援体制を促進する家族支
　援」の在り方に関する研究』.（2021 年 10 月 26 日取得, https://www.mhlw.go.jp/
　content/12200000/000525388.pdf.）

国連広報センター, 2019,『世界人口推計 2019 年度版　プレスリリース』2019 年 7 月
　2 日.

是川夕, 2020, 「人口の構造と動態——日本の人口はどう変わり、これからどうなるのか？」武川ほか編『よくわかる福祉社会学』ミネルヴァ書房.

厚生労働省, 2017, 『「地域共生社会」の実現に向けて（当面の改革工程）【概要】』. (2021年10月27日取得, https://www.mhlw.go.jp/stf/seisakunitsuite/bunya/0000184346.html)

厚生労働省, 2018, 『平成30年度高齢者虐待の防止、高齢者の養護者に対する支援等に関する法律に基づく対応状況等に関する調査結果』.

厚生労働省, 2019, 『国民生活基礎調査の概況. (2021年10月27日取得, https://www.mhlw.go.jp/toukei/saikin/hw/k-tyosa/k-tyosa19/index.html)

黒田研二, 2018, 「介護政策の変遷と課題」隅田好美他編『よくわかる地域包括ケア』ミネルヴァ書房.

内閣府, 2017, 『平成29年度版高齢社会白書』.

内閣府, 2019, 『地域社会の暮らしに関する世論調査の概要』. (2021年10月26日取得, https://survey.gov-online.go.jp/r02/r02-chiikishakai/gairyaku.pdf.)

内閣府, 2020a, 『令和2年度版高齢社会白書』.

内閣府, 2020b, 『社会意識に関する世論調査』.

内閣府, 2020c, 『令和2年度版少子化社会対策白書』.

内閣府, 2021, 『令和3年度版高齢社会白書』.

杉村和彦ほか編, 2019, 『三世代近居の健康長寿学——福井・北陸・日本・世界』晃洋書房.

山田昌弘, 2020, 『日本の少子化対策はなぜ失敗したのか？　結婚・出産が回避される本当の原因』光文社新書.

 ディスカッションテーマ
Exercises

1　少子高齢化が進む社会において、どのような対策が必要とされているか論じてみよう。

2　看護職が社会福祉士やケアマネージャーとチーム医療・福祉実践を行う上で重要なことは何であるか、話し合ってみよう。

読書案内
Reading guide

1　Biestek, Felix, 1957, *The casework relationship.* Chicago IL: Loyala Press.（＝
2006, 尾崎新ほか訳『ケースワークの原則——援助関係を形成する技法』誠信書房.）
　　ソーシャルワーカーがクライエント（当事者）とどのように信頼関係、援助関係
をつくっていくかについて書かれた古典である。福祉に関わる専門職のみならず、
看護職などの医療に関わる専門職によっても有用な支援の技法が書かれている。

2　上田諭, 2021,『認知症そのままでいい』ちくま新書.
　　看護職・介護職の認知症ケアにおいて、専門職が認知症の治療だけに注目する
「医学モデル」だけでなく、当事者の暮らしに寄り添う「生活モデル」を重要視す
ることを訴えている。さらに専門職が認知症の高齢者の気持ちを受け止める支援の
方法を提案している。

ソーシャルワーカーとはどのような専門職か？

　第3章のなかでソーシャルワーカーという専門職が登場した。私の勤務校の社会福祉学科でソーシャルワーカーを目指す学生からよく聞くのが「ソーシャルワーカーって何をするの？」と友達や家族に聞かれていつも困るという。1986年、日本にソーシャルワーカーの国家資格として社会福祉士ができた。現在、実際の現場では、社会福祉士、ソーシャルワーカー、ケースワーカー、相談員、相談支援専門員など、多様な名称で呼ばれている現実もある。

　ソーシャルワーカーという言葉は、英語の Social Worker であり、国際的にみれば、116 カ国に 300 万人以上のソーシャルワーカーがいる。社会福祉士や精神保健福祉士は日本における社会福祉の国家資格であるが、ソーシャルワーカーとは、共通した専門職アイデンティティと使命をもって世界中で実践を行っている専門職の一つである。ソーシャルワーカーの源流は、19 世紀後半に資本主義社会が発展したイギリスであり、その後、アメリカを中心として専門的な技術や方法論を発展させていった。日本においても、第二次大戦後に憲法において社会福祉の権利が保障されるとともに、生活保護、医療、高齢者福祉、地域福祉の各分野においてソーシャルワーカーが導入されてきた。

　近年は高齢者の地域包括ケアにおいて、社会福祉士が「相談援助」の専門職として期待され、看護師、ケアマネージャーとの連携を前提として地域包括支援センターに必置された。しかし、ソーシャルワーカー（社会福祉士）の専門職の理解は一般社会において不十分である。2014 年に策定されたソーシャルワークのグローバル定義には、「社会変革と社会開発、社会的結束、および人々のエンパワメントと解放を促進する、実践に基づいた専門職であり学問である。社会正義、人権、集団的責任、および多様性尊重の諸原理は、ソーシャルワークの中核をなす」とあり、単なるミクロ的な「相談援助」のみならず、「社会を変える」というマクロ・ソーシャルワークまで幅広いのである。

（舟木　紳介）

第4章

現代社会の貧困と格差

森谷 康文

―――――――〈 本章のねらい 〉―――――――

　新型コロナウイルス感染症拡大によって、世界では新たに一億人以上が「極度の貧困」に追いやられた。日本でも、経済活動が停滞するなか、失業や収入の大幅な減少で生活が困窮した人たちが、食料配布や生活相談の場に押し寄せた。いわゆる途上国にとどまらず、経済的に豊かといわれる国においても「貧困」は大きな問題となっている。もちろん、途上国の貧困と先進国の貧困を単純に比べられることはできない。私たちは、どのような状態を「貧困」というのだろうか。

　本章では、これまでの社会・経済学の調査研究がどのように貧困を捉えようとしたのかを概観し、その背景にある社会格差や「子どもの貧困」や「貧困と健康問題」という代表的な事象を通して貧困への理解を深めていきたい。

⊸Keywords　絶対的貧困、相対的貧困、非物質的な貧困、子どもの
貧困、貧困の世代間連鎖、健康の社会的決定要因

1 「貧困」をどう捉えるか

　国連が「極度の貧困」の基準としている「1日1ドル90セント」は、食料
や安全な飲料水の他、住居、保健医療、教育などの人間が生きていく上で最低
限の必要を満たす水準といわれており、国際貧困線（the international poverty
line）とも呼ばれている（World Bank 2020）。19世紀末から20世紀初頭にイギ
リスで貧困調査をおこなった、チャールズ・ブースやシーボーム・ラウント
リーは、人々が生活を維持するのに最低限の所得を定めて貧困な人たちの数や
生活状況の調査をおこなった。特にラウントリーは、栄養学などを参考にして
身体機能の維持に必要な最低限の所得を客観的に設定しようとした（Rowntree
1922=1975）。こうした、人間が生きていくために必要最低限な水準を満たして
いない状態を「絶対的貧困」という。

　一方、社会全体の生活水準を基準にして、そこから著しく低い状態にあるこ
とを「相対的貧困」という。ラウントリーらが用いたような絶対的な基準で貧
困を定義することの限界を指摘したピーター・タウンゼントは、貧困な状態
とは「属する社会で慣習的に、あるいは少なくとも広く奨励、承認されている
ような種類の食事をとり、社会活動に参加するための生活条件や設備を整える
資源が不足している場合である」と定義した（Townsend 1979）。タウンゼント
（1979）は、食生活や住宅設備、家具といった生活の物的な条件に加えて、休
日の過ごし方や他者との交流、職業生活への参加といった社会生活にも着目

し、当時のイギリス社会で広く共有される生活様式を送れていない状態を、いわば「あたりまえの生活」を奪われているという意味で「相対的剝奪（relative deprivation）」と呼んだ。

　誤解してはいけないのは、相対的貧困が絶対的貧困に比べて軽いものだということではない。絶対的貧困が身体機能の維持といった生理的な観点で貧困を捉えようとするのに対して、社会生活を基準にするのが相対的貧困である（松本他 2016）。タウンゼントが主張したように、社会で広く共有される生活様式が送れないということは、社会とのつながりを失うことでもある。周囲との関わりがなくなり孤立すれば、生きる希望を失うことにもなりかねない。相対的貧困も命に関わる問題なのである。

2　貧困の非物質的側面

　日本をはじめ市場を介して物やサービスを売買する社会では、所得をはじめ「お金」がないことが「貧困」の大きな要因となる。そのため、貧困に関わる調査では、個人や世帯の所得の状況把握がおこなわれる。しかし、インド出身の経済学者のアマルティア・セン（Amartya Sen）は、貧困を所得のみで捉えることに批判的だ。センは、何を実現できるかという個人の「潜在能力（ケイパビリティ）」に注目することが重要だと主張する（Sen 1992=1999）。センのいう「潜在能力」とは、個人が行動する際の選択の機会をひろげる能力のようなもので、個人が知識や技術を身につけるだけではなく社会環境の整備によっても高められる。たとえば、心身に障害がある人が障害のない人と同じ水準の生活を送るためには、より多くの所得が必要となる。一方、社会福祉サービスやバリアフリー環境が整備された社会では、「より多くの所得」は必要ではなくなる。センの潜在能力の視点は、貧困の解消には所得だけでなく、人の社会参加を阻んでいる物理的、社会的、制度的、心理的な障壁にも目をむけることの大切さに気づかせてくれる。

　ルース・リスター（Lister 2004=2011）は、物資的な核として「容認できない困窮」があり、その状態に置かれた人たちが経験する「関係的・象徴的」側面としての貧困を「物質的・非物質的貧困の車輪」で説明している（図 4-1 参照）。

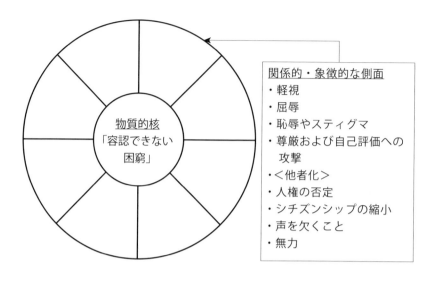

注：Lister,Ruth.,2004,Poverty (Key Concepts) , Polity; Cambridge, UK.(= 2011,　松本伊智朗監訳，立木
　　勝訳『貧困とはなにか──概念・言説・ポリティクス』明石書店：22.)

図 4-1　物質的・非物質的な貧困の車輪（Lister 2004=2011: 22）

貧困の「関係的・象徴的な側面」とは、貧困な状態にある人に対する軽視や尊
厳への攻撃、人権の否定といった社会の態度、それによって貧困な状態にある
人が感じる屈辱などである。
　貧困な人たちに対する否定的なイメージの形成により、「非貧困者」が「貧
困者」を自分たちとは異なる特殊な存在に貶めていく「他者化」が起こり、貧
困の自己責任論の興隆や貧困者の市民権の縮小を正当化することにつながる。
（リスター 2004=2011）。貧困な状態に置かれている人に対するイメージの形成は、
マスメディアや行政の扱い方に大きな影響をうけるが、この章のように「貧
困」について取り扱うことでさえ、結果的に偏見を助長し「他者化」を強化す
るというリスター（2004=2011）の主張は、貧困問題を学ぶうえで注意しなく
てはならない視点である。

3　日本における貧困の状況

　かつて日本には「一億総中流」といわれる時代があった。1968 年には「国民総生産」がアメリカに次いで世界で第二位となり、テレビや自家用車が家庭に普及するなど大量消費が加速されるなかで、全国的な社会調査において生活程度を「中」と位置付ける人が 9 割を占めたことなどがその背景だといわれている（神林 2012）。

　しかし、こうした傾向は 1990 年代から大きく変化することになる。2006 年の OECD の報告書（2006）では、日本の相対的貧困率が 1980 年代から比べて悪化しており、特に 2000 年の「子どもの貧困率」は、14.3％と OECD 加盟国

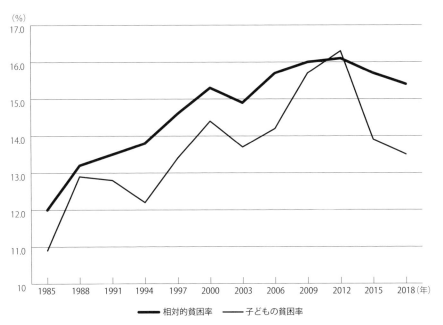

注：「2019 年国民生活基礎調査の概況　表 11 貧困率の年次推移」から相対的貧困率と子どもの貧困率
　　を抜粋し、著者作成。

図 4-2　相対的貧困率・子どもの貧率推移（厚生労働省「2019 年国民生活基礎調査」もとに著者作成）

平均の 12.2% よりも高いことが指摘された。**図 4-2** は、日本の全世帯と子ども
のいる世帯の相対的貧困率の年代別推移である。全世帯の相対的貧困率は 1980
年代後半から上昇し、2012 年には、子どものいる世帯の貧困率も 16.3% と高い
水準となった。子どもの 6 人に 1 人が相対的貧困の状態となっていたのだ。

　日本の相対的貧困の把握は、世帯の収入から所得税や社会保険料などを引い
た「可処分所得」、つまり自分の裁量で使うことのできる所得を家族の人数で
調整して一人あたりの金額にした「等価可処分所得」を用いて計算する。調査

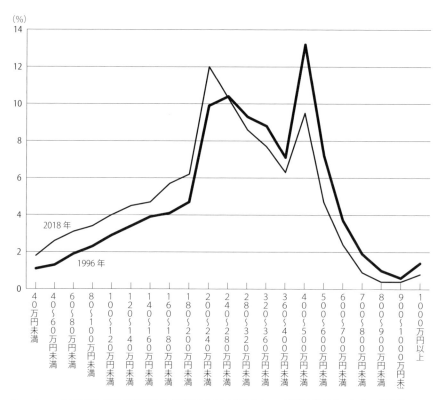

注：e-Stat　令和元年国民生活基礎調査「世帯員の相対度数分布──累積度数分布、年次・全世帯──
　　子ども──子どもがいる現役世帯・等価可処分所得金額階級（名目値）別」より著者作成。

図 4-3　等価可処分所得金額別分布の 1996 年と 2018 年比較
（国民生活基礎調査 1997, 2019 をもとに筆者作成）

で集められたデータを順番に並べて、ちょうど真ん中にあたる「中央値」の50％を「貧困線」とし、それを下回る人の割合を「相対的貧困率」という。

　2012 年以降は、世帯全体の相対的貧困率も子どもの貧困率の若干の低下がみられるものの、これをもって日本の貧困問題が改善の方向に向かっているとはいえない。

　図 4-3 は、相対的貧困率の基準となる等価可処分所得の金額別分布を 1996年と 2018 年で比較したものである。

　2018 年は 1997 年と比べて、所得が 280 万円以上の世帯が減少し、特に 400万から 500 万円の中間所得層の低下が著しい。その一方で、所得が 280 万円以下の所得層は増加している。これらを踏まえると 2018 年の相対的貧困率の低下は、所得の増加により貧困から抜け出した人が増えたというより、中間所得層を中心に、日本社会の全体的な低所得化あるいは貧富の格差が一層拡大した影響が大きいと考えられる。

4　格差と不平等

　貧困が生まれる原因は単純なものではない。しかしその背景には、国内およびグローバルな文脈で、資源分配の不平等を生み出し、固定化する社会的・経済的・政治的な構造があるといわれる（Lister 2004=2011）。たとえば、世界に約 6 億 9,000 万人といわれている 1 日 1 ドル 90 セント以下の生活水準にある人のうち、約 60％はサハラ以南のアフリカ地域に、25％が南アジア地域に暮らしている（World Bank 2020）。ここには、植民地という歴史的な背景を伴った開発途上国と先進国とのグローバルな政治経済における不平等な力関係が影響している。

　日本においても貧困が集中する層にはいくつかの傾向がみられる。その一つに、「雇用形態と学歴」がある。非正規雇用労働者の平均賃金は、正規雇用と同じフルタイムで働いても 10 万円以上も低い（厚生労働省 2021）。2021 年の労働力調査によると非正規雇用で働く人は、2,064 万人である（厚生労働省 2021）。その理由として「正規の職員・従業員の仕事がないから」という不本意に非正規を選んだ人は、全体では 10.7％と少ないようにもみえる（図 4-4 参照）。し

かし、年齢別の状況をみると、男性の非正規雇用では25歳を超えると不本意非正規の割合は次第に高くなり、35歳から54歳では非正規雇用を不本意に選択した人の割合が選択理由のなかで最も高くなる（**図4-5**参照）。

非正規雇用で働く労働者の「学歴」にも一定の傾向があり、15歳から34歳の若年労働者のうち、大学卒者の非正規雇用の割合は約19％だが、高専・短大卒になると約34％、高校卒では43％と学歴が低いほど非正規雇用になりやすいことがわかる（厚生労働省2018）。

「ジェンダー」もまた、格差や不平等を背景に貧困が現れるリスクとなっている。賃金の男女差をみると、民間企業の男性の平均賃金が約34万円に対して女性は25万円で、女性の就労年数による賃金の上昇は男性に比べて緩やかなものとなっている（厚生労働省2021）。こした男女の賃金格差の背景には、男女の雇用形態の違いがある。雇用される女性の54.4％は非正規雇用であり、その割合は男性の22.2％と比べて極めて高いものとなっている（総務省2021）。世界経済フォーラムが発表した「グローバル・ジェンダー・ギャップレポート」では、日本の男女の格差は、156カ国中120位と低迷しており、その要因として「経済活動の参加と機会」の不平等があり、女性の管理職への登用や経営への関わりの低さ、男女間の賃金格差や非正規雇用の割合の高さなどが指摘されている（World Economic Forum 2021）。特に母子世帯の貧困問題は深刻で、日本の相対的貧困率は、全体では14％だが、ひとり親世帯に限定すると48.3％となる。ひとり親世帯の80％以上が母子世帯であることを踏まえると、半数近い母子世帯が相対的貧困の状態にあると考えられる。

5　子どもの貧困

子どもの貧困の背景には大人あるいは家庭の貧困があり、それを放置して子どもの貧困の解決はあり得ない。しかし、経済的な困窮状態によって子どもの心身の成長に必要な機会が奪われることで、その後の人生にも大きな影響をもたらすほどの深刻な不利を負ってしまうことから、子どもという時期や特徴による問題の理解と対応のために「子どもの貧困」として注目することが必要だといわれている（松本他2016）。

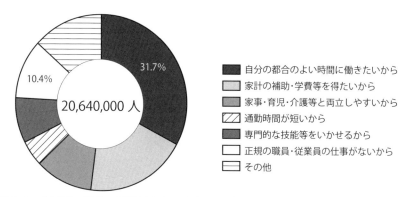

図 4-4　非正規の職員・従業員となった主な理由別割合（男女計）
（労働力調査　詳細集計　第3表 2021 より筆者作成）

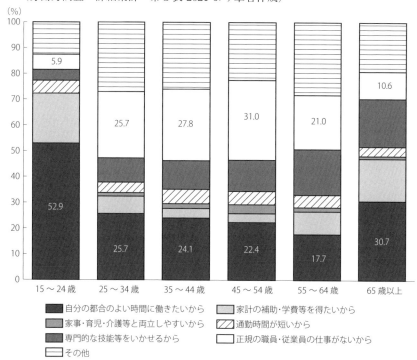

図 4-5　非正規の職員・従業員となった理由別割合（男性・年齢階級別）
（労働力調査　詳細集計　第3表 2021 より筆者作成）

OECD による 2006 年の報告書によって子どもの貧困が日本国内でも注目を
あつめるようになった。健康保険料がはらえず無保険で病院を受診できない、
学童保育料が払えず夜遅くまでひとり自宅で過ごす、幼いきょうだいの世話の
ために学校の勉強に支障がでるといった子どもの姿がマスコミに報道された
（たとえば、朝日新聞 2008 年 8 月 21 日、22 日、9 月 20 日、読売新聞 2009 年 4 月 22
日、23 日、24 日他）。家庭の事情で空腹を満たす食事がとれなかったり、栄養
バランスがあり温かい食事がとれない子どもに無料あるいは低価格で食事を提
供する「子ども食堂」が全国に広がり始めたのもこの頃である。

　2008 年には、子どもの貧困にかかわる研究者や保育所や学校、社会福祉機
関などの現場職員が子どもの貧困の実態を報告する『子どもの貧困白書』（湯
澤他 2009）が出版された。そこでは、子どもの貧困が**図 4-6** にあるように、多
面的な様相を呈していることが報告されている。

　特に、家庭の経済状況によって学習や進学に困難を抱えることは、将来の職
業的地位や所得の格差につながる。学歴は雇用形態とも関連しており、学歴が
低いほど非正規雇用になる傾向が強いことは先にも述べた通りである。子ども
の貧困の結果、安定した仕事に就けずに困窮した生活が継続するといった世帯
や集団のなかで貧困が継続されていく「貧困の世代間連鎖」が生じており、そ

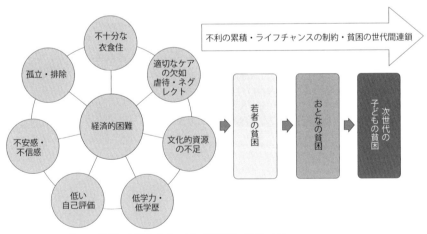

図 4-6　子どもの貧困　関係イメージ（湯澤他 2009: 11）

の解消は子どもの貧困の重要な課題となっている。

6　貧困と健康問題

　人々の健康状態が学歴や職業、貧富の格差によって特徴づけられる「社会階層」によって一定の傾向があることは、19世紀初頭から指摘されてきた（川上・橋本 2015）。2008 年には、WHO の健康の社会的決定要因委員会が報告書をまとめ、社会階層による健康格差について一層の注目があつまった。人の健康状態は、食生活をはじめとする生活習慣によっても左右される。日本での死因の上位を占める、がんや心臓病、脳卒中は生活習慣病と呼ばれ、健康診断などでは、食生活や運動、休養や喫煙・飲酒といった生活のあり方について指導される。しかし、生活習慣を改善しようと運動をはじめても、仕事や家事に追われて挫折した経験はないだろうか。食生活に気をつけなければとわかっていても、時間や経済的な理由でコンビニエンス・ストアやファストフードで済ましてしまうことはないだろうか。私たちの行動や生活習慣は、仕事や家庭の状況、所得といった個人の社会経済的な背景によって方向づけられるところが大きい。また、生活習慣は、過去の出来事の蓄積でもある。子どもの頃にうけた教育やどのような社会経済的背景の家庭で育ったかが、その後の社会経済的地位を方向づける要因となる。こうした個人または集団の健康状態に違いをもたらす社会経済的背景を「健康の社会的決定要因（Social determinants of health: SDH）」という。

　厚生労働省（2020）による「国民健康・栄養調査」では、主食・主菜・副菜を組み合わせた食事いわゆるバランスの良い食事をとる頻度は、所得が 600 万円以上の世帯に比べて 200 万円未満では男女ともに有意に低くなることが報告されている。逆に、バランスの良い食事をとることがほとんどないと答える割合は、世帯所得が 200 万円未満の世帯に高く、その理由としては「食費に余裕がない」が最も多くなっている。塩分摂取や生活習慣病を高める量の飲酒といった項目では高所得世帯の割合が高くなるものの、全体として低所得世帯に健康問題につながるような行動が多くみられている。過去の調査研究でも社会経済的階層による健康格差が確認されている。たとえば近藤ら（2004）による調査では、男女ともに教育年数と世帯所得が低い世帯に、うつ状態が多くみら

れることが報告されている。

　健康格差の要因として、社会経済的な背景の違いによる物質的な困窮状況や生活習慣の違いとともに、医療や福祉といった社会的なサービスを利用する機会にも社会経済的階層による差がみられる。日本では、健康保険制度があるが、それは健康保険料を納付することが前提となっており、高齢者や自営業の者、また会社の保険の対象とならない非正規雇用の労働者などは市町村の国民健康保険に加入する必要がある。住民が支払う国民健康保険料は、居住する市町村や世帯人数、また収入に応じても異なるが、保険に加入する者の所得に占める負担率は 10.2％と他の健康保健に比べて高額である（厚生労働省 2019b）。健康保険を利用したとしても病院で患者負担分の医療費が必要となる。保険料を滞納して国民健康保険が利用できなかったり、患者負担が払えないために受診を控えるなど、低所得層ほど受診抑制の発生率が高いことがさまざまな調査からも指摘されている（近藤・阿部 2015）。

7　おわりに

　この章では、貧困とは何かを考え、貧困の背景にある社会経済的な格差に焦点をあて、とりわけ日本における貧困の状況と子どもの貧困の特徴、また貧困問題と健康との関係について整理した。

　貧困は、健康問題と深く結びついている。健康問題は、手術や薬の処方、身体介護をするだけでは解決せず、患者や要介護者の生活状況や生活習慣の改善が不可欠となる。医療や介護の現場にいると、医師の指示を守れず何度も入退院を繰り返したり、食生活や生活習慣の問題から一向に病状が改善しない患者に出会うこともあるだろう。そのときに「困った患者」と切り捨てるのではなく、社会経済的背景もふまえてみることができれば、病気になった経緯や何故その人がそのような生活習慣や行動をとるのかをより深く理解することができるだろう。そこから、病気とあわせて、その人が抱えている生活問題の背景がみえてくるだろう。医療や介護の第一線で働く看護師や介護福祉士には、そうした人たちの状況を改善するために、社会福祉制度の拡充や社会格差の是正を行政や社会に働きかけていくという役割も求められている。

参考文献
References

e-Stat,『令和元年国民生活基礎調査』「世帯員の相対度数分布 .. 累積度数分布，年次・全世帯，子ども，子どもがいる現役世帯・等価可処分所得金額階級（名目値）別」.

川上憲人・橋本英樹，2015,「社会階層と健康への学際的アプローチ」川上憲人・橋本英樹・近藤尚己編『社会と健康　健康格差解消にむけた統合的アプローチ』東京大学出版会 .

厚生労働省, 2017,『平成 28 年国民生活基礎調査の概況』.

厚生労働省, 2019,『平成 30 年若者雇用実態調査の概況』.

厚生労働省, 2019a,『2018 年国民生活基礎調査の概況』.

厚生労働省, 2019b,『第 124 回社会保障審議会医療保険部会 資料　各保険者の比較』.

厚生労働省, 2020,『平成 30 年 国民健康・栄養調査の結果』.

厚生労働省, 2022,『令和 3 年賃金構造基本統計調査結果の概況』.

近藤克則・吉井清子・平井寛他, 2004,「SES（社会経済的地位）」と抑うつ・主観的幸福感・主観的健康感――一般高齢者調査（2）」『第 63 回日本公衆衛生学会抄録集』日本公衆衛生誌, 51: 643.

近藤尚己・阿部彩, 2015,「貧困・社会的排除・所得格差」川上憲人・橋本英樹・近藤尚己編『社会と健康　健康格差解消にむけた統合的アプローチ』東京大学出版会 .

Lister Ruth, 2004, Poverty, (*Key Concept*). Cambridge, UK: Polity.（= 松本伊智朗監訳, 立木勝訳, 2011,『貧困とはなにか――概念・言説・ポリティクス』明石書店 .）

松本伊智朗他, 2016『子どもの貧困ハンドブック』かもがわ出版 .

OECD, 2006, *Economic surveys: Japan 2006*.

Rowntree, B.S., 1901, *Poverty: A study of town life*. London: Macmillan.（= 長沼弘毅訳, 1975,『貧乏研究』千城 .）

Sen, Amartya, 1992, *Inequality reexamined*. Oxford: Oxford University Press.（= 池本幸生・野上裕・佐藤仁訳, 1999,『不平等の再検討――潜在能力と自由』岩波書店 .）

総務省, 2021,『労働力調査（詳細集計）第 3 表 年齢階級, 現職の雇用形態についた主な理由別非正規の職員・従業員数』.

Townsend, P., 1979, *Poverty in the United Kingdom*. London: Allen Lane and Penguin Books.

World Bank, 2020, *Poverty and shared prosperity 2020: Reversals of fortune*.

Washington D.C.: World Bank.

World Economic Forum, 2021, *The global gender gap report 2021.*

湯澤直美他 , 2009,『子どもの貧困白書』明石書店 .

 ディスカッションテーマ
Exercises

1 　図 4-1 の「物質的・非物質的な貧困の車輪」や図 4-6 の「子どもの貧困　関係イメージ図」を参考に、貧困のさまざまな側面についてどのようなものがあるか話し合ってみよう。

2 　2018 年の国民生活基礎調査に基づいて、中央値に該当する 3 人世帯の月額可処分所得は約 36 万円となり、同様の家族構成で貧困線にあたる世帯の月額可処分所得は約 17 万円である。この二つの世帯のそれぞれの所得から、住居費、水道高熱費、食費、衣服・日用品費、通信費、教育費、交通費、医療費、貯金などの生活費を支出するとどのような生活の違いがでるか大まかな費用を当てはめて考えてみよう。

 読書案内
Reading guide

1 　阿部彩・鈴木大介, 2018,『貧困を救えない国 日本』PHP 新書 .
　　貧困問題をさまざまな統計から読み解く経済学者とさまざまな貧困問題の現場をみてきたルポライターよる対談集。日本の貧困問題の現状を統計的にもリアルな実態も知ることができる。

2 　武田裕子編, 2021,『格差時代の医療と社会的処方——病院の入り口に立てない人々を支える SDH（健康の社会的決定要因）の視点』日本看護協会出版会 .
　　健康の社会的決定要因に関する最新の書籍。SDH の基本的理論から、日本社会の健康格差の現状をふまえて、健康格差を生じさせている社会経済的背景にどのようにアプローチしているのか、さまざまな医療機関や団体のとりくみを紹介している。

第5章

社会的逸脱と社会的包摂の仕組み

社会によって周辺化されることと統制されること

作田 誠一郎

本章のねらい

　現代社会において看護師や介護福祉士は、人々が快適な生活を過ごしていくうえで欠くことのできない職種である。つまり、さまざまな患者や利用者に対して平等に健康な生活を看護や介護の側面から支えることが求められる。しかし、現実の社会では、医療や福祉などの公的なサービスや社会保険制度などの社会的セーフティネットから排除され、アクセスできない人々がいることも事実である。本章では、社会からの逸脱や排除されることについて学び、このように周辺化された人々にとっての社会的包摂を念頭に看護や介護について改めて考えてみたい。

○Keywords　　社会的逸脱、ラベリング、社会的排除、社会的包括、
健康格差

1　社会的逸脱とは何か

　本章では、社会的逸脱とは何かを説明し、私たちの日常において疎外され、
統制や管理される対象となる逸脱現象について考えてみたい。看護や介護の現
場では、疾病や肢体不自由な状態に置かれた患者や利用者に対してケアやサー
ビスを実施している。しかし、患者や利用者を取り巻く社会的背景が看護や介
護を実施する際に大きな障害となることがある。たとえば、医療制度や介護保
険制度などの公的制度から見落とされる人々や逸脱とみなされ社会から虐げら
れている人々に対する無理解などが、当事者から看護や介護を遠ざける結果を
招くこともある。そのような社会からの無理解や排除について考えることは、
今後の看護や介護を行う上で重要である。つまり、この社会的逸脱について学
ぶことで、医療や介護を必要とするすべての人々をどのように社会に包摂して
いくのかについて考えてみたい。

　はじめに、社会的逸脱と同義の逸脱行動を取り上げよう。この逸脱行動
（deviant behavior）とは、「ある社会のある一定の規範から離脱した行動をい
う」（『犯罪・非行事典』1995: 255）とある。この定義をみると、「規範（norm）」
という基準が、逸脱行動を理解するうえで重要である。この規範とは、「立場
により把握の仕方が分岐する概念の一つ。伝統的には、本来他でもありえたは
ずの行為が一定の型へと制約されるとき、そこで制約機能を発揮する価値・慣
習・制度・法など」である（『社会学事典』1994: 192）。言い換えれば、その社

会で共有された文化的価値を実現するための「してはいけないこと」や「すべきこと」を総称した基準と言える。具体的には、法律が最もわかりやすい規範の基準であるが、慣習などは地域や文化によって大きく異なることもある。また法律に触れる犯罪行為のほかに、自殺などは道徳や一般的な価値観に照らして規範に反する行為とみなされる場合がある。この規範の特徴として、日常生活を送るなかで常に意識されることなく、警察の取締まりや周囲の人々による批判を受けることであらためて自覚することがあげられる。しかし、この規範と呼ばれるルールがなければ、常に自分の言動が社会的に良いのか、または悪いのかを自己の判断で決定しなければならない。言い換えれば、一定の適度な規範は、私たちの生活の潤滑油として機能するのである。

　では、逸脱と社会の関係はどうであろうか。社会学者のエミール・デュルケムは、逸脱現象を個々の動機や性格などから理解するのではなく、社会的な要因において科学的に分析することを提唱した。特にデュルケムは、犯罪という社会現象について「われわれは、或る行為が犯罪であるからそれを非難するのではなく、それは、われわれがそれを非難するから犯罪なのである」（Durkheim 1893＝1989: 142-143）と指摘している。つまり、この視点に立てば、人々がその逸脱行動が起こることを拒絶し、非難するからこそ犯罪として広く認知され、法律として逸脱行動を規制することにつながると言える。たとえば、手術は国家資格（医師免許）を有している医師が行う正当な業務として人々が承認し、非難しないからこそ逸脱行動ではない。しかし、国家資格がなく手術をする場合は、同じ行為であっても人を傷つけたとして非難され、犯罪として罪に問われることになる。従って、社会的逸脱は、社会のルールや人々の眼差しに晒されることによって、はじめて問題視されると言えよう。

2　逸脱行動の理論からみる統制とマイナスの評価

　次に、逸脱行動を理論的な側面からみてみたい。逸脱行動に関する理論は、これまで犯罪や非行を中心に社会学や心理学、精神医学など、さまざまな研究分野から考究されてきた。ここでは、特に社会学の概念枠組みからラベリング論を中心に、逸脱行動と統制について理解を深めてみよう。

ラベリング論を提唱したハワード・ベッカー（Howard S.Becker）は、「社会集団は、これを犯せば逸脱になるような規則をもうけ、それを特定の人々に適用し、彼らにアウトサイダーのレッテルを貼ることによって、逸脱を生み出すのである」（Becker1963 = 1978:17）と指摘している。このなかで、ベッカーは、逸脱が問題だという規制は、元からあるというよりも生み出されるものであり、その規則は全ての人々に対して平等に適応されるものではなく特定の人々に向けられるという。特に「アウトサイダー」として逸脱した人に対してマイナスの評価を与えて排除することは、立ち直ろうとする人々の生活を阻害することにつながり、最終的には、再び特定の人々が逸脱行動を取ることで、レッテルを貼った人々がマイナスの評価を強く正当化する結果に至るという。このような結果を招かないために、排除ではなく社会集団に再統合する試みも犯罪や非行に対する修復的司法として展開されている。

　ラベリング論は、これまで逸脱行動を行った者に対してその原因を追究していた見方から、逸脱行動を取り巻く社会に目を向けた点で大きなインパクトを与えた。そして、逸脱を統制する制度や組織が新たな逸脱を生じさせることを明らかにした。

　では医療分野においてはどうであろうか。たとえば、医師によって精神的な疾病であると診断された場合、診察を受けた人は、その時点から精神的な疾病を抱えた患者として周囲の家族や学校、または会社から認知され、ときとしてマイナスの評価を受ける可能性が増す。また自分自身も精神的な疾病を抱える患者として自己ラベリングし、周囲の対応に耐えかねて増々疾病が重篤になることもありうるだろう。その疾病が未知の病原体であったり、死に至るものであれば、その患者に対する負のラベリングは増幅され、状況によっては排除される。つまり、医学的な判断が患者の治療や回復のみで完結するのではなく、その過程において社会からのラベリングが喚起されることにも留意する必要がある。次に、なぜ社会が特定の人々を社会的に排除するのかを考えてみよう。

3　社会的包摂／排除をめぐる諸問題と本質的排除傾向

　ここでは、社会的包摂と社会的排除に焦点を当ててみよう。「社会的包摂」

は、「社会的排除のない状態、あるいは、社会的排除のない状態を実現してい
くこと」（『社会学理論応用事典』2017: 50）を指しており、「社会的排除（social
exclusion）」とは、「何らかの意味で、それぞれの社会の構成員にとって当然の
こととされている社会参加の機会を奪われている状態」（同書: 50）を指してい
る。従って、「社会的包摂（social inclusion）」とは、どのように社会的排除に
ある人々に対して排除されることがない社会を想起するのかという社会政策に
おいてよく用いられている。

　「社会的包摂」という概念自体は、新自由主義における社会経済的構造の変
化に伴い 1980 年代以降のヨーロッパ（主にフランス）において、若者の失業や
孤立した状態の固定化という「新たな貧困」現象を説明するために想起され、
EU の欧州委員会において広められた（Bhalla and Lapeyre 2004=2005: 4-9）。つ
まり、社会経済的構造の変化から生じた貧困が前提となっている。武川正吾は、
「社会的包摂は従来からの社会福祉の理念であるノーマライゼーションとは想
定される対象の範囲が異なっており、社会的排除との対で考えられていると
いう点で異なっている。また社会的包摂は多元的であり、動的である。排除が
貧困の概念を一般化したものであるのに対して、包摂はノーマライゼーション
の理念を一般化したものであり、必要原則にも基づいている」（武川 2001: 359-
360）と述べている。つまり、社会的包摂は、ノーマライゼーションが対象とし
て捉える障がい者や高齢者という特定のカテゴリーとは異なり、市民として生
活している人々全体を網羅していると言えよう。

　では、なぜこれほどまでに「社会的排除」が各国で顕在化したのだろうか。
重要な点として、先述した新自由主義的な社会経済構造の変容をあげること
ができる。この変容は、社会学のなかで後期近代社会（ハイ・モダニティ）と
して説明される。グローバル化のなかで個々の価値観や意識が多様化し、一見
すると自由を手に入れたかにみえる個人においても、つながりが希薄化してま
すます孤立化が進行している。さらに、リスクヘッジ（危機回避）が重視され、
他者への距離感は広がっている（Beck, Ulrich, Anthony Giddens and Scott Lash
1994 = 1997; Ulrich, Beck 1986 = 1997）。

　社会学者のジョック・ヤング（Jock Young 1999 = 2007）は、後期近代社会
において安定で同質的な「包摂型社会」から、変動と分断を推し進める「排除

型社会」へ移行したと述べている。ここで、ヤングの「排除型社会」の移行として、周辺層における排除についてみてみたい。

　ヤングは、経済的に困難な状態に置かれているアフリカ系アメリカ人に注目し、これらアンダークラスの問題（凶悪な暴力事件や麻薬常習者、薬物中毒者など）を異質な価値観に起因する結果と考えることに対して批判している。この社会的背景には、「かれらは常に秩序をかき乱す危険な存在とみなされ、堅気の市民たちの世界からスティグマを付与された」（Young 2007 = 2019: 42）という社会からの敵意の増幅があると指摘する。そして、「社会的排除という概念が暗に示唆しているのは、アンダークラスが同質的だということであり、かれらは、包摂されている相対的に安定した道徳的なマジョリティとは対照的に、最近流行の一連の非行や欠陥の宝庫だ」（Young 2007 = 2019: 51）と述べている。では、かれら自身はどうであろうか。かれらは、「不遇を埋め合わせるために、過剰なまでに主流文化への同一化をおこなう。そのことによりかれらは、社会構造が本質的に排除的であることを、これまで以上に知るようになる」（Young 1999 = 2007: 220）と言う。つまり、アメリカンドリームに表象されるアメリカ的な価値観、言い換えれば市場主義的な消費文化に包摂されることで、ブルジョアである「堅気の市民」との間にその夢を実現できないという相対的な剥奪感という不満が生じ、犯罪に手を染めるようになるのである。

　社会の周辺層にいる人々が本質的に違うものとしてレッテルを貼る（悪魔化）結果の背景には、過剰なまでの文化・価値観の共有という包摂があることに留意しなければならない。

4　看護の場面における健康格差とマイノリティ

　看護や介護の現場では、性別や年齢を問わず、さまざまな人たちに対して支援していくことが求められている。言い換えれば、これまでみてきたように社会的排除の対象となった人々に対しても最大限の支援を行っていくことを目指していかなければならない。しかし、現実は医療や介護サービスを受けられない人々も多い。ここで「健康格差」という概念を用いてこの問題を考えてみよう。

　WHO（World Health Organization）は、創立記念日である4月7日を世界

保健デー（World Health Day）とし、2021 年のテーマを「健康格差（Health Inequity）」としている。この健康格差とは、厚生労働省（2015）によれば、「地域や社会経済状況の違いによる集団間の健康状態の差」と定義している。この定義をみると、健康状態の差は、地域や社会経済状況と密接に関わっていることがわかる。この社会的要因との関連について、武田裕子は、「健康格差の原因は、経済的困窮だけではありません。低所得・失業・低学歴・非正規雇用など社会的に不利な立場にある人々ほど、健康を害しやすく短命である傾向が明らかになっています。これらの社会的な状況を「健康の社会的決定要因（SDH: Social Determinants of Health）」といいます。こうした SDH の影響は、生涯にわたって蓄積します」（武田 2021: xi）と指摘している。つまり、この指摘からもわかるように、本章でこれまでみてきた社会的排除に該当する多くの人々が健康格差の当事者となっていると言えよう。厚生労働省の「国民生活基礎調査」（2019）によれば、健康診断を受診していない人のなかで、世帯の年間所得が 600 万円以上の男性は 16.7％、女性が 26.1％であったが、200 万円未満の男性は 40.7％、女性が 41.1％であった。つまり、この結果をみても、所得の違いが健康格差の一要因となっていることが示唆される。

　ここで新聞報道から健康格差の実情についてみていきたい。「ホームレス進まぬ接種　新型コロナワクチン」という報道では、「九州で最も人数が多い福岡市では住所がなくても接種できるが、手続きを行う人は少ないのが実情だ。（中略）路上生活を約 3 年続ける男性は感染に不安を感じているが、接種するつもりはない。申込書に氏名を書いたり顔写真を貼付したりすることに抵抗があるからだ。男性は「自分がホームレスだと役所や家族に知られたくない」と語った」（『読売新聞』2021.12.23 西部夕刊）と掲載されている。また「受診遅れ死亡、増加傾向　医療費支払えず悪化　県民医連発表」では、「このうちの 1 人の男性は、仕事中に倒れ病院へ運ばれたが、その翌日に急性心筋梗塞（こうそく）で亡くなった。長年、正社員として務めていたというが、妻と死別後は体調不良のためアルバイトで生計を立てていた。月収約 8 万円のなか、子どもの学資ローンの負債などもあり、保険料を滞納。短期保険証も期限切れの状態だった。倒れる数日前から胸部に違和感を覚えていたというが、医療機関への受診はしていなかった」（『朝日新聞』2019.9.14 朝刊、鳥取県版）と報道されている。

両記事から、厳しい生活環境が医療の入り口にすら立てない状況を生み出していることがわかる。今後の医療の場面において現前の患者だけではなく、本来医療が必要な潜在化している患者にも目を向ける必要がある。そのほかにも、移民労働者とその子どもに対する疎外や LGBTQ に対する無理解など、看護や介護の場面で社会的排除に晒された人々に接する場面もあるだろう。その際に、どのように当事者に寄り添って支援してくのかを意識して社会的排除について理解する必要がある。

5　おわりに

　2019 年は、COVID-19（新型コロナウイルス）が発生し、世界的に蔓延したことは記憶に新しい。日本の感染拡大に伴って、感染者やその家族、医療従事者に対する偏見や誹謗中傷が問題となった。本来、疫病の蔓延において医療従事者や福祉従事者に対する感謝や労いの感情が生じるはずだが、それを凌駕するほどの感染というマイナスのラベリングが付与されたことが今回の問題である。言い換えれば、感染そのものの健康被害よりも、感染者や関係者を取り巻く社会からの被害を改めて問わなければならない。

　また COVID-19 によって、新たな排除も注視される。感染対策の要とも言えるワクチンの接種である。ワクチン接種が COVID-19 の重症化を抑える唯一の手立てとする状況において、接種をしない選択をする人々に対する批判や排除が顕在化している。世界的に接種の有無をワクチン証明書（ワクチンパスポート）を用いて証明することにより、飲酒店の入店やイベントの参加等に際して提示を義務化する国も散見される。しかし、すべての国民に接種を義務付けることによって接種が困難な人々の存在を無視し、または排除する結果を招くことに注視する必要がある。たとえば、アナフィラキシーなどの重度の過敏症の既往歴がある人にとって接種は大きな壁となる。また自分自身の身体に対する国家による自由の侵害という統制管理の側面から接種しない選択をした人々もいる。このような人々は、今後さまざまな生活場面で排除されることが懸念される。こうした状況下において、医療・介護従事者として、どのように関わっていくのかが社会的包摂を考える第一歩となるだろう。

参考文献
References

Beck, Ulrich, 1986, *Risikogesellschaft Auf dem Weg in eine andere Moderne.* Frankfurt: Suhrkamp Verlag.（＝東廉・伊藤美登里訳, 1997,『危険社会──新しい近代への道』法政大学出版会.）

Beck, Ulrich. Anthony Giddens and Scott Lash, 1994, *Reflexive modernization: Politics, tradition and aesthetics in the modern social order.* Cambridge: Press.（＝松尾精文・小幡正敏・叶堂隆三訳, 1997,『再帰的近代化──近現代における政治, 伝統, 美的原理』而立書房.）

Becker, Howard S.,1963, *Outsiders: Studies in the sociology of deviance.* New York: Free Press of Glencoe.（＝村上直之訳, 1978,『アウトサイダーズ──ラベリング理論とはなにか』新泉社.）

Bhalla, Ajit S. and Frédéric Lapeyre, 2004, *Poverty and exclusion in a global world,* Second Revised Edirion. Palgrve Macmillan.（＝福原宏幸・中村健吾訳, 2005,『グローバル化と社会的排除──貧困と社会問題への新しいアプローチ』昭和堂.）

Durkheim, Émile, 1893, *De la division du travail social: Étude sur l'organisation des sociétés supérieures.* Paris:P .U.F.（＝井伊玄太郎訳, 1989,『社会分業論』（上）講談社.）

星野周弘・米川重信・荒木信怡・澤登俊雄・西村春夫編, 1995,『犯罪・非行事典』大成出版社.

厚生労働省, 2015,「健康日本 21（第 2 次）の推進に関する参考資料」, 厚生労働省ホームページ（2022 年 2 月 1 日取得, https://www.mhlw.go.jp/bunya/kenkou/dl/kenkounippon21_02.pdf.）.

見田宗介・栗原彬・田中義久編, 1988,『社会学事典』弘文堂

水島宏明, 2012,「マスコミによる生活保護報道の問題点」生活保護問題対策全国会議編『間違いだらけの生活保護バッシング』明石書店: 68-79.

日本社会学会理論応用事典刊行委員会編, 2017,『社会学理論応用事典』丸善出版.

武川正吾, 2001,『福祉社会──社会政策とその考え方』有斐閣.

武田裕子編, 2021,『格差時代の医療と社会的処方──病院の入り口に立てない人々を支える SDH（健康の社会的決定要因）の視点』日本看護協会出版会.

Young, Jock, 1999, *The exclusive society: Social exclusion, crime and difference in late modernity.* Newbury Park, CA: SAGE Publications.（＝青木秀男・伊藤泰郎ほ

　　か訳, 2007,『排除型社会――後期近代における犯罪・雇用・差異』洛北出版 .)

Young, Jock, 2007, *The vertigo of late modernity*. Newbury Park, CA: SAGE
　　Publications.（＝木下ちがや・中村好孝・丸山真央訳, 2019,『後期近代の眩暈――
　　排除から過剰包摂［新装版］』青土社 .)

山田壮志郎, 2017,「生活保護とソーシャルアクション――大衆誌報道に見る生活保護
　　への価値意識」『社会福祉研究』129: 42-49.

 ディスカッションテーマ
Exercises

1　身近にある社会的逸脱について目を向け、その背後にある社会的な要因について
　考えてみよう。

2　周辺化された人々にどのような看護や介護が必要かを調べてみよう。

 読書案内
Reading guide

1　Becker, Howard S., 1963, Outsiders: studies in the sociology of deviance. New
　York: Free Press of Glencoe.（＝村上直之訳, 1978,『アウトサイダーズ――ラベリ
　ング理論とはなにか』新泉社 .)
　　「なぜ逸脱行動に走るのか、その性質とは何か」という従来の視点を「どのよう
　な行為に対して規制を適用し、逸脱というラベル（レッテル）を貼るのか」という
　視点に転換する発想が本書にはある。逸脱は規制によって区分されるが、その規制
　をもうける統制側に対して問題提起しており、本書を通じて社会的逸脱や周辺化さ
　れた人々に対する新たな視点が得られるはずである。

2　武田裕子編, 2021,『格差時代の医療と社会的処方――病院の入り口に立てない人々
　を支える SDH（健康の社会的決定要因）の視点』日本看護協会出版会 .

　本書では、「健康にも格差がある」という現状を現場の医療関係者が中心となり疑問を呈している。そのなかでは、医学的な視点から新たに社会的な要因を通じて患者や地域の人々の健康を考えるさまざまな取り組みが紹介されている。国民皆保険制度等の公的扶助において救われない人々に対して「新たな支援とは何か」を医療従事者自身に再考させる内容となっている。

column

公的扶助に対するラベリングとアプローチ

　本章では、主に社会的逸脱として、犯罪や非行などを中心に取りあげた。一方で、さまざまな公的制度や公的サービスからこぼれ落ちている人々にも目を向けなければならない。たとえば、近年の非正規雇用者は、年々増加の一途を辿り、3人に1人が非正規雇用の状況である。またフリーランスで仕事を請け負っている人や「ギグワーカー」と呼ばれるネット経由で個人や企業から仕事を請け負う人々も増えている。そのなかには、副業の選択肢として位置付けているケースもあるが、その働き方を主として生計を立てている人も多い。このような労働環境にある人々は、景気の変動によって社会から周辺化される可能性がある。たとえば、不景気になり、真っ先に人件費の抑制のために切り捨てられる人々の多くは、非正規雇用者であろう。このように仕事がない状況に追い込まれることは、同時に医療や介護等のサービスから排除されるケースも増加することが予想される。そこで生活保護等の公的扶助を受給する方法もあるだろうが、この公的扶助を受給する際にもさまざまな壁がある。その一つが、生活保護に対する偏見や誤解である。

　生活保護に対する負のイメージの多くは、マス・メディアによる不正受給や財源が税金による点を過剰に注視する報道から生み出された側面も否定できない（水島宏明 2012; 山田壮志郎 2017）。つまり、生活保護の受給に対して、社会的なラベリングが付与されているとも言い換えられる。さらに、このラベリングは、受給対象者に該当する人々にも重くのしかかる。そのなかには、公的扶助の受給という方法を回避して、ときとしてホームレスという選択をせざるを得ない状況に追い込まれることもある。この生活状況では、人として安心して生きていける生存権が脅かされる。特にその生活環境で病気になった際に、医療や介護という社会的なセーフティネットにさえ救われることがないケースも多いと思われる。その際に医療や介護はその対象者にどのようにアプローチしていくのか、どのような関わりを持つべきかについて改めて考えなければならない。

（作田　誠一郎）

第6章

社会のなかのジェンダー規範

医療現場におけるジェンダー規範とその変容

阪井 俊文

╭──〈 **本章のねらい** 〉──╮

　「女らしさ」「男らしさ」といった性別に関わる「常識」や「規範」は、我々の生活に否応なく付きまとっている。しつけや教育、家庭での役割、趣味など、あらゆる物事が多かれ少なかれ性別による"制約"を受けている。そして、職業の選択においても性別の影響は大きい。

　女子学生の皆さんに考えてもらいたいのだが、もしも自分が男性だったとしても看護師を目指していただろうか。男子学生の皆さんは、看護師を目指すと決めたとき、家族や友人から「男性だから」という理由で反対されたことはなかっただろうか。医療に関わる専門職の多くに性別の偏りが存在しているのは明白である。本章では、身近で、そして根深い問題である性別について考えよう。

○**Keywords**　ジェンダーとセックス、ジェンダーバイアス、固定的
　　　　　　　性別役割、アンコンシャス・バイアス

1　ジェンダーとは何か

　はじめに本章のテーマである「ジェンダー」の意味について確認しておこう。
　一般に「社会・文化的性」と訳されることが多く、「性」を社会や文化に
よって構築されたものとして捉えるときに用いられる用語である。対となる概
念はセックスであり、こちらは「性」を生物学的な視点で捉えるときに用いら
れる。重要なことは、これら二つが「視点の違い」という点であり、さまざま
な性差のうち、どれがジェンダーでどれがセックスなのかということにこだわ
ることには意味がない。そもそも、ジェンダーとセックスは複雑に絡み合って
おり、分けて捉えること自体が困難である。
　「男性は女性よりも体力において勝る」、この多くの人が当然のことと考えて
いる性差を例に考えてみよう。男性ホルモンに筋肉や骨格を発達させる作用が
あることはよく知られており、ホルモンの作用という身体的な構造の違いに起
因する性差、すなわちセックスであるという論理は容易に成立する。しかし、
実際にはこの体力差のうちのいくらかはジェンダーによるものである。一般に、
男の子に対しては「たくましく」育ってほしいと期待する親が多い。それゆえ
に、サッカーや野球、武道などの習い事を息子に勧める親が多いのではないだ
ろうか。女の子の場合はピアノなどを習わせる親が多いだろう。スポーツを習
い事としていれば、それがトレーニングという機能を果たし、体力を増すこと
となる。また教育内容が男女で異なっている場合もある。筆者が高校生のとき

には、男子は柔道、女子は家庭科という時間があった。従って、親の養育方針や教育カリキュラムなどの「社会的」な要因も体力において男性が勝るようにできている。さらには、ホルモン剤を用いることで、ホルモンの影響はある程度人為的に操作することも可能である。

　このように、セックスとみなされがちだが実際にはジェンダーという側面が強いと考えられる事柄は多い。たとえば、「女性は地図を読むのが苦手」「男性は他人の話を聞けない」「女性よりも男性の方が性欲は強い」といった価値観はセックスとして理解している人が多いが、ジェンダーとして捉えた場合にはどのように説明が可能か考えてみてほしい。

　この分野でよく知られたジュディス・バトラー（Judith Butler）という研究者は、「セックスを前―言説的なものとして生産することは、ジェンダーと呼ばれる文化構築された装置がおこなう結果なのだと理解すべきである」と指摘している。（Butler 1990＝1999）。つまり、ジェンダーとセックスは並列的な関係にあるのではなく、我々の性を本能や本質とみなすことは、自然科学という文化的に生み出された知見に基づいているから、結局のところ、セックスはジェンダーに包含されるという考え方である。現代では、ジェンダーの定義についてこのように見なす研究者が多い。

　とはいえ、女性と男性では、やはり身体の構造など、本質的に異なっている点も多少は存在することは事実である。それゆえに、我々は、性別に関わるさまざまな問題を必然的で自然なものと見なしてしまいがちである。社会的、文化的な影響を少なからず受けている性差や性に関する慣習、常識、規範なども、往々にして必然的で止むを得ないものと判断されることがある。まずは、このことを自覚しなければならない。男女で不平等が生じている事柄について、それを必然のものとして見過ごそうとするなら、それは性差別ということにもなる。「ジェンダーとは何か」という問いに対するここでの答えは、「あらゆる性差について、ひとまず社会的・文化的なものと解釈し、『常識』の問い直しをしようとする思考のこと」としておこう。

　それまでの常識や慣習を離れ、性別に捉われないあり方を実践した結果、より自由で柔軟な社会が実現したならば、そこに介在していた本質的な違いは些細なもので、実は社会的に形成されたジェンダーという側面が強かったこと

になるだろう。ジェンダー論という学問分野は、この常識の問い直しを継続し、社会運動や政治的な施策と呼応しながら、性別によるさまざまな制約を解消してきた。それでは、ジェンダーという視点での働きかけによりどのような変化が生じてきたのか、そして今なお問題とされているのはどのようなことか考えていくことにしよう。

2　ジェンダーがもたらす不平等

　ジェンダーの存在がなぜ問題なのか、それは社会のさまざまな分野にジェンダーによる不平等が存在しているからに他ならない。近年では、SDGs という国際的な開発目標のなかに含まれていることもあって、"ジェンダー平等" という標語に接する機会も増えているが、これは、現状ではジェンダーによる不平等が世界的に多く存在していることの裏返しでもある。かつては、参政権が女性には認められないといった制度上の明白な性差別も存在したが、現在では、日本を含む多くの国においてそうした不平等は概ね是正されている。では、現代の日本において問題となる不平等は何か。その多くは、人々の意識や慣習、常識といった次元のものである。

　ジェンダーに基づき、偏った見方や判断をすること、すなわち性別による偏見や差別のことをジェンダーバイアスと呼ぶ。いわゆる「女らしさ」「男らしさ」といったものや、職業に対する適性など我々の生活の多岐にわたりこのバイアスが存在している。男女平等といったことが言わるようになってから既に長い時間が経っているが、ジェンダーバイアスの多くは「常識」や「因習」といった形で社会に根付いているため、いまだに我々は折に触れ性別で物事を判断してしまう。ここから、このジェンダーバイアスという概念を鍵にして、現代のジェンダー問題を考えていくことにしよう。

　ジェンダーバイアスのうち、もっとも典型的なものが「固定的性別役割」や「性別役割分業」と呼ばれているものである。家庭内の役割について、「男は仕事、女は家庭」というように、それぞれに適した役割があり、それに沿う形で分担すべきだという考え方のことである。これはジェンダーという研究分野において古くから問題にされてきた事柄であるのだが、今もなお根強く残って

いる価値観である。こうした考え方に対する賛否を尋ねた調査の結果を**図 6-1**に示している（内閣府男女共同参画局 2020）。全体としては、反対が 59.8％で賛成の 35.0％を上回っている。しかし、年代別にみると、高齢者において賛成の割合が高くなっており、性別では男性の方が賛成する人が多くなっている。時

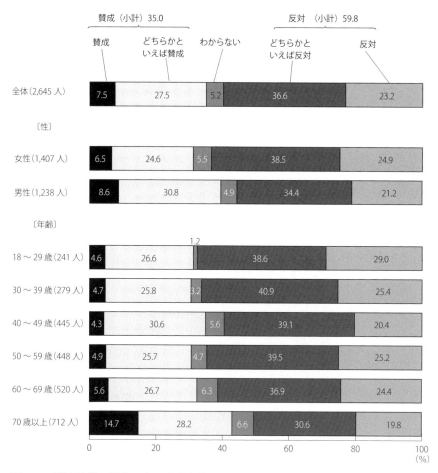

図 6-1　「『夫は外で働き、妻は家庭を守るべきである』というという考え方に対する意識」（内閣府男女共同参画局, 2020『令和 2 年版 男女共同参画白書』より引用）

代とともに、こうした考え方は薄れつつあるが、社会全体として根強く残っているジェンダーバイアスと言える。

　こうした価値観は、女性と男性いずれにとっても、自分に合ったライフスタイルを選ぶことを阻害する可能性がある。また、この考え方に従えば、必然的に女性が政治家や経営者など社会的に権威や権限のある立場に就くことは困難となり、男女の社会的地位の不平等をもたらしてきた。

　行政による男女共同参画という理念の啓発や法制度の整備などによって、女性の社会進出という面では少しずつ改善されてきている。もっとも、女性の就労率の増加には、若い世代の給料の減少により、共働きでなければ十分な収入が得られない世帯が増えていることや、少子高齢化により労働力が不足していることなど、男女ともに働かざるを得ない社会状況になってきているという面もある。一方で男性の家事分担という意識の変化はあまり進んでおらず、結果的に「男性は仕事、女性は仕事と家庭」という、女性の負担が過多になる状況も生じている。こうした不平等を是正するため、「イクメン」や「カジメン」といった言葉を用いて啓発が行われるようにもなっている。

3　就業とジェンダー

　「固定的性別役割」というジェンダーバイアスは、必然的に男女それぞれの就業のあり方に大きく影響する。図6-2は、「M字型曲線」と呼ばれているもので、女性の就業率を年代別に示したものである（内閣府男女共同参画局 2020）。これは、女性の働き方が固定的性別役割によって制約されていることを象徴するものとして問題視されてきた。日本では、女性の年代別就業率を表すグラフがM字になっているが、これは20代後半から30代にかけて一旦離職する女性が多いことを意味している。その理由が結婚や妊娠・出産、育児であることは想像に難くないであろう。そして、このことが女性に「キャリアの中断」をもたらすことが問題となる。経験を積むことで専門的な能力を高めることを妨げ、昇進や昇給においても不利となり、結果的に社会全体としての男女の格差につながっている。なお、40代になると再度就業する女性が多く、そのことがM字型曲線の右側の山を形成しているのだが、パートタイムでの就労である場合

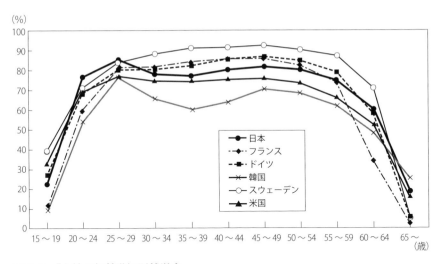

図 6-2　「女性の年齢階級別就労率」
（内閣府男女共同参画局 , 2020『令和 2 年版 男女共同参画白書』より引用）

も多く、以前のキャリアを継続できない人も少なくない。

　図 6-2 には、日本以外の国についても示しているが、欧米の多くの国ではM
字になっていない点が重要である。女性のキャリアが、結婚や育児といった
ライフイベントに影響されていることは、やむを得ないことのように感じる日
本人が多いかもしれない。しかし、欧米諸国のデータを見れば、それが必然で
はないことがわかる。社会の環境や制度、人々の意識や価値観次第で、男女が
ともにキャリアと家庭の役割を両立する社会のあり方は可能なのである。現状
として、社会制度の整備という点では、日本は遅れをとっているわけではない。
たとえば、1992 年に「育児介護休業法」が施行され、子どもが 1 歳になるま
で育児休業が取得できることや、子どもが病気の際に看護休暇が取得できる
といったことが定められた。こうした制度によって、出産や育児とキャリアの
継続が両立できる環境が、少なくとも形式的には整えられている。女性の社会
進出が進んでいる欧米諸国と日本の違いは、慣行、慣習、人々の意識といった
側面が大きい。それらは「無意識」な判断や思い込みであることが多いことか

ら、アンコンシャス・バイアスとも呼ばれ、近年では、これを解消するべく国や自治体による啓発が行われている。たとえば、内閣府（2021）では、「男性から育児や介護休暇の申請があると、『奥さんは？』と咄嗟に思う」や「子育て中の女性に、転勤を伴う仕事の打診はしないほうがいいと思う」、「"親が単身赴任中です"と聞くと、まずは『父親』を思い浮かべる（母親は思い浮かばない）」といったことが、日常ありがちなアンコンシャス・バイアスとしてあげられている。

4　医療とジェンダー

　看護師は、極めて高度な専門性を求められる職業であるにもかかわらず、そのほとんどを女性が占めているため、ジェンダーの観点からはやや特殊な職業と言えるだろう。2018 年の統計（厚生労働省 2019a）では看護師の 92.2％を女性が占めている（准看護師は 92.8％、保健師は 97.4％）。では、なぜ看護師という職業が「女性の職業」とされるようになったのだろうか。日本の近代看護の成立過程において、女性の職業というジェンダーが形成された理由を考察した平川景子によれば、その要因は多岐にわたる（平川 2019）。たとえば、それまで自宅で行われることが多かった看護が病院で行われるようになった 19 世紀半ばにおいては、戊辰戦争中であったために「男は戦争、女は看護」とい性別役割が進められたことや、そのモデルとなったのがナイチンゲールであったことが看護師として女性を採用することにつながったとされる。また、キリスト教文化圏においては、看護職が修道女によって担われてきたことで「看護は女性の仕事」という考えが広まっていたが、日本はそれに倣って養成機関を整備したために、多くの看護養成所が女性のみを対象として設置された。また、権威ある存在の医師に対して「補助的」「従属的」な立場と見なされたことも女性の職業とすることにつながった。こうした経緯を経て、たとえば 1900 年制定の「東京府看護婦規則」では受験資格が「満二十年以上ノ女子」とされるなど、制度上も女性の職業と規定されるようになった。

　このように、複数のジェンダー要因が合わさって看護師が女性の職業とされるようになったわけだが、いずれも現代においてなお看護師は女性であるべき

合理的な理由にならないことは明らかである。そして、看護師が女性の職業と
みなされているからといって、看護師として働く女性が固定的性別役割という
慣習から逃れられる訳ではない。やや古いデータであるが、**図 6-3** は、看護
師が退職する際の理由を調査した結果を示しているが、この結果から、結婚や
出産・育児により、看護師としての職を継続することが困難な場合が多いこと
がわかる（厚生労働省 2011）。また、兵庫県で実施された看護師の退職理由を
調べた調査でも、さまざまなジェンダーバイアスの影響がみられる（兵庫県看
護協会 2018）。この調査でも、「妊娠・出産」や「育児・子どものため」といっ
た理由が見られ、「結婚」や「地理的な理由」「配偶者の転勤」といった理由か
らは結婚後は男性のキャリアが優先されがちであることも伺える。また、「老

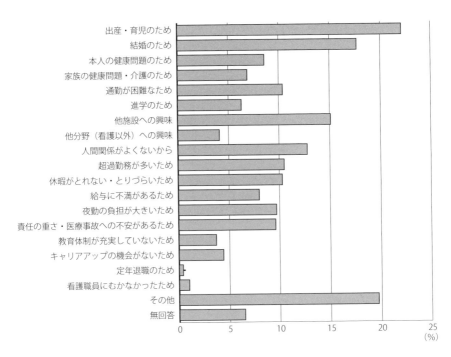

図 6-3　「看護師が退職する際の理由」
（厚生労働省，2011『看護職員就業状況等実態調査結果報告書』より引用）

親の世話・家族の介護」や「Uターン（親元に帰る・親との約束）」といった理由から、介護の負担もまたキャリア中断の理由になっていることがわかる。

　そして、このことが看護師の人手不足と多くの潜在看護師の存在という問題をもたらしている。厚生労働省の調査によると、潜在看護師は約71万人存在している。同時点で就労している看護師の数は約154万人であったため、看護師の資格を有する人（64歳以下）の約3割が就業していないことになる（厚生労働省 2014）。2025年問題とも呼ばれるように、少子高齢化の進展による一層の看護師不足が懸念されるなかで、固定的性別役割という社会全般のバイアスと、女性の職業という固有のバイアスをともに解消することが急務と言えるであろう。

　医師という権威のある職業の場合には、言うまでもなく看護師の場合とは逆のジェンダーバイアスが存在する。統計によると、医師の男女比率は男性78.1％、女性21.9％となっており、約8割を男性が占めている（厚生労働省 2019b）。岡山禮子によれば、明治期に医学教育制度が確立される過程において、そもそも養成校が男性限定の場合が多かったこと、あるいは中等・高等教育に明らかな男女格差があったために、女子は医師の養成校への進学が実質的に困難な時代が存在したことなど、このジェンダーバイアスもまたその歴史は長く根深い（岡山 2019）。

5　おわりに

　2018年に、複数の大学の医学部入試において女子を不利に扱うという不正が行われていたことが発覚し、世間の批判を浴びたことは記憶に新しい。この問題は、女性差別の一つとして論じられることが多かったが、「女性の医師は、結婚や出産・育児を理由にキャリアを中断することが多い」という理由で敬遠されたとすれば、ここに男性についてのアンコンシャス・バイアスも存在している点に留意しなければならない。すなわち、「男性の医師であれば、育児や介護を理由に休職や退職をすることはない」という前提もまた性別による悪しき慣習であり、本来は、男性の医師にも家事や育児、介護など家庭の役割を多く分担しながら働くという選択肢が与えられなければならないのである。

　ジェンダーによる不平等を解消することは、かねてよりあらゆる分野におい
て求められていることであるが、医療現場はとりわけその進捗が遅れていると
言わざるを得ない。医療を必要とする患者のため、そして何よりそこで働く医
療従事者自身のためにも改革が急がれる。

References

Butler, Judith, 1990, *Gender trouble; Feminism and the subversion of identity*,
　　Routledge; Chapman & Hall.（＝竹村和子訳, 1999,『ジェンダー・トラブル――
　　フェミニズムとアイデンティティの攪乱』青土社.）
平川景子, 2019,「看護職の専門性とアイデンティティの形成過程――戊辰戦争から
　　『看護婦規則』成立前後まで」岡山禮子・吉田恵子・平川景子・武田政明・細野は
　　るみ・長沼秀明『近代日本の専門職とジェンダー――医師・弁護士・看護職への女
　　性の参入』風間書房 : 241-301.
兵庫県看護協会, 2018,『平成 29 年度看護職員需要・離職調査報告書（病院）』.
厚生労働省, 2011,『看護職員就業状況等実態調査結果報告書』.
厚生労働省, 2014,『第 1 回看護職員需給見通しに関する検討会資料』
厚生労働省, 2019a,『平成 30 年衛生行政報告例（就業医療関係者）の概況』
厚生労働省, 2019b,『平成 30 年（2018 年）医師・歯科医師・薬剤師統計の概況』
内閣府男女共同参画局, 2020,『令和 2 年版 男女共同参画白書』.
内閣府, 2021,『共同参画』5 月号.
岡山禮子, 2019,「近代日本における女性医師職の形成過程を探る――医育政策・制
　　度との連関において」岡山禮子・吉田恵子・平川景子・武田政明・細野はるみ・長
　　沼秀明『近代日本の専門職とジェンダー――医師・弁護士・看護職への女性の参
　　入』風間書房 : 9-98.

ディスカッションテーマ
Exercises

1 ジェンダーバイアスによって、これまでに自分が経験した不快な経験、納得できなかったことなどをあげてみよう。

2 医療現場に存在しているジェンダーバイアスを解消することが、患者と医療従事者それぞれにどのような利点をもたらすか考えてみよう。

読書案内
Reading guide

1 伊藤公雄・樹村みのり・國信潤子, 2019,『女性学・男性学――ジェンダー論入門 第3版』有斐閣.
　　ジェンダー論の定評ある教科書。女性に対する不平等だけでなく、男性の生きづらさについても多く触れられており、ジェンダーの問題を幅広く理解できる。

2 Hochschild, A.R., 1997, *When work becomes home and home becomes work.* New York: Georges Borchardt Inc.（＝坂口緑・中野聡子・両角道代訳, 2012,『タイム・バインド 働く母親のワークライフバランス――仕事・家庭・子どもをめぐる真実』明石書店.）
　　女性が仕事と家庭を両立しようとすることで生じる困難や葛藤を、インタビュー調査を通じて浮き彫りにし、その克服方法を提言している。原典は20年以上前に書かれているが、日本が今まさに直面している問題として参考になることが多い。

第7章

性と身体に関する医療知

医療は性別と身体をどのように扱ってきたか

入江 惠子

―――――〈 本章のねらい 〉―――――

　これから医療を志そうとする皆さんにとって医療とは科学に基づいた絶対的なもの、そして医学とは絶対的な知（客観性に富んだ自然科学の頂点）であると思っておられる方もいるのではないだろうか。しかしながら、前章のジェンダーの項でもふれられているように、我々の社会の価値観を形作る要素の一つである性別もそれ自体が人類による発明であり、決して絶対的なものではない。日頃からジェンダー問題に興味があり、男はこう、女はこうといったきめつけには断固反対などと思う方であっても、医療の場から男女の区別をとっぱらってしまうことには抵抗があるのではないだろうか。それは我々の社会だけではなく、医療においても性別はさまざまな知の基礎であり、それなしには医療が成り立たないと思うのではないだろうか。ここでは、これまで医療は性（性別）をどのように扱ってきたのかについて振り返ってみよう。そして、医療の現場にこそ公平性、人権の観念が必要であるということについて考えてみてほしい。

○ **Keywords** セクシュアリティ、同性愛、性同一性障害／性別不合、
パターナリズム、医療化

1 医学における知（1）──性と身体

　そもそも西洋医学では性を男と女という二つの性としてではなく、1つの
性としてとらえていたと言ったら驚くだろうか。トマス・ラカー（Thomas
Laquer）が著書（1992）で明らかにしているように、ワン・セックス・モデル
（one sex model）といい、女性の身体とは男性の身体の不完全な形で、いわば
女は男のなりそこないとして認識されていた。たとえば、完全な身体は男性の
身体で、女性身体における膣はペニスが裏返ったもの、卵巣は精巣の位置が変
わったものとして考えられていた。つまり、性器は同一のものとして捉えられ、
そのため、何かの拍子に女性器が外に飛び出すことがあれば女性は男性になる
と多くの人が思っていたという。こうした考えは 17 世紀くらいまで続き、そ
の後、18 世紀になってようやく性を二つとして捉えるようになった。これが
今日、日本においても馴染みのある、いやむしろ絶対的に正しいと捉えられて
いるツー・セックス・モデル（two sex model）である。性別は男と女の二つで
ある、という今日の医学の敷地となっている絶対的な「真実」も、このように
歴史的に振り返ってみるとゆらいでいることがわかる▶1。

　そのときどきの社会を構成する人々の価値観に沿って、また人々が興味を持
つことに対して、そのときに利用可能な技術に基づいて、医学を含めた科学は
構築されてきた。そのため、今日の知識からすると信じられないような「医
学」のあり方は枚挙にいとまがない。他にも、皆さんが何度も目にしている解

剖図や人体模型も、時代が違えば、女は男よりも知能が低いと信じられていた
ために、男女の解剖図で明らかに小さく女性の脳を描いているものがみつかる。
また、コルセットを多用していた時代では、肋骨が極端に狭められた解剖図を
みることもできる。骨格や人体の構造など、見たままを描写するだけのものだ
と考えられそうなものだが、こうして当時の人々の信念や考え方が如実に反映
されたものが科学の権威を与えられて知を作ってきたのである。

2　医学における知（2）──生殖

　医学は生殖のあり方も定義し、規定してきた。たとえば日本における生殖
をとりまく変化を簡単に振り返ってみると大変にドラスティックなものであ
ることがわかる。明治時代からの 1920 年代以降、人口が増大したことにより
産児調整運動がおこった。逆に、人手を増やしたかった第二次世界大戦のとき
は「産めよ殖やせよ」政策があり、夫婦 1 組あたり 5 人産むことを推奨された。
そして敗戦後に人口が増え過剰になると 1948 年に優生保護法によって中絶が
合法化された。これらはすべて社会的、政治的な動きであり、医療とは関係な
いと思うだろうか。しかしながら、医療がこうした社会変動の際に一貫して姿
勢を貫いたことはなく、むしろ社会の意向をくむかたちで、そのつど出産、避
妊、中絶に関するさまざまなことがらが決められ、人々の生殖をかたちづくっ
てきた。医療とはそれ独自で成り立つものではなく、社会と深い関係を結びな
がら存在しているのである。
　日本にかぎらず、世界のどの国を見ても、そのときどきの社会状況によって
妊娠出産という極めて個人的であるはずの領域が統制されていることがわかる。
多くは飢饉や戦禍による産児調整の例が見られる。その他、人口が増大した中
国における一人っ子政策においては、罰金が科されたり、中絶が強制されたり
された。一人っ子政策が解かれた現在では一転してそうした規制はなくなって
いる。また、1973 年に中絶が「権利」として獲得された米国ですら、2022 年
の今日に中絶が非合法化されようとしている州もある。さらに、今日では生殖
医療の発展により、精子ドナー、体外受精、代理母出産などがビジネスとして
成り立つようになり、生殖の商品化と市場化が進行している。インドには代理

出産をビジネスに掲げる村があったり、はたまた中国人カップルが米国人女性に代理母を依頼する代理業があるなど、その垣根は国境を越えている。こうして、経済格差や家族概念、国際社会、人種、宗教など、さまざまな規範や価値観をめぐって対立する、生殖する身体とはきわめて政治的な場なのである。

　以上のように、医療は独立して存在するシステムではなく、常に社会のさまざまな動きと相互に作用しあいながら存在してきた。次の節では、もう少し具体的にセクシュアリティについて、医療化という概念から、性に関することがらを医療がどのように扱ってきたのかみてみよう。

3　セクシュアリティ（1）──同性愛

　性の捉え方、生殖に加えてもう一つ医療の歴史として重要なのがセクシュアリティであろう。今日の日本では、先進国のなかでは珍しく同性婚が認められていない状況ではあるが、パートナーシップ条例をはじめ、同性愛が社会において認識され、その存在が広く認められるようになってきたといえる。しかし一方で、男女間の恋愛や性交渉こそが「普通」であり「正常」と捉えられている。そもそも、「同性愛者」としてカテゴリーに入れること自体が極めて近代的な行為であり、歴史をさかのぼると多くの社会で同性間の性交渉や関係性が存在し、認められていたことがわかる。つまり、近代になって「正常」な異性愛とは異なる同性愛に焦点があてられ、同性愛を「異常」なものとして捉えられるようになったのである。

　医療において何が病気なのか、という定義は大きく分けて二つの機関でさだめられた基準に依っている。一つは国際疾病分類とよばれる「疾病及び関連保険問題の国際統計分類（ICD: International Statistical Classification of Diseases and Related Health Problems）」である。WHO（世界保健機構）において定められた分類で、多くの国で臨床や医学研究において参照されている。もう一つは、「精神疾患の診断および統計マニュアル（DSM: The Diagnostic and Statistical Manual of Mental Disorders）」である。これはアメリカ精神学会によるものだが、広く国際的に精神疾患の分類として適応されている。

　それまでに病気として扱われてこなかった言動や人を、医療の下で管理し処

置しなければならない疾病である、と定義することを医療化（medicalization）
という。またこの反対にそれまで医療で扱われていた病いを、もはやこれはそ
の対象ではないと定義しなおすことを脱医療化（demedicalization）という。医
療化の例の一つとしてはアルコール依存症がある。それまでは酔っ払い、酒癖
の悪い人、と捉えられていたことが、今日ではアルコール依存症として診断さ
れ、医療機関や関連機関において対処されるようになっている。

　同性愛も社会において着目され、逸脱したものとして捉えられ、逸脱者を排
除したいという気運が高まるにつれ、医療化の流れに乗せられたことがある。
1948年にICD-6（ICDの第6版）において「社会病質人格障害：性的逸脱」と
して、1952年にDSMI（DSMの第1版）において「病理学的人格：性的逸脱：
同性愛」として記述された。これにより米国では同性愛者が矯正施設に送られ、
ロボトミー手術を受けさせられるなど、今日では考えられないような非人道的
な処置が施された（Ford、1987）。こうした施設には親や近親者によって連れ
られてくるものが多かったと言われているが、自ら「治療」を望んで入所する
ケースもあったという。社会における逸脱した者に対するまなざしと、逸脱者
を受け入れない社会のあり方がみてとれる。

　その後、米国において市民運動／人権獲得運動が広まり、1970年代には同
性愛者による社会運動も活発になった。今日ではなじみのあるレインボーフ
ラッグなどもこのころにつくられたものである。こうした社会運動により、同
性愛は逸脱ではないとして脱医療化された。1974年にDSM IIIでは「精神疾
患として治療する必要はない」と記述され、1993年にはICD-10から項目が削
除されたのである。日本では1994年に「同性愛は性非行」という文言が文科
省において削除されている。同性愛における脱医療化は、それまでは医療の管
理下におかれ人権を無視した扱いを受けていた状況から、自分の身体、自分の
人生の自由を取り戻すという象徴的な意味合いを帯びているといえる。

4　セクシュアリティ（2）──性同一性障害から性別不合へ

　同じくセクシュアリティの医療化／脱医療化として性同一性障害のケースが
ある。性同一性障害の場合は同性愛とは異なり、医療化／脱医療化のみならず、

病理化／脱病理化のプロセスとして捉える必要がある。

　性同一性障害とはトランスジェンダーを示す医学用語で、出生時の性別と異なる性自認を持つ状態を示すものとして長らく使用されてきたが、医療ではその分類と扱いを変更し、現在では性別不合という用語に変更されている。まず医療において性同一性障害の定義はいかに変更されてきたのだろうか。その軌跡を追ってみよう。まず初めに、1965 年に ICD-8 において異性装（服装倒錯）症 transvestitism として、DSM II においては 1968 年に同じく異性装（服装倒錯）症として記述が登場した。このときの異性装の言語にある接尾辞の Trans というのは突き抜けるという意味合いを持ち、つまり二つある性のカテゴリーのうち一方からもう一つの側へ突き抜けるという意味で、生まれたときに割り当てられた性とは別の性への移行を指している。Vest は日本語ではベストとしてチョッキのような意味で使われるが、広く被服を意味している。よって異性装 transvestism とは、出産時に割り当てられた性とは異なる性（異性）の装いをすることを指している。また、異性との記述があるが、具体的には「女装」をする男性のことを指している。というのも、これは現代でも同じだが、女性が男性の恰好をしていても異常視されることはほぼなかったためである。

　その後、1975 年 ICD-9 において「異性装（服装倒錯）症と性転換症 transvestitism and transsexualism」として、1980 年に DSM III において「性転換症 transsexualism」として記述され、性同一性障害 gender identity disorder と記述されたのは実に 1994 年の DSM IV である。つまり「障害」として医療化されたということであるが、同性愛のケースとは意味合いが大きく異なる。性同一性障害では、もう一方の性の身体的特徴を得るための性別適合手術を望む当事者が多く存在する。この手術は服薬だけでなく外科的治療を伴う。それには医療機関と医師、ナース、その他医療従事者が必要になる。しかし長らくただの不適切な装いをする「変わり者」としてのみ認識されてきたため、正規のルートで安定した医療を受けることができなかったのである。そこで当事者らによっておこされた社会運動の結果、医療において「障害である」と認めさせ、望む医療処置を安全に受けるルートを確保したのである。よって、性同一性障害における医療化は、自らの望む身体になるために勝ち取ったものということができる。しかしながら、そもそも社会において異性の装いをすること

を異常視することがなければ、こうした一連の当事者らの苦悩も運動も必要なかったことは常に覚えておきたい。また、性別を二つに分け、一つの身体に一つの性、というあり方こそが真正であり、自然であるという考えがなければこうした社会によるフィードバックも起こらなかったであろう。

　そしてその後、性同一性障害の項目は消え、2013 年には DSM-V で「性別違和 gender dysphoria」、ICD-11 では 2018 年に「性に関する健康状態」において性別不和 gender incongruence と記述されている。これはつまりそれまで性同一性障害は「精神障害」として扱ってきたが、障害ではなかった、として定義を変更したのである。この背景には当事者による大きな社会変革があった。1990 年代に性同一性障害として医療における扱いを向上させた後、一般社会においても当事者の存在やその人権に対する認識が高まり、障害ではなく生き方なのだ、と定義しなおされたのである。同性愛のケースと異なるのは、トランス当事者のなかにはホルモンや外科手術などの医療処置を希望する当事者が存在しており、ＤＳＭから障害の記述は消えたが、依然として医療において扱う領域であるということである。つまり、障害と分類されなくとも、当事者の希望により性別適合手術などの医療処置を受ける権利が保障されるべきであるとしたのである。性同一性障害においては、脱医療化ではなく脱病理化が起こったということである。

　このように書くと、性同一性障害に関しては問題がなくなったに思われるだろうか。医療化により望んでいた手術を受けるという選択肢を可能にし、そして社会において認知度を高めた結果、障害ではないとして脱病理化したというふうに。しかしながら、日本を例にあげると、法制度が未だに当事者を苦しめ続けている。性同一性障害特例法という、性別変更を認める要件が定められているのである。この内容は、20 歳以上であること、結婚していないこと、未成年の子どもがいないこと、生殖能力がないこと、変更後の性別の性器に近似する外見を備えること、などが条件として定められている。ここには日本における家族とはいったい何かという価値観が色濃く反映されている。繰り返しになるが、その社会における規範や概念が法制度を含めたシステムを作っており、医療もその一部であるため、こうした価値観を反映させながら当事者らに影響を与え続けるしかないのである。

5 おわりに

　これまで医療においていかに性とセクシュアリティが扱われてきたのかについてみてきた。一般的にはゆるぎない「真実」として捉えられている二元的な性も、歴史をさかのぼるとその捉え方がさまざまであった。そしてセクシュアリティについても「正常」、「自然」なあり方とされる異性愛の型から外れるものを「逸脱」とし、医療の管理下に置いてきた。本来医療とは人を苦しみから救うものであるのに、実際は多くの当事者をより困難な状況に追い込んだ。こうした医療における価値観とは、背景にある一般社会の価値観の反映であり、何を重要とし、何を問題とするかというその時代や状況を表している。そして、一般的に医療とは信頼を置かれ、医療における知は絶対的なものと考えられているがゆえに、何か統制したいことがらに対して社会システムの一つである医療が利用され、社会に住む人々をコントロールするものなのである。みなさんも実際の内容は理解しないにもかかわらず、「お医者さんに言われたからそうなのだろう」と納得したことがあるのではないだろうか。医学の教科書に書いてあることを疑って、自分で何かを調べたりしたことがあるだろうか。

　ではこうした歴史を繰り返さないためにはどうしたらいいのだろうか。それは医療の排他性に目を向けることではないだろうか。これまでの歴史を振り返り、いかに科学や医学における知が、その他を排除しながら成り立ってきたのか、そしてむしろ社会にとって不適切とされる存在を排除するために発展させられてきたのか。そうしたいわば医療におけるさまざまな概念の持つ排他性やフィクション性を可視化することで、一般的に「自然」、「普通」と捉えられている価値観を相対化することが可能になるだろう。それにより、真に多様な生き方を持つ個人が共生できるようになるのではないだろうか。常に歴史を振り返り、そして目の前の現実を解釈しなおすこと、こうした姿勢が医療に従事するみなさんにこそ求められているのではないだろうか。

　くるくると目まぐるしく変わる社会情勢によって、医療は利用され、翻弄され、ときに主導権を握ってその影響力をふるってきた。それゆえ、医学における知もその都度都合のよいように捻じ曲げられ、理解され、処置に反映される

 こともあった。こうした医療における変化は政治や経済、法を含む社会全体の変化と深い相互作用の関係にあり、それを紐解くことによってはじめて理解することができるのである。

注
Notes

▶ 1　古くはヒポクラテス（Hippocrates）、ガレノス（Galenos）までさかのぼる。このあたりの議論に興味がある場合は先述のラカーに加え、荻野美穂『生殖の政治学—フェミニズムとバース・コントロール（歴史のフロンティア）』、フリードマン『ペニスの歴史──男の神話の物語』などが詳しいので参照されたい。

参考文献
References

Friedman, David M., 2001, *A mind of its own: A cultural history of the penis,* New York: Penguin.（＝井上廣美訳, 2004,『ペニスの歴史──男の神話の物語』原書房.）

Ford, M. E., 1987, "A history of lobotomy in the United States," *Pharos Alpha Omega Alpha Honor Med Soc.* Summer; 50(3): 7-11.

Laqueur, Thomas, 1992, *Making sex: Body and gender from the Greeks to Freud,* Cambridge, Mass.: *Harvard University Press.*（＝高井宏子・細谷他訳, 1998,『セックスの発明──性差の観念史と解剖学のアポリア』工作舎.）

荻野美穂, 1994,『生殖の政治学──フェミニズムとバース・コントロール（歴史のフロンティア）』山川出版社.

ディスカッションテーマ
Exercises

1 看護の教科書のなかでセクシュアリティがどのように語られているか探してみよう。

2 医学だけにとどまらず、絶対に変わらない普遍的な事実や価値観などをあげてみよう。また、本当に変わったことがなかったか、歴史を振り返って調べてみよう。

読書案内
Reading guide

1 新ヶ江章友, 2022,『クィア・アクティビズム』花伝社 .
　米国のクィア理論、クィアスタディーズの誕生と背景を体系的に網羅した入門書。米国におけるフェミニズムの流れとエイズアクティヴィズムとの関連において、いかにしてクィア理論が形成されていったのかがよくわかる名著である。

2 藤井ひろみ, 2020,『レズビアンヘルスと看護研究——レズビアン・バイセクシャル女性が安心して受けられる医療・健康支援とは』晃洋書房 .
　レズビアン、バイセクシュアルの女性に焦点を当てた一冊。セクシュアル・マイノリティのなかでも取り上げられることが少ない当事者らの経験と語りから、いかに「周縁」に追いやられてきたかが読み取れるでしょう。そこから医療従事者としての関わり方を振り返ることの重要さに気づくのである。

第8章

現代家族の社会学

社会の変化に呼応する家族

濱野 健

┤ 本章のねらい ├

　本章では家族の役割と意味が社会の変容に伴いどのように変化してきたかを論じる。家族は私たちの人生にとってかけがえのない存在である。しかし歴史的に見ると、家族に対する意味付けや基準となる家族構成員は時代によって変化していく。そして家族は私たちにとって唯一無二の特別な関係性でありながら、家族のみでは生きていくことができない。法律や政策教育医療などの、他のさまざまな社会制度と結びつくことによってこそ、他の関係性とは置き換えの聞かないような、いわば親密な関係性を維持することができるのである。社会の変化に伴い現代日本では、私たち一人ひとりの個人レベルで家族に対する「当たり前」が大きく様変わりしつつある。他方、家族はさまざまな社会制度との結びつきの上で成立していることから、私たちが理想とする家族のあり方と、それを十分に支えきれなくなった既存の社会制度とのあいだで葛藤が大きくなってきたことや、それが原因となって家族をめぐる法律や制度の変革への大きなうねりとなっているのもまた現代的な出来事なのである。

◦**Keywords**   家父長制、親密性、離婚、共同養育、ステップファミリー

1　近代社会と家族の変遷

　これまで見てきたように、社会学という学問は人と人とが取り結ぶ集団における関係性の仕組みと、その変化を明らかにしようとする学問である。そして、そこで対象とされている集団を統制するための規範原理、すなわち集団としての「当たり前」も、社会の変化とともに移りゆくことを自明として理解している。社会学は家族に対しても同じような見方を持ったうえで関心の対象としている。本章では、まず初めに社会の変化の大まかな位置取りを説明し、その上で家族がこうした社会の変化にどのように対応しているかを見ていこう。

　このテキストの冒頭でも述べたように、社会学は近代社会の成り立ちとその変化を具体的な事例から考える学問である（「はじめに」および第 1 章参照）。かつての伝統的な社会と近代社会を大きく分けているのが社会構成の特徴である。**図 8-1** は伝統的な社会から、初期の近代社会そして後期近代社会へと社会が変化していく過程を図式化したものである。この社会の変化のモデルを説明しながら、家族がそれぞれの社会にどのように呼応していくのかをこの「機能的分化モデル」に沿って説明する（Borch 2011=2014）。まずいちばん左側の伝統的社会では、家族と社会の区別があまり明確ではない。社会集団は血縁関係や親戚関係、または同じ先祖やルーツを持つ集団として成立していることが多い（環節的分化）。また社会の範囲が一つの集団のなかでほぼ完結しているのも特徴である。近代化によって、それぞれ分かれた集団が他の集団とより広範囲

な関係を築くようになる。しかしながらその関係性は身分や序列のような階層秩序で規定されており、関係性を自由に変えることは難しい（階層的分化）。近代化がさらに進むと、不平等な階層構造をなしていた関係性は次第に解消され、個々の集団がフラットで、ときと場合に応じた柔軟な関係を結ぶように変化していく（機能的分化）。このような変化は、私たちの社会関係が「カタチ」を重視した関係性から、個別の「つながり」を重視した関係性へと変化していることを示唆している。また、このモデルは社会のさまざまな組織間の関係性の変容を示すと同時に、同時代の私たち個人レベルでの関係性にも適用できるのである。

　日本の家族の近代化とその変化にこのモデルを応用してみよう。日本における近代型家族の始まりは明治時代に遡る。1898年に施行された旧民法では、戸籍制度により国民は個人単位ではなく「家」単位で管理されるようになった。そして、「家父長制」と呼ばれる制度により家庭のなかの男女の役割や親子関係が厳格に規定されていた点に特徴を持つ。戦前の家族では一家の主である父親が、家族の個人的な生活（たとえば結婚）や、財産管理についての決定権

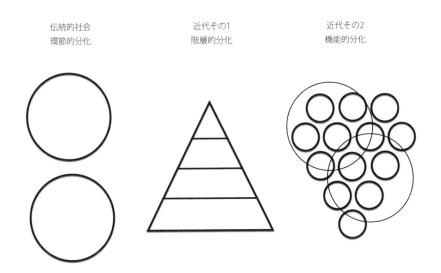

図 8-1　機能的分化モデルからみた社会の変化（Borch 2011＝2014: 110）

を独占的に有していた。夫婦間の不平等や、父親による子への支配、あるいはきょうだい間での相続差別といった家族間での階層的な序列関係も正当化されていた。しかし、個人の尊厳と男女平等を謳った新憲法24条とあわせ、1947年に施行された改正民法では、かつての夫婦間や親子きょうだい間での不平等な規定が取り去られた。21世紀現在でも、法律や政策などの制度から個人意識のレベルに到るまで、家庭内の性別役割や夫婦あるいは親子の関係においてそうした旧い家族規範が残っているが（落合 2019; 千田 2011）、この後に各種事例を取り上げるように、日本社会の近代化とともに家族の「当たり前」は、先にあげたモデルに近似した流れに沿って変化してもいる。

2 「カタチ」から「つながり」へ

　こうした変化を経た現代家族の特徴を、量的なデータから見てみよう。戦後の日本社会の人口動態の変遷のうち、出生数および合計特殊出生率（一人の女性が一生の間に生むとした場合の平均の子ども数、15歳から49歳までの女性の年齢別出生率の合計）について確認しよう（詳細については第3章も参照のこと）。第一次ベビーブーム（1947～1949年）および第二次ベビーブーム（1971～1974年）などによって若年層の人口が大幅に増加する時期が見られた。この二つの人口増加の時期を挟むようにして高度経済成長期と呼ばれる時代となっており（1950年代半ばからの約20年間）、この時期日本は戦争による荒廃からの復興のみならず、やがて世界でも類を見ない経済大国として成長した。こうした短期間での爆発的な社会成長にこうした急速な人口増が寄与したことは間違いないであろう。しかし、同時にこの時期は日本社会における「当たり前」の家族が改めて標準化された時期、すなわち戦後家族モデルという新たな「カタチ」が出現した時代でもあった。日本家庭に「専業主婦モデル」が定着し、世帯あたりの子どもの数も「二人っ子革命」と呼ばれるまでに標準化した（落合 2019）。さらに、経済成長著しい都市に地方の多くの若者が流入したため、かつて拡大家族（親戚家族と同居）や直系家族（祖父母と同居）が主流であった日本の家庭の主流が、夫婦と子からなる核家族（nuclear family）へと変化した。
　家族の縮小は一般的な傾向として社会全体に浸透していった。先のモデル

に沿えば家族に対する意味が「カタチ」以上に「つながり」へと変わるわけだが、夫婦が友に過ごす時間、それぞれの人生を尊重する意識、そして養育に携わる時間の長期化などによっても子どもの数は次第に減少する（Beck and

表 8-1　未婚者を対象とした将来の結婚への願望（NHK 放送文化研究所 2020: 27）

（「現代の生活意識」調査から）	未婚者 (16 歳以上)	
	全体 547 人	〈しなくてよい〉 397 人
結婚したくない	9 %	10 %
結婚してもいいと思える人が見つかれば結婚するが、そうした人が見つかるまでは結婚しない	54 %	58 %
ある程度の年齢までには、必ず結婚したい	19 %	15 %
なるべく早く相手を見つけて、すぐにでも結婚したい	5 %	3 %
結婚してもいい相手はいるが、今のところは現在の生活を続けたい	6 %	7 %
結婚する予定がある	4 %	4 %

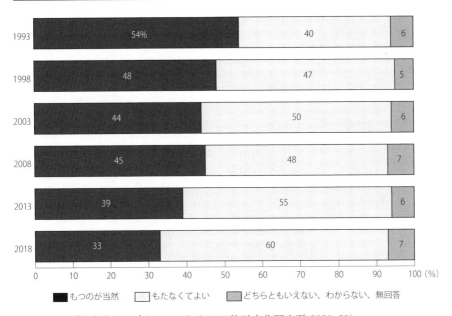

図 8-2　子どもをもつことについて（NHK 放送文化研究所 2020: 29）

Beck-Gernsheim 2002=2022)。結局、1970年代中頃から合計特殊出生率は次第に低下、2020年時点では 1.34 となり 5 年連続で低下した。第二次ベビーブームの時期に生まれた「団塊ジュニア世代」が一定の年齢に達したことが原因と見られている。

　その他にも若年層の未婚率の上昇と晩婚化があげられているが、経済の変化や、都市化や産業構造の変化に伴うライフスタイルの変化、家族や親子関係に対する意識の変化などの社会的な要因など、多面的な視点から家族の縮小化を理解することが必要である。**表8-1**や**図8-2**が示すように、現在では結婚しても子どもを持つかどうかが選択されるようになり、あるいは結婚すること事態を当たり前としないと考える人も増えてきている。親密な関係性という「つ

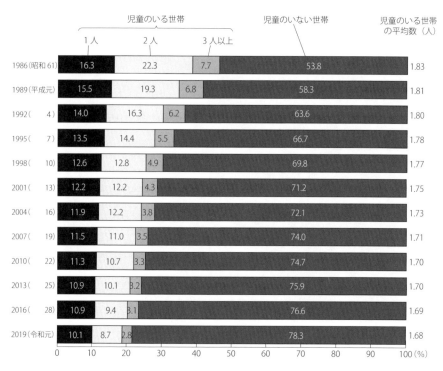

図 8-3　世帯別にみた児童数と平均数の推移（厚生労働省政策統括官 2020）

ながり」を重視することが家族を持つことの理由なら、子どもを持つという「カタチ」には必ずしもこだわらないと考える人も次第に出現しているのかもしれない。実際、戦後の標準的な核家族化の一つの指標とされていた「二人っ子革命」にも次第に変化が起き始めているようだ（**図 8-3** 参照）。社会の変化に伴い、戦後日本で「当たり前」とされていた家族観は、社会全体でみてもそして個人レベルでも変化しつつある。

3　家族間のつながりと、私たちの社会のこれから

　家族の質的な変化は社会における結婚や家庭、あるいは子育てに対する従来の「カタチ」を変えつつある。先のモデルで示したように、このような家族意識の変容はある程度までは一般的な傾向として理解できる。前節でも確認したように、戦後日本で「当たり前」とされてきた標準化された「カタチ」を経て、家庭や家族の理想は、個々の家族が理想とする「つながり」に委ねられつつあるかのようだ。しかし、理想の家族は単に望めば叶うものではない。夫婦や親子の間の異なる理想との交渉や、家族を維持するために必要な社会のさまざまな制度との調節が常に欠かせない。社会学者のアンソニー・ギデンズはこうした関係性を「純粋な関係性（pure relationship）」とよび、パートナーシップや家族関係が社会的な規範「当たり前」を離れ、誰よりも互いに理解したい／されたいとする関係性へ移行しつつあることを論じた（Giddens 1991=2021）。ここでは最後に、理想の「つながり」をめぐる家族が、そうした環境で社会と向き合うことで直面しているいくつかの論点を取り上げたい。

　一つめは、家庭内における性のあり方つまり、性別役割分業からの解放である。家庭内での性別役割は未だ根強い一方、そうした性別役割に対する異議申し立てや、性別役割にとらわれないパートナーシップのあり方を求める人たちが増えつつある。**表 8-2** と**図 8-4** は、家庭内の性別役割におけるこのような両義的な状況を表している。同じ調査のなかで、男女の区別なく夫が家事育児に従事することを当然と回答しながらも、現実の家事・育児の分担には大きな開きがある。

　また、マスコミでもたびたび話題となっているのが、結婚後の夫婦別姓に対

表8-2　**家事・育児の分担**（NHK 放送文化研究所 2020: 55）

	全体 2,547 人	男性 1,200 人		女性 1,347 人
妻ができるだけ一人でする	2 %	2 %		2 %
妻が中心で、夫も協力する	63 %	64 %		61 %
夫も妻も同じくらいする	33 %	31 %	<	35 %
夫が中心で、妻も協力する	2 %	2 %		2 %
夫ができるだけ一人でする	0 %	0 %		0 %

※数字の間の不等号は両側の数字を比較した検定結果（信頼度 95%）で、「<」は女性が多いことを示す

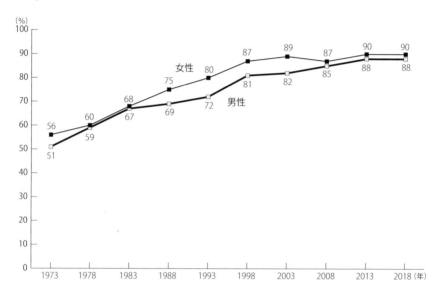

図8-4　**夫も家事をするのは当然と回答した人の推移**（NHK 放送文化研究所 2020: 54）

する議論の拡大である（阪井 2021）。現行法では婚姻に際しいずれかの姓を選択することが定められているが、ほぼ大半が自動的に夫の性を選ぶという。19世紀に施行された旧民法以来「当たり前」とされてきたこの慣習は、さまざまな角度から再検討を迫られている。そして法律の定める「婚姻」によらず、事実婚を選ぶ人たちも増えつつある。家族を制度による「カタチ」ではなく、二

人が望む「つながり」において選び、そして営もうとする意識の表れかもしれない。他方で近年大いに注目されつつある同性婚の合法化をめぐる運動と支援の広まりは（同性婚人権救済弁護団 2016）、これまでの日本社会で制度的に「家族」として見なされることのなかった「つながり」のあり方を示してくれる。

　二つめの論点は親子関係の変化である。いまでは「イクメン」という用語もずいぶんなりを潜めたとはいえ、家庭内における性別役割についての疑問の増大は、配偶者間での子育てのあり方も変化させつつある。離婚した後であっても子育てに関わりたいとする親が増えていることで、従来の離婚や親子の別離の「当たり前」が問いなおされている。親子間の親密性もますます強化され、それを実現するために必要な法改正や政策の必要性が訴えられている。ここでは、2022 年 5 月現在も法務省の法制審議会によって検討が行われている離婚後の親権をめぐる法改正の議論を紹介しておこう（法務省 2021）。そこでは現行法において離婚後の子の共同養育を疎外するさまざまな問題が取り上げられながら法改正の議論が進められている。別居している子どもへの養育費の支払いや面会交流を支える体制の不十分さも課題となっている。2016年（平成 28 年）に厚生労働省が子を持つ離婚経験者を対象に実施した全国調査では、離婚の際に子どもの養育費の取り決めを行っていたのは、母子世帯で 42.9%、父子世帯で 20.8% となり、面会交流の取り決めについては母子世帯で 24.1%、父子世帯では 27.3% に過ぎなかった（厚生労働省 2021）。これまで長く「家庭の問題」として扱われたために防止策や被害者への公的支援が不十分であった家庭内暴力や配偶者間暴力が、家族やジェンダー意識の変化によってより広範囲な社会問題として認知さるようになり、その抑止や予防に対する制度的取り組みの更なる発展が大きな課題となっている。そして、離婚や再婚が（元）夫婦にとっての終わりや始まりとなる一方、両親の離婚や再婚を経てもそれぞれの両親との良好な関係を維持することを目指す「ステップファミリー（stepfamily）」にも注目が集まっている（野沢・菊地 2021）。子どもの視点から家族との関係性を捉え直し、新しい家族との関係を育みながらも、別れた家族（親）と子どもが交流を維持できるような緩やかな家族のあり方が模索されている。2020 年 4 月には改正虐待防止法が施行され、親であっても子への体罰が禁止されたことは大きな話題となった（日本経済新聞 2019）。このように、

現代の親子関係もまた「カタチ」から「つながり」へと急速に変化しつつあると同時に、そのような家族を実現するための課題の解決に対する具体的な取り組みの必要性や、それを支える社会のさまざまな制度に対する異議申し立てがますます社会に広がりつつある。

4 おわりに

　本章では社会学的な視点から現在家族の特徴についていくつかの論点を取り上げた。ここで重要なことを改めて確認しておくと、家族とは私たちにとっていつの時代も身近にいる大切な人たちでありながら、社会の変化によって、その関係性の規模や意味するところが変化してきてもいることを理解することにある。とりわけ現代社会のようにグローバル化によって私たちの世界が著しく広がり（第16章参照）、社会の変化も進みつつあるなか、それぞれにとっての家族の「当たり前」はますます大きく様変わりしつつある。そのなかでも、私たちが家族と幸せに暮らし、そして家族の幸せを守るために、それを支えてくれる社会制度が必要不可欠である。それが、私たちが家族とともに社会に生きていることなのである。

参考文献
References

Beck, Ulrich and Elisabeth Beck-Gernsheim, 2002, *Individualization: Institutionalized individualism and its social and political consequences.* London: SAGE.（＝中村好孝・荻野達史・川北稔・工藤宏司・高山龍太郎・吉田竜司・玉本拓郎・有本尚央訳, 2022,『個人化の社会学』ミネルヴァ書房.）

Borch, Christian, 2011, *Niklas Luhmann.* London: Routledge.（＝庄司信訳, 2014,『ニクラス・ルーマン入門——社会システム理論とは何か』新泉社.）

同性婚人権救済弁護団, 2016,『同性婚——だれもが自由に結婚する権利』明石書店.

Giddens, Anthony, 1991, *Modernity and self-identity: Self and society in the late modern age.* Stanford, CA: Stanford University Press.（＝秋吉美都・安藤太郎・筒井淳ほか訳, 2021,『モダニティと自己アイデンティティ——近代における自己と社会』筑摩書房.）

法務省, 2021,「法制審議会——法制部会」.（2021 年 4 月 5 日取得, http://www.moj.go.jp/shingi1/housei02_003007）

厚生労働省, 2021,『平成 28 年度全国ひとり親世帯等調査結果報告』.

厚生労働省政策統括官, 2020,「グラフで見る世帯の状況——令和 3 年 国民生活基礎調査（令和元年）の結果から」.（2021 年 5 月 4 日取得, https://www.mhlw.go.jp/toukei/list/dl/20-21-h29.pdf）

NHK 放送文化研究所, 2020,『現代日本人の意識構造』NHK 出版.

日本経済新聞, 2019,「親の体罰禁止、20 年 4 月から改正虐待防止法が成立」.（2021 年 8 月 20 日 取 得, https://www.nikkei.com/article/DGXMZO46284690Z10C19A6MM0000/）

野沢慎司・菊地真理, 2021,『ステップファミリー——子どもから見た離婚・再婚』KADOKAWA.

落合恵美子, 2019,『21 世紀家族へ【第 4 版】』有斐閣.

阪井裕一郎, 2021,『事実婚と夫婦別姓の社会学』白澤社.

千田有紀, 2011,『日本型近代家族——どこから来てどこへ行くのか』勁草書房.

ディスカッションテーマ
Exercises

1　あなたにとっての「家族」とは誰か。その根拠などについて、グループでそれぞれの「家族」の類似性と差異について話し合ってみよう。

2　離婚後の親子の交流がうまくいかない理由について考えてみよう．その上で、そうした問題解決に、どのような専門家の支援が有効かを考えてみよう。

読書案内
Reading guide

1　赤川学 , 2018,『少子化問題の社会学』弘文堂.
　　少子化はそれ自身が問題なのではなく、その事態により引き起こされる社会的影響により社会問題化されるとした社会構築主義的な視点から、少子化にまつわる社会的言説を考察した一冊。社会問題とは本質的なものではなく、特定の社会的あるいは歴史的な文脈によって「問題化」されるという方法論に注目したい。

2　Alexy, Allison, 2020, *Intimate disconnections: Divorce and the romance of independence in contemporary Japan.* Chicago, Il: University of Chicago Press.（＝濱野健訳 , 2022,『離婚の文化人類学——現代日本における「親密な」別れ方』みすず書房 .）
　　アメリカの文化人類学者による日本での長期間の調査から、離婚をめぐる男女のさまざまな想いや葛藤が検証され、21 世紀日本における、夫婦や親子など「親密な関係」の変容をたどった一冊。「離婚」という個人的な経験を、私たちが現代日本で抱えている共通の「不安」と「希望」の姿の一つの現れとして描こうとした意欲的な研究。事例多数。

column

国際結婚の増加と家族の多様化

　現代日本の家族は実に多様である。その一例が、出身国が異なるパートナーと構成される家族である。厚生労働省が毎年公開している人口動態調査によれば、2019 年に日本国内で結婚届を出した人のうち、配偶者が外国籍の結婚届出数は 2 万 1,919 件であった。同年の結婚届の総数は 59 万 9,007 件であったから、全体のおよそ 3.7％が国際結婚であったことになる。100 組に 3 組以上が国際結婚、それが現在の日本の状況である。近年、グローバル化に伴う人の移動がますます活発になり、結婚につながるような「出会い」の範囲は（その出会い方にはさまざまであったとしても）今や国境を超えることも珍しいことではなくなりつつある。

　このような「国際結婚」への関心についてジェンダー差があるのも興味深い。未婚者を対象に実施した調査によれば、「外国人でも構わない」と回答した人は全体の 36.2％であった。女性は 46.3％で、男性は 28.4％であり、女性の方が男性よりも外国人との結婚に意欲を示しているという（国立社会保障・人口問題研究所 2010）。しかしながら先ほどの厚労省の統計を見ると、その数値はこうした関心とは逆の傾向を示している。2019 年度の国際結婚届出数について、日本国籍の男性と外国籍の女性の届け出が 14,911 件、日本国籍女声と外国籍の男声の届け出が 7,008 件であり、実数としては日本人男性と外国人女性の結婚数が、日本人女性と外国人男性のそれをはるかに上回っている。国際結婚により強い関心を住めすのは男性よりも女性であるというが、実際の件数としては圧倒的に男性が外国の女性と結婚しているのが日本における国際結婚の実情である。ちなみに、国際結婚をする日本人男性は結婚後も日本に住み続け、他方女性は相手国に移住する場合が多い。これら、男女における国際結婚の内訳が異なる理由については、本章で論じた日本人の結婚観や家族観、さらに配偶者である相手の持つ文化的背景、グローバル化に伴うさまざまな方法での「出会い」、これまた色々と考察の余地がありそうだ。

　こうした状況は今後も続いていくだろう。そして日本の家族の多様化は、家族の他国籍化・多文化化の側面からも今後ますます進行していくだろう。これから

の日本では患者や入所者が、または付き添いや看病をするその家族が、日本の病院や介護施設の運営方法を十分に熟知できていなかったり、看護・介護方針について、看護師や介護士そして医師と専門的な用語を用いたコミュニケーションを行うことに戸惑ったりするようななこともますます増えるだろう。筆者も海外での通院経験があるが、なれない外国語で看護師や医師とやり取りすることは本当に大変だったことをその時に感じた不安も含め今でもはっきりと思い出すことができる。このテキストでも取り上げられたように、医療やケアにおいても、社会的そして文化的な文脈を無視することはできない。日本の医療や福祉の現場は、グローバル化に伴う日本の家族の多様化に向き合っていく必要があるだろう。

（濱野 健）

第9章

医療の文化的側面

多様性を増す社会における医療者の役割

入江 惠子

◁ 本章のねらい ▷

　医療従事者が患者に接する際、医学の知識だけでは解決できない問題にあたることがある。たとえば、薬の飲み方を指導したのになぜか聞き入れられず、適切な処置につながらず結果が得られないなどである。卒業して現場に出たばかりの頃や、あるいは新しい科に配属されたばかりのみなさんにとっては、ちゃんと教科書通り、先輩の指導通りにしたのになぜだろう、たまたまあたった患者が悪いのか？　とモヤモヤばかりが募るかもしれない。このような状況は繰り返し起こり、いつしか日常の取るに足らない一幕になるだろう。そのときに、うまく対処できるようになっているのか、あるいはそうしたケースを無視して切り捨てることによって他へ力を注ぐ医療従事者になっているのか。医療を志すみなさんにとっての理想はおそらく前者だろう。ここでは、よりよい医療従事者になるために、というと風呂敷が大きくなるだろうか。それでは、みなさんがストレスを軽減し少しでも長く医療に従事できるように、医療における文化社会的な問題を考えてみたい。人類学／医療人類学と、昨今着目されているインターセクショナリティという概念が助けになる。

○**Keywords** 文化、文化相対主義、自文化中心主義、インターセク
ショナリティ

1　医療人類学とは

　医療人類学とは人類学のなかの一つの学問で、ある国、地域だけに発生す
る病気や状態について、その土地の持つ地理的特徴や文化的背景などさまざ
まなデータをもとに分析してその発生プロセスを探るものである。その対象
は、WHO が把握し対応しているような疾病から、特定の地域に局所的にみ
られる病気まで幅広い。なかには、現代医療がしみついている日本社会に暮
らす人にとっては「胡散臭い」と感じるたぐいの病気も含まれる。たとえば、
英国のエドワード・エバンス＝プリチャード（Edward Evan Evans-Pritchard
1937=2001）は、東アフリカのアザンデ族の「妖術」を研究した。アザンデ族
の人々は、具合が悪くなるとまず占い師のところに行き、原因を占う。そし
てなぜほかでもない自分がその病気にかかってしまったのかについて納得のい
く答えを見つけようとする。おおよそ、自分に何か恨みを抱く人（妖術師）に
よってその病気が起こされているという答えが導き出される。
　似たような特定地域の病気の発生に関する研究はたくさんあり、ある人によ
る妬みや恨みによって起こされた病気に西洋医学で対処しようとしてもまった
く効果がなかったことが描かれている。その「治療」にはその地域特定の、た
とえばお祓いや祈祷などといった占い師やシャーマンによる行為が必要なので
ある。こうした一連の流れがあることは、その社会に特有のシステムが存在し
ていることを示している。このように、医療人類学が扱う病気とは、現代日本

で一般的に実施されている西洋医療をベースとしたものとは異なるものも含まれる。それでは、医療人類学で扱う病気とはどのようなものなのだろうか。次節ではもう少し具体的にみてみよう。

2　人類学における「病気」とは

　医療人類学における病気とは、医学によって定義づけられた疾病と同じではない。むしろもっと広い。たとえばアーサー・クラインマン（Arthur Kleinman 1989 = 1996）は、疾病 disease と病い（病気）illness とを区別した。疾病とは医学で定義された生物医学的な構造や機能不全を指す。それに対し、病いとは人がその病気に対して行う意味付けであるとした。病いはその人が病気について語る物語であるというわけだ。そして、いったんその物語が構築されるとその人の人生のあらゆることがらがその物語を通った意味を新たにはらみ形成する。よって、その患者にとっての病いの経験を知るためには、この語りに耳を傾けることが必要なのだと説いている。

　人はある状況で置かれた立場によって病気への理解とその説明が異なる。みなさんも、患者、医師や看護師などの医療従事者、患者の家族など、ある臨床的プロセスにどの立場でいつかかわるかによって見えるものが異なることは想像できるのではないだろうか。たとえば患者が自分の病気を語る場合、この病気は何か、なぜ自分がかかったのかということに加えて、これから生活はどうなるのかなど、症状や治療と生活のなかでのその疾病が持ちうる意味が含まれる。まさに患者の人生に反映された病いの語りである。このような語りは患者に共通に見られ、一連の捉え方の傾向をクラインマンは「説明モデル」と呼んだ。そして、患者は自分の人生や生活に根差した病気の説明モデルを持つように、医師やナースは医療者側の説明モデルを持つ。医者は医学的な意味での疾病を扱っているのに対し、患者はその人の複雑な背景を含めた物語を語っているため、両者の説明モデルはしばしば噛み合わないことがある。その結果、医療者側はいくらアプローチしても結果の出ない「やっかいな患者」などとして片付けてしまうこともしばしば起こる。

　医療者と患者で説明モデルがかみ合わないときには、それでも医療者は治療

のために自分側の説明モデルを患者側にわからせる努力をすることが求められる。そうしなければ治療にはつながらないからだ。しかしみなさんも「やっかいな患者」をどう理解したらいいのか、途方に暮れる気がしないだろうか。次の節では、膠着した医師―患者関係を突破するための手がかりとして人類学における二つの主義を紹介しよう。

3 自文化中心主義と相対主義

先にあげたアザンデ族の例を読んで、なんと「遅れた」人々だろうなどと思った方はいないだろうか。医学や科学が発達していない発展途上国ゆえのことだと思ったのではないだろうか。実際、現代日本に暮らしていて、具合が悪いときに医者に行かず占い師に行く人をみたら、まず眉をひそめるだろう。それは今の日本の基準からすると「おかしなこと」と映るからである。

日本にしろ、1930年代の東アフリカにしろ、その社会には人が作ったシステムがあり、地域の文化や習慣がある。そしてそこに暮らす人々にとっては小さいころから慣れ親しんだ（学習、刷り込まれたともいう）社会は、すべてが当たり前に存在し、魚にとっての水のような存在となる。それは決して悪いことなどではなく、むしろ毎日目新しいシステムに囲まれていたら頭が混乱してしまうだろう。しかしながら、こうした状況は、自分がおかれた環境と異なる環境を目にしたり、感じたりするときに個人に違和感を抱かせることになる。そして違和感だけではなく、自分こそが普通の感覚の持ち主なのだと、人はえてして自分が幼いころから慣れ親しんだ価値観こそが最も正しいと思いがちになる。

これを文化人類学では自文化中心主義（ethnocentrism）と呼ぶ。自分が慣れ親しんだ文化を至上もっともすぐれたものとして、またそれゆえに普遍的なものであると強固に思い込むことを指す。この自文化中心主義にとらわれているかぎり、その判断基準で他の文化の良し悪しを判断してしまう。そして、実際は多様なことがらをあるがままに見ることができず、一面を切り取って理解してしまうのである。まず人が自文化中心主義に陥ってしまうのは仕方のないことだが、そのままでは目の前の患者の訴えを理解できず、適切な処置につなげ

ることができない。

　実は文化人類学でも長らく自文化中心主義的に研究が行われていた。異なる社会、主にアフリカやアジアの社会を「未開」社会ゆえに非論理的であるとし、常に西洋社会を中心軸に置いてきた。たとえば日本の多神教も、未開ゆえのことで、社会が発展すれば一神教になる、などとされてきたが、2022 年の今どうだろうか。もちろん一神教に「進歩」などしていない。菅原神社のように歴史上の人物を神として讃えているし、近所のご神木のように木にも神が宿っているとされている。

　その後文化人類学は、自省を繰り返しながら文化相対主義（cultural relativism）という立場を立てた。それぞれの文化は独自のもので、他に比べて秀でているなどということはない、相対的に捉えるべきであるという立場である。こうした立場からふたたび上の例に戻れば、一見おかしな風習と思われるアザンデ族の一連の行動とそれを取り巻く社会も、実はそこには独自の文化、社会システムが存在し、当事者にとっては極めて合理的な行動であることが理解できる。実際、東アフリカでは、子どもでも症状を緩和するような薬草についてかなりの知識を持っており、しばしば腹痛や頭痛などには自分で対処する。日本では子どもが薬局に行って薬を買うことは法律でも禁じられており、ましてや自分で服薬量などを把握することは考えられない。それぞれがまったく異なるシステムを有す社会であることが少し理解できるのではないだろうか。このように、文化相対主義の立場に立って相手の文化や習慣を捉えることで、自分が普遍的であると信じてきた価値観や文化を振り返り、自らの言動の背景として自文化を再解釈することを可能にするのである。

　日本の状況を一つふりかえってみよう。コロナ禍において、日本では「濃厚接触者」を特定することによってその感染対策の一部とした。しかしながら、マスクなしで 15 分以上接触した場合とするなど、その定義は疑問を持たざるを得ないものであった。しかしながら、根拠も不明瞭なまま多くの人がこれらに従って行動したこと、行政や政府を訴えるでもなく、2 年以上存在したのはなぜだろうか。これこそ他の社会から見るとおかしなことに見えただろう。また、他国では具体的なマスクに関する規制があった。政府がどのようなマスクをいつ、どこで着けるようにと指示を出したのだ。しかし日本では政府による

規制がなかったにもかかわらず、ほぼ全員があらゆる場所でマスクを着け続けたのはなぜだろうか。そしてあなたのコロナ禍でのふるまいの理由はどのようなものだったろうか。

　臨床の場は、出身国や育った国が異なる患者はもちろん、自分と同じ国や地域で育った患者もやってくる。例え同じ国や地域で育った人であっても、それぞれが持っている価値観は同じだろうか。周りを見回してみてほしい。誰一人として大切にしているものがすべて同じ人はいないのではないだろうか。勉強に対する姿勢は？ノートの取り方は？　もちろん違うはずである。人はそれぞれに異なる存在であることを念頭に置き、それぞれの価値観に上下を付けずに理解する、そうした相対主義的な態度は臨床の場でプラスに働くだろう。

4　インターセクショナリティ

　最後にもう一つ、医療現場に立つみなさんを助けてくれるであろう、インターセクショナリティ（intersectionality）という概念について考えてみよう。自文化中心主義と文化相対主義が自分のなかの価値観を省みるために助けになってくれるのに対し、インターセクショナリティはみなさんの立ち位置について振り返り続ける重要性を教えてくれる概念である。

　インターセクショナリティは日本語では交差性と訳されることもある。私たちがこの社会のどこかに存在するときには必ず、性別、人種、社会階層（階級）、宗教などの社会的分類を伴っている。これらの社会的分類が持つ力は往々にして強力で、弱い立場に置かれる人たちを抑圧する。そして、そうしたさまざまな個人がこの社会でやりとりするとき、それらの社会的な属性も交差しながら影響を与え合っているということを示している。

　もう少し詳しくみてみよう。社会学者のパトリシア・ヒル・コリンズ（Patricia Hill Collins 2016＝2017）はインターセクショナリティをこのように定義している。

　　　インターセクショナリティとは、交差する権力関係が、さまざまな社会
　　にまたがる社会的関係や個人の日常的経験にどのように影響を及ぼすのか

について検討する概念である。分析ツールとしてのインターセクショナリティは、とりわけ人種、階級、ジェンダー、セクシュアリティ、階級、ネイション、アビリティ、エスニシティ、そして年齢など数々のカテゴリーを、相互に関係し、形成しあっているものとして捉える。インターセクショナリティは、世界や人々、そして人間経験における複雑さを理解し、説明する方法である（Collins 2016=2021: 16）。

　つまり、社会におけるさまざまな問題は、それぞれが排他的に他者を抑圧するシステムが連動（交差）することによって起きているというわけである。そして、分析ツールとは、このインターセクショナリティという概念を使うことにより、私たちが暮らす社会が抱える問題を解きほぐして考え、解決法を見つける手がかりとなることを示している。

　ここで掲げられているカテゴリーの一つの人種について、学生のみなさんにはいまいちピンとこないかもしれない。しかし、たとえば並んであげられているアビリティと絡めて、日本語話者であることを起点に考えてみるとどうだろうか。日本に暮らし、日本語話者であることは、テレビ視聴にしろ街中での買い物にしろ、不便を感じずにすむということにつながっている。だが、たとえば１年間交換留学などで他国に行くことを想像してみよう。現地の言葉を習得していないということは、これまで当たり前に出来ていたこと、あるいは心配したことのなかったことがらが途端に目の前に立ちはだかる大きな壁になるのではなかろうか。こうしたことは他にも日本に住み日本国籍を持つこと／持たないこと、仏教なのかその他の宗教なのかなどにもいえる。

　こうして考えてみると、同時に特権を有していることにも気付いたのではないだろうか。特権というと、特定のお金持ちや権力者の法外な既得権、たとえば罪を犯しても罰せられることがないなど、そのようなものを思い浮べる人もいるかもしれない。しかしそうではなく、先述した日本語の能力のように、それが当たりまえとされる環境とそうでない環境を思い浮かべてみると、普段特段に意識しない要素こそが「生きやすさ」には大きくかかわっていることがみえてくる。これこそが社会的な特権と呼ばれているもので、昨今の社会学やアイデンティティ研究などでも頻繁に取り上げられている。

特権とは、インターセクショナリティ概念の定義のなかであげられている人種、階級、性別などなど、その社会において多数派とされる属性に対して発生する。多数派には必ずなんらかの特権が発生するが、特権の効果はえてして意識されないため、特権を持っている側は気付かないことが多い。むしろ少数派が不利な状況に対して声を上げるとき、自らの特権性を指摘されることで逆上する現象がよく見られる。普段意識していないものに対して、ズルしていると言われたらどうだろうか。みなさんは逆上しないかもしれないが、一瞬ギョッとはするのではないだろうか。そして、特権とは普段意識していないがために、不利益を被っている少数派の置かれている立場や困難、問題について気づくことができないため、認識して対処することもできないという問題も起こる。

　自分がその立場に置かれてみないとわからない。それはそうだろう。しかしここで紹介したインターセクショナリティという概念を使って分析すること、そして自らの特権性に常に自覚的であること、これらを念頭に置いておく練習をしてみてほしい。これまで見えてきた景色が、そして自分自身の考え方がちょっと変わって見えてくるはずである。

5　おわりに

　みなさんを取り巻く環境は日々変化している。医療現場では、医療技術の高度化と専門分化、古くはインフォームドコンセントにさかのぼるが患者の権利意識の向上など、新しいスタンダードに自らの考え方をアップデートし続けることが求められている。視野を広くして見ると、そこには複雑さを増す社会の状況も見えてくる。日本では少子高齢化、経済格差の拡大、子どもの貧困の深刻化など、新たな社会問題が噴出している。国際社会においても変化が激しく、信じられない胸をつぶすような状況が複数の国で起こっており、平穏な日々など遠いことのように思える。今や完全に独立している国家は存在しないため、対岸の火事ではない。現代に暮らす全員がこれまでに経験したことのない状況に直面することになり、実際の生活も激変するだろう。

　急激な変化を迎える社会に暮らすということは、自らの立場も常に変化することを指す。自分が置かれる立場は、やりとりする相手や場所、状況によって

変化するからである。このような社会で、ただ生きるのも大変であろうに、そこで医療従事者として働くことを想像すると、ちょっと気が遠くなるのではないだろうか。これからみなさんが現場に出て、もししんどくなって、日々に立ち行かなくなったと感じたら、ぜひ一度文化人類学の本を手に取って読んでみてほしい。考え方のヒントが書かれている。生きる上でみなさんを助けてくれるだろう。

参考文献
References

Collins, Patricia Hill and Sirma Bilge, 2016, *Intersectionality*. Cambridge: Polity.（＝下地ローレンス吉孝監訳, 2021, 『インターセクショナリティ』人文書院 .）

Evans-Pritchard, Edward Evan, 1937, *Witchcraft, oracles and magic among the Azande*. Oxford: Oxford University Press.（＝向井元子訳, 2001, 『アザンデ人の世界——妖術・託宣・呪術』みすず書房 .）

Kleinman, Arthur, 1989, *The illness narratives: Suffering, healing, and the human hondition*, New York: Basic Books.（＝江口重幸訳, 1996, 『病いの語り——慢性の病いをめぐる臨床人類学』誠信書房 .）

ディスカッションテーマ
Exercises

1 皆さんの親御さん世代、あるいはまたそのうえの世代の人と会話していて通じなかった経験、理解できなかったことはありませんか。そうした経験を持ち寄り共有し、その背景にどのような相違があるのか話し合ってみよう。

2 今暮らしている社会、場所における自らの特権性とは何か、場所や状況、置かれている立場を書き出して話し合ってみよう。

1 飯田淳子・錦織宏編, 2021,『医師・医学生のための人類学・社会学——臨床症例／事例で学ぶ』ナカニシヤ出版.

　　人類学者と医療従事者（主に医師）が共同で執筆した一冊。一筋縄ではいかなかったさまざまなケースを具体的にとりあげ、社会分化的に分析、解説している。患者とは病気を患っている以前に一人の人間であり、誰しもが社会のなかで暮らしている複雑な存在であることがよくわかる。答えのない問題を抱えたさまざまな個人と対峙せざるを得ない医療従事者に必携。

2 Goodman, Diane J., 2000, *Promoting diversity and social justice: Educating people from privileged groups*. Newbury, CA: SAGE.（＝出口真紀子訳, 2017,『真のダイバーシティをめざして——特権に無自覚なマジョリティのための社会的公正教育』上智大学出版.)

　　公正な社会をめざすためにはマジョリティによる変革が必要であると認識できる著書。著者は長年米国で社会運動に携わってきた人物で、問題の多い今日の社会をどのようにしたらよいものに変えることができるのかについて常に考えてきたことがわかる。さまざまな例と働きかけの例が具体的に示される良書。

第10章

近代社会の「医療」概念の形成

（医療社会学）

医療化を通じた近代医療の制度化とその歴史的変化

作田 誠一郎

━━━━━◁ 本章のねらい ▷━━━━━

　近年、医療は目覚ましい発展を遂げている。iPS細胞やヒトゲノムの解析など、遺伝子レベルの医学的研究が今後の医療の発展に大きく貢献することは間違いないだろう。一方、医療が身近な存在となり、私たちの生活に定着すると、これまで病気であるとみなされていなかった現象に対しても医師の判断によって医療対象へと組み込まれていくことも増えていく。このような医療の管轄下で管理される「医療化」は、近代医療が制度化する過程でその範囲を拡大している。特に現代医療の最先端技術を用いて「病」を排除することが、ときとして医療により生じる問題を見過ごさせてしまう。

　本章では、社会学的な視点から「医療」概念の形成を医療化の側面から明らかにし、その影響下において求められる患者主体の医療および看護のあり方について考えていきたい。

| **Keywords** | 医療化、医療の社会化、専門職化、病人役割 |

1　医療化とは何か

　私たちは、生まれてから死を迎えるまでにさまざまな病気にかかり、その度に治療を繰り返しながら健康な状態で生活を送っていきたいと願っている。そうした人々の願いとともに、医療も高度な技術と多様な疾患に対する専門分化が進んでいる。そして今日、医療が発達することは、同時に私たちの「病」が一つ一つ解消されていくということで共通理解を得ている。このような医療に対する人々の信頼と要求は、「医療化」という新たな社会現象を発現させている。

　「医療化」（medicalization）とは、「これまでに病気であるとみなされていなかった現象がさまざまなかたちで医療により統制管理される過程または再定義される傾向」をさす。では、医療化をすすめる要因は何であろうか。医療に対する人々の信頼と健康な状態への回復という要求は、いくつかの要因が動機付けになっているものと考えられる。その要因とは、主に「医療の社会化」、「健康至上主義」、「医師の専門職化」、「患者の役割」があげられよう。これらの要因をみることで、私たちの生活になぜ医療化が進んでいるのかを明らかにしてみたい。そして、医療化が起因する弊害を知ることで、改めて医療や看護について見つめ直してみよう。

2　社会現象としての「病」

　医療化を考えていくにあたり、はじめに医療の対象である「病」について考えてみよう。まず「病」とは、厳密にいえば、①疾病（disease）＝医師がとらえまたは理解するもの、②病気（illness）＝患者が体験するもの、に大別される。つまり、私たちが実体験として主観的に感じるのが「病気」であり、身体の細胞や組織が壊されるなどの異常な反応を医師が客観的に「不健康」として判断する状態が「疾病」となる。

　私たちが「病」を考えるとき、体の組織に何か障害が生じて生活に支障があるという「生物学的疾患」が一般的に認識され経験されている。ちなみに、足を骨折して歩くことができなかったり、胃ガンにより食欲が減り痛みを感じたりすることなどが、生物学的疾患の一例としてあげられる。ところが、私たちは「病」を生物学的疾患のほかに、「社会的な意味」を通して解釈し、経験している側面もある。

　たとえば、ある人が「病」にかかったとする。その「病」が周囲の人々に対して、伝染する可能性が低く死亡率も高くなければ、周囲の人々が解釈する患者の社会的な意味は、「早く治るといいですね」といういたわりや、ときには「仕事を休めていいな」という羨みの対象である患者として認識されるかもしれない。

　しかし、この「病」がもし治療方法すら解明されず、感染率や死亡率が高ければ、患者に対する社会的な意味は、「付き合うことに抵抗がある」や「感染したくはない」という恐怖感や嫌悪感というものが、新たな「社会的な意味」として認識されることがある。つまり、「病」という同様の状態でありながらも、生物学的疾患とは大きく異なった認識が生じてしまう。

　患者が同じ痛みであり同じ症状であったとしても、「社会的な意味」が異なることで、患者がかかえる「病」が周囲の人たちにとって大きな違いとして映ることがある。従って、ここで取りあげる「病」は、生物学的疾患としての「病」とは異なり、患者という人間を含めた人々の相互行為のなかで生みだされる社会現象としての「病」と言えよう。

このように「病」に対して社会学的な視点を用いることで、現代医療に内在する医療化という社会現象をとらえることができる。では、なぜ医療化が社会現象として現れてきたのかを考えてみることにしたい。

3 医療保障制度の発展と医療の社会化

現在、私たちが病院で医師に診察や治療を受けることは、私たちの快適な生活を送るうえでもなくてはならないものであり、医療制度として確立している。「病気になればすぐに病院へ」という当たり前の医療制度を広く国民が享受できるようになったのは、医療の発展とともに医療保障の制度化が大きくかかわっている。

日本における医療保障制度は、歴史的にみても主に大正期以降に展開し、同時期に「医療の社会化」という言葉が使われはじめた。医療の社会化について、佐口卓は「国民が医療を必要とするときにすみやかに受診受療の機会が社会的に確保されていること」（佐口 1982: 8）と定義している。つまり、国民国家のもとで人々が病気にかかったとき、社会的な制度により常に医療を受けられる状態を保障していることが医療の社会化なのである。

実際に日本では、大正11年（1922）に「健康保険法」が施行されて以降、昭和13年（1938）に「国民健康保険法」が、さらに昭和33年（1958）には「新国民健康保険法」が成立し、原則として職場の健康保険加入者や生活保護受給者以外のすべての者が「国民健康保険」に加入することになった。つまり、今日に至るまで、日本において「国民皆保険」が実施され維持されていることは、医療費の公費負担によって多くの人々に対して医療費の負担が軽減され、医療の供給が促進していくという意味で医療の社会化が進んでいると言える。

このような日本と同様の医療保障制度は、税を財源とするイギリスの医療保障制度（NHS）や高齢者以外が自由診療であるアメリカ合衆国を除いた多くの先進諸国で、公的な医療保険制度として導入されている。また日本では、サラリーマンの場合、毎月の給与から保険料を自動的に天引きされるために医療保険料の納付に対してあまり疑問を抱くことがなく、それよりも医療費の自己負担部分を民間の医療保険に加入して軽減することのほうに関心が向けられてい

るようである。

　このように今日の医療保障制度は、私たちが日々の生活を安心して送ることができ、国民として最低限度の生活を維持するために欠かすことのできない要件となっていることがわかる。つまり、医療を受けることができる社会環境が整うことは、同時に私たちの生活のなかで医療化が現れる要因であると言える。

4　健康意識の変化と健康ブーム

　医療の社会化の主な動因として、人々が病気を避け、健康な状態に回復することがあげられる。言い換えるならば、人々は健康に対して関心を払うからこそ、健康を害する病気に対しても注意を払うのではないだろうか。

　ここで健康について改めて考えてみると、1946 年の WHO（世界保健機関）憲章の全文には、健康とは「完全な肉体的、精神的及び社会福祉の状態であり、単に疾病又は病弱の存在しないことではない」とある。この定義をみても、健康の範囲は肉体や精神だけに留まらず、社会福祉にまで至っていることがわかる。つまり、健康とは、生物学的な身体の状態だけを指すのではなく、それを維持できる社会環境を含めることではじめて健康と言える。

　日本の健康観をみてみると、そこにはコレラや結核などの伝染病対策とのかかわりから注目されてきた歴史的な経緯がある。明治期以降の日本では、江戸末期から定期的に流行していたコレラに対して、感染者を病院に隔離し、同人の家を消毒する対策がなされていた。明治 30 年（1897）に「伝染病予防法」も施行され、国家的な国民の健康管理が行われることになる。その後、結核が流行すると、政府は「結核予防法」（1919）を制定し、強制的に感染を予防するための措置を講じることが一般的となった。

　このような伝染病対策とともに、予防対策として都市の環境改善のために下水道の普及が図られ、飲食物の販売に関する取締り規定（「食品衛生法」の前身）も明治 33 年（1900）に制定されている。つまり、当時の国家による健康管理は、健康を維持するというよりも直接国民の死を避けるための対策であったと言える。

　しかし戦後日本の健康に関しては、厚生省（現厚生労働省）を中心として、

医療保障制度の本格的な普及や病気の治療とともに成人病（生活習慣病）などの疾病の予防に対する運動などが展開されていくことになる。さらに、高度成長期を迎えると、上下水道などの衛生環境が整備され、他方ではスポーツで心身ともに健康な状態を維持するなど、国民の健康意識が向上していった。そのような健康意識の啓発は、従来の「病気の状態ではない」という健康観から、「心身の活気ある状態」という健康観にまで高められたのである。

しかし、ここで健康について改めて考えてみると、こうした健康は私たちが不健康や疾病として判断された瞬間に、もろくも崩れ去ってしまう側面もある。つまり、昨日まで元気に働いていた人であっても、早期のガンと医師が診断すれば健康な状態とは言えないのである。だからこそ、医師という専門的な職種や治療というものが注目され、まさに医療化の要因となる医療に対する信頼や要求が増してくることになる。

5　医師の専門職化と信頼

人々の健康意識は、ある意味「病」に対して過敏な反応につながる。もし、病気にかかったなら、とりあえず病院に行くことが頭によぎる。しかし、なぜ私たちが病気にかかると病院で医師に診察してもらうのだろうか。多くの人は、私たちがわからない病気をいちばん知っているのは医師であり、また専門的な知識に基づく治療方法を行うことができるのは医師である、と考えるかもしれない。

医師についてみてみると、そこには国家や社会に公認された医師の専門職としての地位があげられる。医師は患者の「病」を診断し、治療を施すことで患者を健康な状態へ回復させるように援助し、それに対して患者は早く「病」から回復できるように医師を信頼し期待するのである。この医師−患者関係のモデルは、医師の医療行為の独占と正当化が前提となっている。

フリードソン（Eliot Freidson）は、医師などの医療専門職が社会のなかでどのようにして支配力を獲得し、その結果、患者（クライエント）の生活にどのような影響を与えたのかを解明しようとした。その内容をみると、フリードソンは、医師の公的な権威が国家によって保障された資格と大学医学部という

専門教育に特化した教育機関に多くを負っているという。医師は、医療組織の頂点に立つことで社会から「自律性」（autonomy）が認められ、それによって患者を合理的な管理下に置くと指摘する。ここでいう自律性とは、「独立しており、自由で、他からの指示を受けないという特質ないし状態」（Freidson1970 = 1992:124）を指している。このような医師の権力は、西欧諸国に共通して見出される医師のさまざまな活動、すなわち「専門職化」（professionalization）を通じて勝ち取ったものであると指摘する。この医師の専門職化は、日本においても認められる社会現象である。

　日本における医師の専門職化は、明治期以降に進められた。明治政府の欧化政策に伴い本格的に導入された西洋医学は、これまで日本の医療の中心であった東洋医学を追いやることになる。この東洋医学の締め出しと医療制度確立は、明治政府の力が大きく影響していた。その理由として、明治 16 年（1883）に「医術開業試験規則」や「医師免許規則」が制定され、国家が法的に認める試験に合格しなければ医療行為ができなくなったこと。また、明治 39 年（1906）には「医師法」が公布され、医師はすべて医科大学または医学専門学校を修了したものでなければ医師免許を取得することができなくなったことがあげられる。一方では、大正 5 年（1916）には「大日本医会」という全国的な医師会が結成されている。

　つまり、日本における医師法に至るまでの「医制」の成立は、医師の社会的評価と経済的地位が向上するとともに、医師の専門職化を進めていくことになったと言える。その結果、日本において医師は、「医師」という資格と治療の処方について権限を得ることで、医療という市場に優位な地位を確立することになったのである。このように自律性が認められた医師の専門職化によって、私たちは専門的に治療を行うことができる医師を信頼しているのである。

6　医療スタッフに対する患者という役割

　次に医師と患者の関係を取りあげたい。医師と患者の関係を知るために、パーソンズ（Talcott Parsons）の医療の研究を取りあげてみよう。パーソンズは、医師と患者の関係を社会的役割という視点を用いて「病人役割」（sick role）概

念としてとらえている。

　パーソンズは、患者が医師によって統制され、一定の制度化された病人としての役割を担うと指摘した。ここで、先に述べた健康という概念が重要となってくる。パーソンズは、健康を役割と作業とを効率的に遂行する能力の最適状態であると定義している。たとえば、ある人が看護師であり、親であり、サークルのメンバーであり……と、私たちが社会のなかで生きていくために担っている社会的な役割を遂行できる状態が健康と定義される。

　このようにして健康をとらえてみると、病人役割は健康からの逸脱ということになるが、一方で通常の社会的役割（学生や会社員など）を遂行する義務（勉強や仕事など）から免除される特権が与えられ、さらに自分の力だけで回復する義務からも免除される側面がある。しかし、パーソンズは、このような特権が永続的全面的に正当化されるものではなく、病人には「病」という状態から回復するために医療専門職の援助を受け入れてそれに従う義務が生じると指摘する。

　このような医師と患者の関係を考えてみると、医師と患者は、医師が患者を「病」という逸脱状態から社会へ復帰させるための最良の治療を行う義務を負い、患者も医療を受けることで「病」からいち早く回復し社会復帰する権利があるという、義務と権利の関係が成立していることがわかる。つまり、この関係の下では、患者が義務とともに権利として医師を信頼しその指示に対して素直に従うことが当たり前に認識され、同時に医療化が受け入れやすい状況にあることがわかる。

7　おわりに

　医療化という社会現象を、社会学的な視点からみてみることにより、医師と患者の統制的な関係性が明らかとなった。ここから、医師の管理下に患者が置かれることから生じる問題点もみえてくるはずである。

　一方、「患者の権利」の主張やノーマライゼーション（normalization）という新たな側面も指摘される。これは、患者の自己決定の自由が重視されることで、これまでのように医師による一方的な判断と治療をただやみくもに受け入

れる「受け身の患者」とは異なり、患者は患者主体の医療に対する選択が可能
となったことを意味する。そして、このような動きに対して医師も、最大限に
患者の自主性を尊重する必要が問われることになってきた。その具体例として、
今日ではインフォームド・コンセント（informed consent）といった医師から患
者に対する説明責任が一般化している。

　このように医療と患者の関係をみていくと、医療に何ができるかを追求する
だけではなく、何ができないのかを考え、また医療に何を期待すべきかだけで
はなく、何を期待してはいけないのかをも考えることが必要となってくるかも
しれない。つまり、医療が完全なものであるというような医療神話をただやみ
くもに鵜呑みにしていては「医療化」という名のもとに新たな「病」を生み出
すことさえある。それを見極めるためにも、患者は自らの医療についてよく知
り、社会的な「病」についても自覚していかなければならないし、医師や看護
師も指示に対して従順な患者を求めるだけではなく、治療情報をできるだけ共
有し、「看護診断」等を取り入れた患者中心の看護と治療を行うべきであろう。

　なぜなら、医療行為とは、患者と医療従事者との共同作業だからである。そ
のような共同作業から、本来、患者が「病」に対処する力をつけていくエンパ
ワーメント（empowerment）が高められるのではないだろうか。

　医療に携わる医師や看護師、介護福祉士、そして患者が、この課題に取り組
む時期はすでに来ている。看護や介護のあり方を「医療化」を通じて社会学的
に考えてみることが、今後のよりよい看護や介護へのきっかけを与えてくれる
はずである。

Conrad, Peter, and Joseph W. Schneider, 1992, *Deviance and medicalization: From badness to sickness,* Philadelphia, PA: Temple University Press. (＝進藤雄三監訳, 杉田聡・近藤正英訳, 2003,『逸脱と医療化――悪から病へ』ミネルヴァ書房.)

Freidson, Eliot, 1970, *Professional dominance:The social structure of medical care.* Palo Alto, CA: Atherton Press. (＝進藤雄三・宝月誠訳, 1992,『医療と専門家支配』恒星社厚生閣.)

Goffman, Erving, 1956, *The presentation of self in everyday life,* New York: Double-day. (＝石黒毅訳, 1974,『行為と演技』誠心書房.)

――1961, *Asylums,* New York: Doubleday. (＝石黒毅訳, 1984,『アサイラム』誠心書房.)

Illich, Ivan, 1976, *Limits to medicin: Medical nemesis:the expropriation of health,* London: Calder & Boyars Ltd. (＝金子嗣郎訳, 1998,『脱病院化社会――医療の限界』晶文社.)

森田洋司・進藤雄三編, 2006,『医療化のポリティクス――近代医療の地平を問う』学文社.

中川輝彦・黒田浩一郎編, 2015,『〔新版〕現代医療の社会学――日本の現状と課題』世界思想社.

志水洋人, 2014,「医療化論の動向――逸脱行動の医療化から疾病概念の拡大へ」『年報人間科学』第 35 号 : 39-51.

佐口卓, 1982,『医療の社会化』勁草書房.

佐藤純一・美馬達哉・中川輝彦・黒田浩一郎編, 2022,『病と健康をめぐるせめぎあい――コンテステーションの医療社会学』ミネルヴァ書房.

Parsons, Talcott, 1951,*The social system.* New York: Free Press. (＝佐藤勉訳, 1974,『社会体系論』青木書店.)

ディスカッションテーマ
Exercises

1　医療化から生じる「病」について、身近な例をあげつつ考察してみよう。

2　患者主体の医療とは何かを、医師の専門職化や病人役割を交えながら考察してみ
　よう。

読書案内
Reading guide

1　Conrad, Peter, and Joseph W. Schneider, 1992, *Deviance and medicalization:
　From badness to sickness*, Philadelphia, PA: Temple University Press.（＝進藤雄
　三監訳，杉田聡・近藤正英訳，2003,『逸脱と医療化——悪から病へ』ミネルヴァ書
　房 .）

　　本書は、医療化がさまざまな領域において影響を及ぼし、逸脱という状況から病
　へと変容させていく過程が歴史的に検証されている。また「アルコール依存症」や
　「アヘン嗜癖」など、現代注目されている逸脱現象と医療について検証している点
　も興味深い内容となっている。

2　佐藤純一・美馬達哉・中川輝彦・黒田浩一郎編著, 2022,『病と健康をめぐるせめ
　ぎあい——コンテステーションの医療社会学』ミネルヴァ書房 .

　　本書では「病をめぐる論争」（医療化・製薬化・生物医学化した現代医療と病気
　の本態・原因・治療法をめぐる論争＝コンテステーション）を中心に、「肥満」「予
　防接種」「うつ」「ADHD」「アトピー」など、私たちの身近にある病を提示しつつ
　検討している。私たちが当たり前に信じている医療や健康の概念を改めて考えるう
　えで参考となる内容が網羅されている。

column

医療化の新たな判断基準とその影響

　近年、健康志向はますます高まっているようである。CM やテレビ番組などを見ても、「特定保健用食品（トクホ）」関連の商品やフィットネスクラブの広告など、私たちの身近な生活に健康関連のサービスや健康意識が浸透しているようである。また禁煙外来や薄毛治療（AGA）など、社会において忌避される傾向にある個人の嗜好や外観が治療対象としてますます拡大している。この背景にも、不健康や老化に対する社会の眼差しが医療化を促進する社会的要因として読み取れる。

　一方で、この健康観に相対する「死」についても医療化の影響をみてとれる。現代の日本では産まれる場所も死ぬ場所も病院が一般化しており、健康を管理すると同時に「死」を管理するのも医療と言える。たとえばターミナルケアなど、これまでの医療において敗北を意味するような死を受容して、緩和医療などQOL（quality of life）を念頭に置いた患者を重視した関わりも広まっている。

　このような明るい側面と暗い側面を内包する医療化であるが、この医療化の過程において、患者が社会生活を営む過程でどのように医療と向き合い、自らの判断のもとに医療と関わって行くのかを注視する必要がある。なぜなら医療化は、患者主体で展開される社会現象というより、医学界や製薬産業界（マーケティングに関連するマス・メディアも含む）がけん引する社会現象と言えるからである。

　今後、医療化のもとで新たな診断基準に基づく疾患概念が拡大していくことが予想される。その基準には、これまでと同様に健康という概念が前提となることは変わらないであろう。この状況下では、その健康とは正反対の不健康な行動は慎まなければならないし、ときには、不健康が逸脱として批判されかねない。このように健康という基準から外れる行動を逸脱行動として指弾することは避けられなければならない。医療は人々を安心させることもあれば、不安にさせることもある。また、人と人の間に境界を引くこともある。このような医療の影響を自覚することが、今後求められていく患者主体の医療に直結するのではないだろうか。

（作田　誠一郎）

第11章

ケアの社会学

社会的な関係性の行為としての理解

濱野 健

本章のねらい

　医療従事者にとって「ケア」は「キュア」と同じように、ときにはそれ以上に重要な行為として認識されるようになった。本章では、ケアについて看護師が身につけるべき具体的な実践方法を論じるのではなく、社会学的な視点から、看護の現場におけるケアについての二つの論点を提起する。一つめは、ケアが高度に専門化されていながらも、私たちの社会的規範、とりわけジェンダー規範がケアの認識に大きく影響しているという点である。そのため、社会全体におけるケア労働の重要性が理解されながらも、その労働に対する正当な評価を得られにくいという現状を説明する。二つめは、ケアを特定の職業や社会的属性に由来する実践としてのみならず、むしろ私たちの人間関係の根底にある人と人の関わり方として理解することである。こうしたいわば「ケアの専門性」と「ケアの包括性」について一緒に考えてみよう。

◇**Keywords**　　ケア労働、ジェンダー規範、感情労働、一般交換

1　医療現場での「ケア」

　今日の医療現場において「ケア（care）」の重要性を疑うものはまずいない
だろう。医療や看護そして介護の現場でケアがより重要視されるようになった
のは、患者や利用者が、現場の専門化によってその「対象」としてのみ扱われ
てきた過去の医療のあり方に対する反省に基づく。その当時、患者や利用者
は、自分自身が抱える苦しみや困難について耳をかたむけてもらうことのでき
る機会は限られ、専門化が知識や技術を通して客観的に理解されてきた。患者
が自分自身の身体や今後の人生、あるいは身の回りの人間関係のなかで「当事
者」として固有の困難をどのように受け止めているのか、その認識の重要性や
それに基づく支援が不十分であった。医療人類学や医療社会学では、専門家に
よる客観的な判断としての病である「疾病（disease）」と、患者自身が自分自
身の病気に対して自ら意味づけを行う「病い（病気）（illness）」の差異が注目
されるようになった（第9章・第10章参照）。この「病い」の経験というのは、
自分自身の固有の日常生活やライフスタイル、身の回りの人々の関係性などに
よって自らが被った病気の意味付けに注目する。同じ病気や怪我を抱えた人で
あっても、そうした状況を理解してくれる人や共感してくれたりする人が身の
回りにいるかいないかによって、その捉え方もまったく異なるだろう。

　医療従事者がこのような視点をもつことで、患者に対する関わり方はどのよ
うに変化していくのだろうか。現場であなたが向き合っている患者は、自分自

身の抱えた病気を疾病として理解し、その治療と回復を期待する。他方で、治療が長期化するとか、あるいは完全回復が望めずにその病気と向き合っていかざるを得ない場合（あるいは不幸にも病院や施設で人生の終わりに向き合うことを自覚した場合）、自分が抱えている病気と自分の「生」、つまり病気という経験を自分の「生き方」とどのように結びつけて受け入れていくかが必要になる（三井 2004）。そうした事態に直面した人は、その出来事を支えてもらう上で誰かの「ケア」を必要とするのである。よってケアとは、誰かにお世話をしてもらうとか、あるいは誰かを当てにすることではなく、たとえば親密な間柄で見られるような、それぞれが望ましい生き方を達成できるよう尊重しつつも、互いに支え合い、寄り添い合うことを示唆している。ケアは患者一人ひとりの固有の「生」を肯定し、そこに寄り添いながらも、病いが主観的な体験であるゆえに患者や患者の身の回りの人たちが陥りやすい孤独や孤立を支えるような、ある種の専門家された QOL への取り組みである（村上 2021）。

2　ケア労働──そのジェンダー規範を問う

　医療現場では看護師に対し、ケアの専門家として患者やその家族を支援するための中心的な役割が期待される。看護師のみならず他のコメディカルも同様に何らかのケアの提供者として医師と連携している。前節の終わりで、それぞれ固有の生き方を尊重したり支援したりするため人と人とが互いに寄り添いあうという意味もケアに含まれることを指摘した。医療の現場においては同僚や職場の仲間との間にそうした関係性が生まれるのはもちろんだが、他方で看護の文脈では、ケアは専門化された技能、すなわち「ケア労働」として理解されていることが一般的である。

　そこで注目したいのが、ケア労働に対する社会的な意味づけである。同じ専門スキルであっても、ケア労働に対する社会的な評価は必ずしも十分に評価されているとは言えない。たとえば看護師は国家資格においてその専門性を認められ、医療の現場に従事している一方、同じ専門職である医師とは同じような地位や立場を有しているとはかぎらない。同じく看護師と介護士とのあいだにも待遇や賃金に差がある。賃金格差や雇用条件は通常、それぞれの専門性の水

準に由来するとされている。しかしこのような専門的技能に対する「当たり前」の認識も、私たちの社会的通念に由来する部分がある。

　ケア労働は、第6章や第8章で考察した性別役割分業という社会的通念により意味づけられている。それは家事・育児と結びつけられた「女性」にとっての「自然な」能力として捉えられてきた。性別役割分業では男性が外で働き、女性が家事を担うことが規範化される。家事や育児の大半が金銭や報酬によって評価されることはほとんどない「シャドーワーク（shadow work）」とされ、その「自然」な労働は技術水準の低い非専門的労働とされ、女性が報酬や対価を求めることは道徳的に望ましくないとされてきた（伊藤他 2011）。仕事と家庭という性別分業規範は、ケア労働を副次的なあるいは補助的な専門職として捉える労働観に影響している。そしてジェンダー化された労働は、その技能を「自然」に有しているという前提から人材確保が容易とされることも、ケア労働者の就労環境に否定的な影響を及ぼしているという（上野 2011）。こうした規範意識が、専門的技術を持ってケア労働に従事する人たちの社会的認知や労働条件に影響を与えている。その結果、ケアに対する高い技能や専門性がますます求められているのにもかかわらず、コメディカルとの間にさまざまな格差が生じるのである。

　次章でより詳細に論じられるが、ケア労働は「感情労働（emotional labour）」（Hochschield 1983=2000）でもある。感情労働とは、接客業や各種サービス業において利用者の満足度を向上させるため、自分自身の感情や情緒面を巧みに操作することが求められる労働である。テレホンオペレーターや、客室乗務員といった職業、そして看護師もまた感情労働は必須となる（Smith 1992=2000）。感情労働と見なされる職業もまたジェンダー化されている場合が多い。なぜなら感情労働は女性にとっての「当たり前」とされてきたケアの能力と密接に関わっているからである。ここでもまた、女性に対する暗黙の性別役割分業が幅をきかせている。しかし研究で明らかにされているのは、感情労働はたとえ女性にとってもまったく「自然な」能力ではないということだ。それは極めて高度な感情操作や心的なコントロールを必要とする労働なのであり、こうした労働が心理面に大きな負担を与えた結果バーンアウトに陥ったり、自分自身の感情を表現することが困難になったりするリスクが指摘されている

（Hochschield 同掲）。私たちがケア労働に性別役割分業意識を投影してしまうのであれば、ケアを専門家とする人たちの社会的地位や現場での待遇を向上させていくことにはつながらない。また、ケアを女性の「自然な」能力とみなすことで、男性がケア労働により積極的に参入することの阻害要因となっているという指摘もある（斎藤 2015）。

　ケア労働の社会的地位をめぐる議論は、日本国内にとどまるものではない。少子高齢化により日本の介護人材が不足するなか、日本では「技能実習制度」「特定技能」「経済連携協力協定（EPA）」（第 16 章も参照）等を含むいくつかの分野で海外から多くの人が来日し、介護の仕事に従事している。2021 年（令和 3 年）10 月にまとめられた統計では、173 万人の外国人労働者のうち、医療・介護分野に従事する労働者はおよそ 5.8 万人（全体の 3.3％）であった（厚生労働省 2022）。ケア労働者の国際移動は、今やその規模をますます大きくしながら展開しているのであり、日本でも医療や介護の現場はそうした大きな人の移動のなかに組み込まれている（伊藤・定松 2020）。人口減少社会での労働力不足を海外からの人材に求める政策は、これからますます推進されるだろう。ケア労働やその専門性に対する社会的認知の向上や、それを疎外する構造的な要因に目を向けることは、ケア労働に携わる看護師や介護士の社会的地位の向上とともに、こうして海外からやってくるケア労働者にとってより魅力ある就労環境へとつながる。国内外のさまざまな変化によって変わりつつある日本社会のこれからにとって、それは有益な結果をもたらすことになるのではないだろうか。

3　人間関係のあり方としてのケア

　これまでケアを医療や介護の現場における専門的な技術として捉えてきたが、この章では最後に、ケアを私たちの人間関係の根源的なあり方として包括的に捉えてみよう。ケアによって私たちのつながりを捉え直すことは、皆すべて等しく自立し行動できる個人であるべきとする考えに一石を投じ、見えない誰かと結びつきながら生きていることを実感できる、包括的（インクルーシブ）な社会への可能性を拓く。

人はさまざまな関わりからどのように関係性を築き、整えてきたのか。社会学や人類学はこうした関係を生み出す相互行為を、多種多様な概念で論じてきた。ここではフランスの人類学者クロード・レヴィ＝ストロース（Claude Lévi-Strauss）の「一般交換」「限定交換」という二つの関係性のモデルを例として取り上げてみよう（Lévi-Strauss 1967＝2000）。「交換」の役割とは、送る人と受け取る人の間の関係性を確かめあうことにある。レヴィ＝ストロースは世界の民族文化に多く存在しているイトコ婚というルールに注目し、婚姻関係の特殊なルールの存在が、結婚を通して姻戚関係を拡大する役目を果たしていると論じた。この場合、A 集団の女性と B 集団の男性が結婚すると、次は B 集団の女性が C 集団の男性と……というように（この場合は女性が婚姻関係を介し相手集団の男性に属する）、親戚関係が拡大・強化されることになる。このような人のつながりを拡大していくような包括的関係性をレヴィ＝ストロースは「一般交換」と呼ぶ。それに対し、サービスや物品を受け取った相手にのみ返礼する交換のことを、「限定交換」と呼ぶ（**図 11-1** 参照）。前者の交換関係が、人と人の関係性を広げていくために用いられる手段であるとすれば、後者は 2 者間の関係性を再確認する行為だとされる。たとえば震災ボランティアに関す

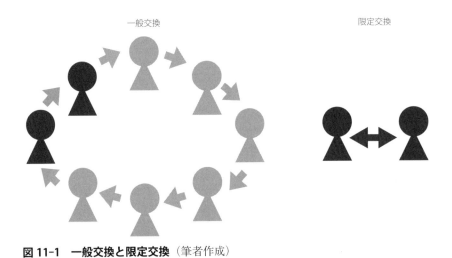

一般交換　　　　　　　　　　　　　　　　　　　　限定交換

図 11-1　一般交換と限定交換（筆者作成）

る近年の研究では、かつて自分が被災したことでボランティアの支援を受けた人が別の被災地でのボランティアに従事する「被災地のリレー」が生じることで、社会のなかでお互いを気遣いあう関係性が拡大していく「一般交換」の一つの形として注目されている（三谷 2015）。

　ケアをこの二つの交換関係において説明し直すと、看護師のケアが「一般交換」と「限定交換」の二重性を帯びている姿が浮かび上がる。看護におけるケアとは単なる感情労働の枠組みを超えたところにある。自分が医療行為を受ける「当事者」としての経験を振り返ると、誰もが皆、自分自身の抱える不安や戸惑いを受け止め、そこに耳を傾け、そばにいてくれる看護師あるいはその他医療従事者のケアの経験を有しているはずだ。他の誰かが同じように「当事者」としてかつての自分のような状況にあるとき、その困難や不安を受け止め、寄り添っていくと言う実践につながっていくのではないだろうか。そのようにして、医療現場でケアされる／された経験が、さまざまな人や場所に拡張していくかもしれない。看護師が患者や利用者に対する専門的なケアは、それに対して支払われる報酬を受け取る労働という意味で「限定交換」である。他方、職場でのケアの実践は先ほどの「被災地のリレー」のように、より広範囲な他者とのつながりの可能性も秘めている。医療行為は病院や施設で閉じているのではない。それは地域あるいはさらに大きな社会と密接に結びついている（第16 章・第 17 章参照）。医療の現場に従事している看護師もまた、目の前の人に対するケアを通してより大きな「一般交換」の関係性のなかに参加しているのではないだろうか。

4　おわりに

　医療や福祉の現場を越えたさまざまな社会の場面で、そして私たちの人間関係を根底から見直すための問いとして、ケアは現代社会でますます重要な概念となりつつある。しかし本章では、ケアを専門的な技術とされながらもそれがジェンダー化されていることによって生じている矛盾点を、社会学的な視点から指摘した。家庭内あるいは職場などでも、ケア労働は未だにジェンダー化さ

れていることが多いという事実は、本章のみならずこのテキストのさまざまな箇所で指摘されているとおりである。しかしここでは、私たちの社会におけるケアの重要性にさらに一歩踏みこんで、私たちの関係性の根底となるつながり方としてのケアを提示した。今日の資本主義社会では、医療や福祉の現場においてケア労働は報酬と引き換えに行われる「限定交換」の対象としてますます制度化されつつある。同時に、社会全体に過度の「自立」や「自己責任」の意識も過剰に拡大し、誰かの助けを得ることやそれを求めることが否定的な意味で捉えられることも多い。他方、こうした現場でのケアの二重性が示すのは、患者や利用者（そしてその家族に対する）ケア労働のなかにも、「一般交換」につながるようなケアの実践が見いだせるだろう。ただし、それを一方的な「奉仕」や「献身」として理解してしまうと、私たちがいつかどこかで他の誰かとつながる、というケアの秘めた能力がうまく捉えられなくなることに注意しておきたい。私たちは「ケア」する主体であると同時に、いつか他の誰かからも「ケア」を受ける資格も持っている。ケアの実践はこうした「つながり」をいつもその可能性として秘めているのである。

 参考文献
References

伊藤公雄・樹村みのり・國信潤子, 2011,『女性学・男性学——ジェンダー論入門〔改訂版〕』有斐閣.

伊藤るり・定松文編, 2020,『家事労働の国際社会学——ディーセント・ワークを求めて』人文書院.

厚生労働省, 2022,「「外国人雇用状況」の届出状況まとめ（令和 3 年 10 月末現在）」. （2022 年 5 月 5 日取得, https://www.mhlw.go.jp/stf/newpage_23495.html）.

Lévi-Strauss, Claude, 1967, *Les structures élémentaires de la parenté*. Paris: Mouton. （＝福井和美訳, 2000,『親族の基本構造』青弓社.）

三谷はるよ, 2015,「一般交換としての震災ボランティア――「被災地のリレー」現象に関する実証分析」『理論と方法』30(1): 69-83.

斎藤真緒, 2015,「『ケアする』――ケアはジェンダーから自由になれるか?」伊藤公雄・牟田和枝編『ジェンダーで学ぶ社会学』世界思想社 : 234-37.

Smith, Pam, 1992, *The emotional labour of nursing: Its impact on interpersonal relations, management and the educational environment in nursing.* London: Macmillan. (＝武井麻子・前田泰樹・安藤太郎・三井さよ訳, 2000,『感情労働としての看護』ゆみる出版 .)

Hochschild, A.R., 1983, *The managed heart: Commercialization of human feeling.* Berkeley, CA: University of California Press. (＝石川准・室伏亜希訳, 2000,『管理される心――感情が商品になるとき』世界思想社 .)

三井さよ, 2004,『ケアの社会学――臨床現場との対話』勁草書房.

村上靖彦, 2021,『ケアとは何か――看護・福祉で大事なこと』中央公論新社.

上野千鶴子, 2011,『ケアの社会学――当事者主権の福祉社会へ』太田出版.

 ## ディスカッションテーマ
Exercises

1　医療の現場で看護師の「ケア」がもっとも必要とされる場面や、その対象について考えてみよう。

2　本章で説明した「一般交換」としてのケアを中心とした人間関係のあり方を構想したとき、医療現場でどのような変化が起きるだろうか。医師やソーシャルワーカー、あるいは患者やその家族との関係性を事例に検討してみよう。

 ## 読書案内
Reading guide

1　東畑開人, 2019,『居るのはつらいよ――ケアとセラピーについての覚書』医学書院.

精神疾患を抱えた人達のためのデイケア施設での臨床経験をもとに、心理療法による「セラピー」（キュア）を通して利用者と関わろうとした筆者が、施設での看護師や職員による「ケア」の経験から何を見出したのかが書かれている。人と人とのつながりには、成長や回復と同時に誰かと共に安心していられることの大切さも必要であることや、そうした大事な「居場所」が損なわれることのもろさについて考察した一冊。

2　Mol, Annemarie, 2008, *The logic of care: Health and the problem of patient choice*. London and New York: Routledge.（＝田口陽子・浜田明範訳, 2020,『ケアのロジック──選択は患者のためになるか』水声社.）

　　オランダの大学病院での長期間のフィールドワークに基づき、医療現場で中心的な「選択のロジック」に代わる、「ケアのロジック」の重要性を論じた著作。患者の「選択」を重視した治療は実際には医療従事者により「与えられた」ものにすぎず、またそれが究極的には患者の自己責任論につながることに疑問を投げかける。それに対し、患者の変わりゆく状況や個別の QOL を柔軟に受け止め、その変化に対し持続的に「手直し」していくような関係性が描かれる。

訪問のすゝめ

　看護師や介護士の職場といえば、どこを思い浮かべますか。多くの方は病院や老人ホームといった、いわゆる施設を想像するのではないでしょうか。このコラムを通じて、施設ではなく、当事者の自宅で看護や介護をする「訪問」という働き方もあることを知ってもらえるとうれしいです。

　さて訪問介護の特徴は当事者の自宅が職場になることです。これはつまるところ、一人の当事者に対して一人のヘルパーがつくことであり、当事者を中心に置いた介護がしやすくなります。施設の場合、一人のヘルパーが複数の当事者に対応するため、一人の当事者だけに労力を割けず、なおざりにせざるを得ない状況も多々あるでしょうし、ちゃんと当事者に向き合おうとすれば、効率よく働くよう求められ、施設の都合が優先されることも少なくないでしょう。訪問介護は、当事者が大切にしていること、たとえばお風呂にこころゆくまで浸かったり、思い立ったらすぐ外出したりなど、を大切にできます。

　訪問介護のいいところはそれだけではありません。2020 年からコロナウイルスが世界中で猛威を奮っています。世界的に見られた顕著な傾向として、病院や老人ホームといった施設での感染の広がりがあります。それに比べれば、接触者数が少ない訪問介護での感染症のリスクはずっと低いです。さらに訪問介護ではヘルパーが虐待に関わる可能性も圧倒的に少ないです。2017 年度の福祉従事者などによる障害者や高齢者への虐待の割合を見ても、訪問介護関連での虐待は全体の５％もありません。虐待は加害者の性格などの個人的問題というよりも、虐待を防ぎにくく、あるいはやめさせ難いといった環境によるところが大きいのかもしれません。

　総じて訪問介護はいいことが多いと感じるのですが、福祉の主流にはなっていません。それどころか介護職のなかでも顕著な高齢化が進んでおり、ヘルパーの４人に１人が 65 歳以上で、平均年齢は 50 歳を超え、慢性的なヘルパー不足に悩まされています。要因の一つには、介護時間が短いため、ヘルパーが生活できるほどに賃金を得られないことにあります。これを解決するにあたっては、障害福祉サービスの一つである「重度訪問介護」が考えられます。

「重度訪問介護」は障害支援区分４以上の重度の障害者が在宅生活をする際に利用できるもので、必要な人には 24 時間 365 日分の介護時間数が支給されるため、ヘルパーが生活できるだけの労働時間も確保できます。とりわけ障害当事者自身が運営している「自立生活センター」などで積極的に活用されているので訪問介護の仕事を希望するときも、あるいは利用するときも参考になると思います。

　訪問介護を勧めるにあたって、最後に一つだけ心に留めてほしいことがあります。それは 2016 年 7 月 26 日に起きた相模原障害者施設殺傷事件です。この事件を巡っては、犯行動機が扇情的なこともあって、加害者という個人に焦点を当てた報道が多かったように思います。しかしこの事件を特徴づけるのはその当時の戦後最多の被害者を出したことであり、そうなってしまった背景には、多くの人を収容する施設という構造があります。それを変える力を秘めている訪問介護には伸びしろしかありません。また看護資格でも訪問介護ができるので、看護師を目指す方にも選択肢の一つになると思います。

　さて訪問看護は、病棟看護や外来看護に次ぐ「第三の看護」と言われ、当事者の在宅療養を支えます。現在の訪問看護は、医療保険と介護保険の制度内の看護活動を指しますが、その原型となる派出看護は、家族や宗教ではなく医学を基盤とした近代看護と同時期に始まり、「日本の近代看護は『訪問看護』で始まった」とさえ言われます。

　現在のような訪問看護の実践が始まったのは 1970 年頃で、その背景には 65 歳以上が人口の 7 ～ 14% を占める高齢化社会がありました。訪問看護の制度化は 1983 年の老人保健法の施行以降で、その主な利用者は寝たきりの高齢者です。1991 年には老人保健法の改正により、老人訪問看護制度が創設され、それを承けた翌 92 年の老人訪問看護ステーションの開設によって、医療保険による訪問看護が始まりました。1994 年には健康保険法の改正により、訪問看護の対象が難病患者や障害者を含む全年齢へと拡大し、さらに 2000 年には介護保険でも訪問看護が利用できるようになり、要支援者や要介護者も対象となっています。現在では医療保険による利用者よりも介護保険による利用者の方が多く、訪問看護が医療の枠を超えて必要とされています。

　2010 年には 65 歳以上の人口が超高齢化社会にあたる 21% を超えて 23% と

なり、2025 年には団塊世代の約 800 万人が 75 歳以上になります。そのため、訪問看護師の不足が課題となっており、2020 年の 4 万人を 2025 年には 12 万人にすることが目標とされています。こうした背景には、医療システムが「生活の質」によって評価され、その中心が病院から地域社会に戻りつつあり、「医療の場での看護」から「生活の場での看護」へといった「医療モデル」から「生活モデル」への移行があります。

　福沢諭吉は「社会」と訳される "society" を「人間交際」と訳しました。訪問介護も訪問看護も他人の家を出入りし、日常生活に触れるため、「人間交際」のような場面にたびたび遭遇します。その意味で「訪問」の営みについて実践し考えることは「人間交際学」すなわち「社会学」なのかもしれません。

◎参考文献
立岩真也．2021『介助の仕事』筑摩書房．
宮崎和加子・春日広美・竹森志穂・宮田乃有．2020『訪問看護がわかる「いま・これから」の KeyWord』メディカル出版．

（A. H. 訪問介護員）

看護・介護現場における「感情」の所在
まごころと思いやりが商品化されるとき

「お客様」という立場で飲食店や小売店を訪れたとき、店員の態度や表情、言葉遣いに不満を感じたことがある人は多いだろう。患者として、病院で受診する場合はどうだろうか。お店の店員も医師や看護師も、生身の人間であり、不機嫌なときも疲れているときも体調が優れないときもあるだろう。ところが、我々は、自分が「お客様」（患者様）という立場になると、笑顔で懇切丁寧に対応してもらうことを当然視する傾向がある。本章では、そのような規範や価値観がなぜ存在するのか、それにより労働者にどのような問題が生じているのかを考える。

| **Keywords** | 感情労働、表層演技、深層演技、お客様社会、バーンアウト |

1 患者が求めるものは何か？

「先生は優しく話しやすい感じでしたが、看護師は柄が悪く品がない印象でした」「二人いる受付の方の一人がとても感じ悪いです」「受付の年配のおばさんがかなり感じ悪いです」「看護師？　受付の対応、言い方がキツい、冷たい。どんな教育を受けてきたの??」「息子が受診しました。先生態度悪すぎです。病院も商売ですよ。患者さんあっての病院です」「初めて受診をして２人受付がおり１人は無愛想でとても感じが悪かった」「話し方も愛想よく最後は笑顔で終わってくれた」「病院スタッフの皆さんが明るく親切で、安心できました」「スタッフの方々は優しく丁寧です」「気軽に何でも聞きやすい、気さくな優しい先生です」「先生の処置や説明がとても丁寧で、受付の方もとても優しいです」「先生をはじめ、看護師さんもみなさん優しくて話しやすくて感じがいいです」「先生もとても親切でしたし、看護師さんや受付の方も目を見てしっかり話してくださいました」「院長、看護師さん、受付、すべての方々が明るく安心して受診できました」「先生は物腰が柔らかくてとても話しやすいです」。これらは、筆者の自宅近くにある病院について、google に投稿されたクチコミを抜き出したものである。好意的な意見と否定的な意見、いずれもスタッフの言葉使いや愛想の良さ、丁寧さなどが基準となっている。すなわち、多くの人が、病院に対して商店や飲食店などと同様の「サービス」を求めており、評価の基準もサービス業に対するものと同様であることを表してい

る。商店や飲食店の場合には、商品の質（飲食店の場合なら料理の味）やコストパフォーマンスなどもそのお店を評価する際に重視されるだろう。しかしながら、医療については、医師の技量などを素人が判断するのは難しい。それゆえに、スタッフの振る舞いがより重視されているとも考えられる。

　医師や看護師は、高度な専門性を必要とする医療行為を行う職業であり、それに加えて話し方や表情など、振る舞い方にも気を配らなければならないとすれば、過大な負担がかかることにもなりかねない。本章では、人々が医療従事者に求めるものの背景を分析することで、看護師のあるべき働き方を考える一助としたい。

2　感情労働とその種類

　丁寧な話し方や感じのよい笑顔など、感情のコントロールや演技を伴う働き方は「感情労働」と呼ばれ、アーリー・ラッセル・ホックシールド（A. R. Hochschield）が定義をしたことで知られるようになった概念である（Hochschield 1983 = 2000）。ホックシールドは、感情労働の特徴を肉体労働と対比させた上で、「労働を行う人は自分の感情を誘発したり抑圧したりしながら、相手のなかに適切な精神状態—この場合は、懇親的で安全な場所でもてなしを受けているという感覚—を作り出すために、自分の外見を維持しなければならない。この種の労働は精神と感情の協調を要請し、ひいては、人格にとって深くかつ必須のものとして私たちが重んじている自己の源泉をもしばしば使いこむ」と説明している。ホックシールドは、感情労働を必要とする典型的な職業の一つである航空機の客室乗務員にインタビュー調査を行うことで、感情労働に伴うやりがいや達成感、ストレス、精神的負担など、その功罪を詳細に分析している。

　そして、感情労働は「表層演技」と「深層演技」に分けることができるとされる。前者は「自分の外見を変えようとするのが第一の方法である。（中略）そうした行為は、ボディランゲージや作り笑いや気取って肩をすくめるしぐさ、計算されたため息等のなかにある」と説明されており、自身の感情自体を変えることなく、表面的な演技をするという場合を指している。一方で、後者は「この場合の表現は感情の働きの自然な結果である。行為者は、幸せそうにあ

るいは悲しそうに〈見えるよう〉に努力するのではなく、むしろロシアの演出家コンスタンティン・スタニスラフスキーが熱心に主張したように、自己誘発した感情を自発的に表現するのである」とされており、自身が演技をしているという感覚を抱くことなく、その感情状態に成り切っている場合を指している。

ホックシールドによれば、これら二つの感情労働のうち、表層演技を行う労働者は「作ってるだけ」、「詐欺師」などと周囲から非難されることもあり、否定的に評価されることが多い。表層演技が、本心と異なる感情の表出であるがゆえに、その詐術性が「道徳的欠陥」と見なされることもあるという。一方の深層演技は、好意的に評価されるが、「燃え尽きてしまう」可能性も高いとされる。従って、感情労働を必要とする職業においては、労働者は、燃え尽き症候群（バーンアウト）のリスクを抱えながら、深層演技の段階へとのめり込んでいくことを要求されている。

感情労働は、演じる感情の方向性からも、二つのタイプに分けることができるとされる。ディズニーランドの従業員や飲食店、小売店の店員のように、笑顔で明るく振る舞うというのが典型的な感情労働である。一方で、ホックシールドはそれと反対の感情労働もあることを指摘し、その例として集金人（借金の取り立て人）をあげている。この場合には、険しい表情で「すごむ」といった演技が求められる。こうした、ネガティブな感情表現を求められるパターンとして、武井麻子は葬儀社の社員の例をあげている（武井 2006）。葬儀社の社員に求められるのは、言うまでもなく、家族や友人を亡くし悲しみに暮れる人々に共感するような感情表現である。そして、この例を踏まえたとき、看護師はこれら両面の感情労働が求められる複雑な業務であることに気付かされる。病気が回復し、めでたく退院することになった患者を祝い、闘病中の患者には優しく励まし、安心感を与えるといった役割が求められる。一方で、余命宣告を受けた患者や、亡くなった患者の家族への対応も求められる。同じ病院で出産という「おめでたい出来事」と死産や流産という「悲しい出来事」が行われることもあり、対する患者によって感情の使い分けが求められる。冒頭で、病院に対する人々の不満を紹介したが、医療従事者の感情労働の困難さと負担の大きさは、世間一般に十分理解されているだろうか。

3　お客様社会と感情労働

　人と接する仕事に感情労働が求められる背景として、産業構造の変化と消費社会化の進展があげられる。産業構造の変化に伴い、第三次産業、とりわけ「サービス業」と呼ばれる、形のないものを商品として提供する産業の割合は増加を続けている。従って、現代社会においては、感情労働により「サービス」を創り出す職種に従事する人の割合が増加している。そうした産業においては、丁寧な接客、明るいお店の雰囲気など、商品価値や顧客満足度は、その大部分が従業員の感情労働によって決まることとなり、市場での競争の結果、労働者には過大な感情労働が要求されやすい構造となっている。

　サービスが商品の一部のように見なされる傾向が強まった結果、客と従業員の立場に不均衡が生じ、客を過剰なほど敬い、へりくだった態度で接客を行わなければならないような状況も増えている。消費者を「お客様」と見なし、丁寧な対応を心がけるべきという社会のあり方を、森真一は「お客様社会」と呼び、「『お客様は神様』とでもいうように、過剰なほど丁重に接客する傾向」がしずかに浸透している社会と定義している（森 2007）。

　森は「お客様」社会であることが、消費者の暴力を誘発する場合があることを問題点として指摘している。過剰なほど丁寧に接遇されることを当然視するようになった消費者は、店員の対応が少しでも期待に満たないと不満を感じ、怒りの感情をぶつける。近年になって、こうした消費者による暴力の問題は、ようやくカスタマーハラスメント（カスハラ）として定義され、社会問題として認識されるようにはなっているが、過剰なほどの感情労働を提供することが暴力被害を避けるもっとも有効な方法であることは変わっていない。

　ホックシールドは、お客様社会における労働者の心理を次のように説明している。

　　表現（display）は売りさばかれるものである。だが、長期的にはそのような表現も、感情と何らかの関係性を帯びてくる。よく心得ている経営者が悟るように、表現と感情との分離を長期にわたって継続させるのは難し

い。認知的不協和のアナロジーを使えば、〈感情的不協和〉の原理が作用する。長期にわたって感情と演技との間の差異を継続させると緊張が生じる。私たちは自分が感じていることを変えるか、もしくは演じていることを変えるかのどちらかの方法でその二つを統合し、この緊張をゆるめようとする。仕事で感情表現が求められるときには、変わらなくてはならないのはたいてい感情の方である。そして周囲の状況が私たちを自分の表情から分離させるとき、私たちは自分の感情からも分離させられることがある（Hochschield 1983 = 2000: 104）。

　すなわち、継続的な感情労働により客の要求に応えるためには、深層演技のレベルに達することが不可欠であり、労働者は企業・雇用者によりそのように仕向けられるということである。居酒屋などで、従業員が自己暗示のように「はい喜んで」と叫ぶルールになっている場合はこの典型であろう。
　まとめると、いわゆるサービス業など、感情労働を伴う仕事に従事する労働者は、客と雇用主の両側から最大限の感情労働を行うよう圧力を受けていることになる。

4　看護職の本質と「感情労働」

　現代社会においては、いわゆるサービス業など、人と接する職業では多少なりとも感情労働が求められるが、さまざまな職業のなかでホックシールドが客室乗務員を調査の対象に選んだのはなぜだろうか。それは、客室乗務員が果たすべき役割を考えたとき、感情労働が本質的に必要な職業であるためと考えられる。たとえば、飛行中に何らかのトラブルが発生したとき、客室乗務員が冷静で穏やかな口調のアナウンスを行うことは極めて重要な意味を持つだろう。もしも、そのアナウンスが「焦り」や「不安」を感じさせるものであったならば、機内はたちまちパニック状態に陥ることもあり得る。ある航空会社では、客室乗務員の役割として「お客様が快適にお過ごしいただける空間づくりをするためのサービス要員」とともに「安全にお客様を目的地にお届けするための保安要員」もあげている[1]。航空機を安全に運行する上で客室乗務員による

感情労働は不可欠であり、感情労働が二重の目的で求められている職業と言える。

　看護師の場合はどうだろうか。医療にサービス業という側面があることは事実であるだろうし、第 17 章で詳述する医療ツーリズムの促進によって、「サービス」という意味合いが強まることも考えられる。だが、看護師もまた、患者のケアという職務において、本質的に感情労働を求められる職業であることは間違いないだろう。第 11 章でも論じたように、「ケア」の本質を考えれば、患者に安心感を与える、患者が相談しやすい雰囲気を作るといった目的で感情労働を行うことは不可欠であり、「キュア」を主な役割とする医師など他の専門職と比較しても、看護師はとりわけ感情労働が必要な職業と言える。

　「ユマニチュード」というケアの手法を手がかりに考えてみよう。これは、認知症の改善や予防に効果があるとして、介護のみならず看護の現場でも導入が進められている手法である。「人間としての尊厳を取り戻す」という理念に基づき、「見る」「話す」「触れる」「立つ」について、適切な方法を体系化したものである（本田・ジネスト・マレスコッティ 2014）。たとえば、相手を「見る」ときには、横から眼の端で見る行為は「攻撃」を、高い位置から見下ろすことは「支配・見下し」を意味するため、姿勢を低くして正面から水平な高さで顔を近づけて話すことで「信頼」や「愛情」が感じられるようにするとよいとされる。患者の人間的存在を尊重するという理念に基づき考案されたこの手法は、「ケア」の本質をついていると考えてよいだろう。しかし、その具体的な手法は、商業的なサービスとしての感情労働の手法と酷似している。上述の「見る」手法も、たとえば、マニュアル化された居酒屋チェーン店で、従業員が注文を取るときの方法と大差ないように感じられる。

　元客室乗務員の七條千恵美による、接客業向けの指南書を見てみよう（七條 2018）。具体的な接客方法のポイントとして、「年配のお客さまには、『お客さまとしての敬意＋人生の先輩としての敬意』、さらに労りの気持ちを持って接客に望もう」「笑顔で『お客さまのことを大切に想っています』というメッセージを伝えよう！」「自分が投げた会話のボールをお客さまがどのように受け止めているのか見届けよう。投げっぱなしは NG ！」といったことが掲げられている。やはり、上述のケアの技法とその内容は変わらない。

この二つの方向から求められる感情労働の奇妙な一致をどう捉えればよいだろうか。おそらくは、感情労働とは本来、「ケア」に従事する労働者の、相手への敬意や思いやりから自然に生じる行為のことだろう。それが、産業構造の変化とともに、商業主義に取り込まれ「商品」となった結果、「自然」な営みでなくなってしまった。それにより、客の過剰な期待と暴力、労働者のバーンアウトなど、さまざまな歪みが生じるようになっているのではないだろうか。

5　おわりに

　看護師の業務は、本質的に感情労働を必要としている。医療が、商業主義・サービスという意味合いを強めれば、別の意図からも感情労働が求められることになる。実際、「ケアの技法」としてではなく、「接遇マナー」として感情労働の研修を行う病院も多い。先にも述べたとおり、看護師は、業務として高度な医療行為も求められる。「感情労働」という視点を持つことは、看護師が業務過多になりやすいことを認識する上で重要である。患者は「お客様」ではないことも啓発する必要もあるだろう。ホックシールドは、女性に「ハラスメントに対する我慢強さ」が想定されてきたと指摘している。現状として看護師の多くは女性が占めているが、それゆえに看護師が受ける暴力の問題が軽視されてきた傾向もあるように思われる。

　感情労働という概念を切り口に、医療従事者と患者の関係のあり方、看護師の労働環境について社会全体で再考する必要に迫られている。

注
Notes

▶ 1　ANA のウェブサイトによる.（2022 年 7 月 20 日取得, https://www.anahd.co.jp/group/recruit/ana-recruit/newgrads/ca/mission.html）

参考文献
References

Hochschild, A.R., 1983, *The managed heart: Commercialization of human feeling.* Berkeley, CA: University of California Press.（＝石川准・室伏亜希訳, 2000,『管理される心——感情が商品になるとき』世界思想社.）

本田美和子・イヴ・ジネスト・ロゼット・マレスコッティ, 2014,『ユマニチュード入門』医学書院.

森真一, 2007,「『お客様』社会——人は客になるとなぜ暴力をふるうか」小川伸彦・山泰幸（編）『現代文化の社会学入門——テーマと出会う、問いを深める』ミネルヴァ書房：217-237.

七條千恵美, 2018,『これだけできれば大丈夫！　すぐ使える！　接客 1 年生——お客さまに信頼される 50 のコツ』ダイヤモンド社.

武井麻子, 2006,『ひと相手の仕事はなぜ疲れるのか——感情労働の時代』大和書房.

ディスカッションテーマ
Exercises

1　感情労働が過剰に求められている職種をあげて、その背景を考えてみよう。

2　感情労働に伴うストレスに対して、職場のどのようなサポートがあればよいか考えてみよう。

読書案内
Reading guide

1　森真一, 2000,『自己コントロールの檻——感情マネジメント社会の現実』講談社.
　　本章で扱った労働の場面を含め、さまざまな状況で自身の感情をマネジメントすることを求められる社会の背景を、多面的に考察しており、理論的な内容であるが

読みやすい。

2　武井麻子, 2021,『思いやる心は傷つきやすい——パンデミックのなかの感情労働』創元社 .

　　新型コロナウイルスの流行により医療現場で生じている問題や変化を、看護師の心理的な側面に焦点を当てて浮き彫りにしている。本章で述べた感情労働の問題にも触れられており、これからの看護の望ましいあり方を考える上でさまざまな論点を提供してくれる内容となっている。

第13章

健康と予防の産業化と自己責任論
（ヘルス・フィットネス論）

消費社会における健康管理と予防への取り組みを再検討

阪井 俊文

本章のねらい

健康で活気ある日々を過ごしたい、老化を防ぎ長生きしたい、といったことは、多くの人が望むことであり当然視されている。若い人の場合には、肌をきれいに保つことや体型維持に気を配り、ダイエット食品を利用する、フィットネスクラブやエステに通う、といったことを実践している人も多いだろう。もちろん、「健康」を意識し、身体を健常な状態に維持することは悪いことではない。そして、「健康増進法」が施行されるなど、健康について自らの責任で管理することは、社会的な責務となっているようにも感じられる。しかし、その責務を果たそうとすると、健康にまつわる情報や健康法、健康食品、サプリメントなどは無数に存在するため、果てしなく努力をし続けることになってしまう。我々は、一体何のために、誰のために「健康」を追い求めるのか、社会学的な視点で考えてみることにしよう。

◇Keywords ヘルシズム、健康産業、リスク社会、消費社会、医原病

1 健康を扇動する社会

　我々は、日々「健康」であるべきというメッセージに囲まれて生活している。一例として新聞の広告欄を見てみよう。「ハリやうるおい不足が気になる年齢肌に　乾燥による小ジワを目立たなくします」「これから先の人生のため今から出来ることを」「中高年の皆様へ　ひざに不安ありませんか？」「年齢などによる疲れ目、かすみ目に　プレミアムの回復力」「『朝起きても疲れが残っている……』『筋力の低下が心配で……』そんな60代からの年齢疲れ、体力の維持に」「内臓脂肪と皮下脂肪、両方の対策に！　おなかの脂肪は見た目だけでなく健康にも悪影響です。早めのおなかの脂肪対策をしませんか？」「50代以上の方へ：実は落としやすいおなかの内臓脂肪」「『"美"は積み重ね』続けられる商品を　日本初特許シートでシワ対策」「ファンデーション一つで若見え年齢サインシミ・くすみを一つでカバー！」「50代・60代の肌のために開発　ハリが欲しい！　くすみも気になる！」「エイジングの悩みから肌を解放し、輝くうるおいハリ艶肌へ」「階段の上り下りでひざがツラい……ひざ関節の悩みを改善！」「健康果実トマトが毎日をサポート　うれしい成分・素材をゼリー1本にギュッ！！」「『もろみ酢』と軽い運動で転倒対策する人、ぞくぞく増えています」「日本初の関与成分で四つの『認知機能』対策　記憶力・注意力・集中力・判断力の維持」「5人に1人が要介護。健脚な毎日のために」。こうした広告は、ほぼ毎日掲載されており、新聞にかぎらずテレビのCMやインター

ネット広告などでも頻繁に目にする。また、2003 年に施行された健康増進法により、国や地方自治体は健康の増進に関する正しい知識の普及に務めるよう求められており、行政からも広報誌などを通じて「健康維持」に関するメッセージを受け取る機会は多い。そもそも、この法律により、国民には「健康な生活習慣の重要性に対し関心と理解を深め、生涯にわたり、自らの健康状態を自覚するとともに、健康の増進に努める」ことが責務として定められている。

　厚生労働省の調査結果（**表 13-1**）によると、20 歳以上の国民の 34.4％が日頃サプリメントや健康食品を摂取している。その目的として「ビタミンの補充」や「ミネラルの補充」など、具体的な内容をあげる人もいるが、約 7 割の人は「健康の保持・増進」という漠然とした目的で摂取している。自身の健康を維持することをメディアなどで意識づけられた結果、多くの国民がさまざまな形でその実践に励んでいるというのが現状であろう。

　また、フードファディズムと呼ばれるような現象がみられるのも現代社会の特徴の一つである。これを高橋久仁子は「食べものや栄養が健康や病気へ与える影響を過大に信奉したり評価すること」（高橋 2007）と定義しており、こう

表 13-1　健康食品の摂取状況
（厚生労働省，2020『令和元年 国民健康・栄養調査報告書』）

		全体	20〜29歳	30〜39歳	40〜49歳	50〜59歳	60〜69歳	70歳以上
総数	総　数（人）	5,701	447	552	897	894	1,166	1,745
	はい（%）	34.4	24.4	27.7	32.6	36.2	37.7	37.0
	いいえ	65.6	75.6	72.3	67.4	63.8	62.3	63.0
男性	総　数（人）	2,668	221	254	428	414	563	788
	はい（%）	30.2	19.9	23.2	27.6	30.7	34.1	33.6
	いいえ	69.8	80.1	76.8	72.4	69.3	65.9	66.4
女性	総　数（人）	3,033	226	298	469	480	603	957
	はい（%）	38.2	28.8	31.5	37.1	41.0	41.1	39.7
	いいえ	61.8	71.2	68.5	62.9	59.0	58.9	60.3

注：1）『令和元年 国民健康・栄養調査報告書』（厚生労働省　2022）に基づき作成。
　　2）「あなたはサプリメントのような健康食品（健康の維持・増進に役立つといわれる成分を含む、錠剤、カプセル、粉末状、液状などに加工された食品）を食べたり、飲んだりしていますか」に対する回答。

した人々の傾向は、特定の食品・食材への大流行をもたらし、品薄となるなど社会現象をも生み出してきた（筆者がこの原稿を書いているときには、とある乳酸菌飲料の健康効果が喧伝され、入手困難となっている）。こうした現象は、多くの人々が健康を維持することに躍起になっていることの表れと言えるだろう。

　多くの人々が健康維持に励む現状は、冷静にみると、さまざまな方法でそれが煽られているせいであることに気づく。では、誰が、何のためにそれを煽っているのだろうか。

2　消費社会化とヘルシズム

　人々が過剰なほどに「健康」であることにこだわる現象は、ヘルシズム（健康至上主義や健康病などと訳される）と呼ばれ社会学ではかねてから問題視されてきた。健康を扇動する要因となっている社会構造は複数あげられるが、まずは現代社会が「消費社会」であるという点について考えてみよう。病院で医師による診察や治療、看護師によるケアを受け、処方された医薬品を服用し……、という狭義の医療については、国民皆保険が維持されている日本においては、福祉や安全保障という意味合いが強い。一方で、先に述べた、メディアに広告が溢れる健康食品の類いやさまざまな健康器具などは「商品」に他ならない。従って、「需要」を掘り起こし、それに応える商品を発売し、巧みな広告（たとえば、「無料お試しキャンペーン」「有名人も愛用」「すでに3万人が愛用」など）によって売り上げを伸ばしていくという、商業主義の構造と何ら変わりはない。そして、健康産業は、需要を拡大するという点で商業主義と相性がよいのだが、その点について上杉正幸は、WHOの定義（第10章参照）を引き合いに出しながら以下のように指摘している。

　　　WHOの定義には、無限性という特徴が含まれている。健康を追求するにあたって、恣意的な基準によって決められた異常を消去しようとすることがWHOの健康観の特徴であるが、この健康観が目指そうとするのは現在の異常の消去にとどまらない。（中略）単に病気や虚弱という異常を消去するだけではなく、より以上の健康な状態を目指して病気にならないた

めの努力、強健な身体を作るための努力をしなければならないことを示している。それは異常の消去をどこまでも推し進めようとする方向である。

　より以上の健康を目指そうとすると、消去すべき異常が微細化していくことになる。そして異常の探索・消去は、ついには無限連鎖の世界に入り込んでしまう。完全に異常のない状態とは一点の汚れもない真っ白な状態であるが、それを目指して汚れを消去しようとすると、その消去運動は果てしなく続いていくことになる（上杉 2000: 11）。

　すなわち、「健康」はそもそも曖昧な概念であり、日頃から自身の体調に気を配り、さらなる向上を目指して努力を続けるということが達成条件であるため、新たな需要を際限なく創り出すことができるという特徴を有している。先にあげた健康食品の広告を見ると、「異常の探索・消去」は、シミやシワ、ニキビ、睡眠の質、関節の痛み、疲れやすさなど、心身のあらゆる部分に及んでいることがわかる。そして、「健康」はひとたびそれを意識しはじめると、次々と改善すべき点が発見されるため、かえって「健康不安」が高まり、さらに健康維持の活動にのめり込んでいくという循環にはまるという構造になっているのである。

　少子高齢化が進んでいる状況下で、中高年がメインのターゲットであることも商業的に好都合である。健康食品市場が成長産業であり、経済活性化につながるとして、2014 年に食品の機能性表示について規制緩和が行われるなど、健康に関わる産業は国の経済政策を担う分野の一つでもある。実際に健康が増進すれば、国が負担する医療費の削減につながる可能性もある。国民に健康増進を課す傾向が強まっているのは、このように国の方策という面も強い。1996 年には、それまで「成人病」と呼ばれていた諸疾患が「生活習慣病」に名称変更され、2003 年の健康増進法の施行、2006 年の「特定健診制度」の実施、特定保健用食品や機能性表示食品の制度化など、さまざまな形で国の方針や思惑が伺える。また、第 17 章で詳述する医療ツーリズムの促進という国策ともつながる。

　そして、国の方針や商業主義の影響は、健康維持の「医療化」（第 10 章参照）も促進する。禁煙治療が保険適応となったことは、この傾向の典型であろ

う。また「未病」や「予防医学」といった概念は、そのことを象徴している。

3　健康と「リスク」

　国民生活センターによると、全国の消費生活センターに寄せられる消費生活相談のなかで、「健康食品」や「化粧品」が占める割合と件数は年々増加している。2020 年度の「健康食品」についての相談数は 6 万 581 件で全体の 6.4%を占めている。また「健康食品」について寄せられた危害情報は 3,526 件で、全体の 27.4%を占めており、商品の種類別にみた場合に最も高い割合となっている。具体的な危害内容は「消化器障害」(2,207 件) と「皮膚障害」(865 件)の二つが多い（国民生活センター 2021）。さらに、「化粧品」の危害情報は 2,661件 (20.6%)、「医療サービス」(美容医療など) は 754 件 (5.9%) となっており、健康食品と合わせれば、危害情報の過半数を占めている。

　これらから、健康に寄与するはずの健康食品や医療サービスは、我々の生活に危険をもたらす主要な存在でもあると言わざるを得ない。では、なぜ我々は、多くの危険性が潜んでいる健康食品を摂取し続けるのだろうか。現代社会に存在する「リスク」についての論考で知られるウルリッヒ・ベック（Ulrich Beck）は、次のように指摘をしている。

　　　知覚できる富と知覚できない危険との優位性をめぐる競争において、危険は優位にたてない。目に見えるものと目に見えないものとの間では、競争にならないのである。逆説的に言うなら、まさにそれゆえにこそ、この競争では目に見えない危険が優位を占めてしまう結果となる。 どうせ知覚し得ない危険であるので、それを無視することは、具体的な貧困をなくするという大義名分の下で、つねに正当化される（Beck 1986 = 1998: 67）。

　先に述べた消費生活センターに寄せられた危害情報は、リスクが顕在化したケースであるが、実際には遙かに多くの危害が生じている可能性も否定できないのである。目に見えないリスクの例として、ベックは放射性物質による汚染や発がん性物質などをあげているが、確かに、これらによる悪影響は、長期的

にゆっくりと進行するものであり、それを自覚することは難しい。健康食品等は、それが営利目的的な商品であるから、その効果などのメリットは殊更に強調されるため、容易に知覚することができる。一方で、危険性は医薬品の場合の副作用のように表示がなされなければ知覚できないが、表示する義務がなければ、わざわざマイナス面を強調することはないだろう。健康のために摂取をする食品が、健康に危害を及ぼすことになれば本末転倒であるが、それを防ぐためには、知覚できない危険への対処という難しい課題を抱えることになる。

4　医療が原因の病

　健康を煽る社会と、健康を維持することに執心する現代人について、そこに潜む構造的問題を理解する上で有用な理論として、イヴァン・イリッチによる「医原病」を取り上げる（Illich 1976 = 1998）。文字通り、医療が原因の病を意味しており、「臨床的医原病」「社会的医原病」「文化的医原病」という三つのレベルがあるとされる。医療の制度化や商業化による弊害を指摘した先駆的な理論として知られており、ここまで本章で論じてきた広義の医療、すなわち「我々の健康に関わる（ことになっている）もの」にも当てはまる点が多い。

　「臨床的医原病」は、いわゆる医療過誤により患者に危害が生じる場合や、薬の副作用による悪影響などを指している。先に述べた、健康食品によって数多く生じている危害はこの臨床的医原病と同種の問題と言えるだろう。2009年に、特定保健用食品として認められていた食用油に発がん性物質が多く含まれることが判明し販売中止になった出来事や、2011年に緑茶の成分が含まれた石けんが小麦アレルギー発症の原因となっていたことが判明、2013年には美白化粧品により皮膚にまだらな白斑ができることが判明するなど、大きな騒動を巻き起こしたケースも数知れない。

　「社会的医原病」は、「医療化」と同様の現象を指しており、さまざまな事柄が医療というシステムに過剰に取り込まれる現象を指している。アンチエイジングというかけ声の下で、老化に伴う諸現象（シミ、シワ、体力の低下、関節痛など）が病的に見なされ、それに対処するさまざまな医学的治療やサプリメントなどの商品が氾濫する状況は、まさにこの種の医原病と見なすことができる

だろう。

「文化的医原病」は、高度に発展した医療や健康産業に管理・統制されるようになった結果、人々が自身の身体についての自律性を失っていることを指しており、先述したヘルシズムと意味は近い。

このように、イリッチの理論をあてはめることで、我々の健康への過剰なこだわりは、複数の次元で連鎖的に問題を生じていることに気付かされる。

5　おわりに

イリッチは、医原病という問題について、「危険なのは、皮相的な医療の掃除を信頼してしまう受け身的な態度の大衆の存在である」（Illich 1976 = 1998: 12）と指摘をしている。我々が「受け身」であることの例として、栄養ドリンクについて考えてみよう。北澤一利は、栄養ドリンクが、栄養学的な根拠があいまいで（一応タウリンが有効成分ということになっている）、謳っている効能も「滋養強壮」という漠然としたものであるにもかかわらず、日本では特に浸透している健康食品の一つとなっている理由を考察している（北澤 2004）。それが選挙活動やスポーツの試合、受験など、大勝負のときに用いられる場合が多いことから、栄養ドリンクの飲用を「ファンタジーを現実として感じるため」の行為であろうと指摘する。我々が、商品の本質を見極めようとせず、商業的な戦略として謳われる物語を鵜呑みにしていることを示す例である。もちろん、この北澤の指摘のように、心理的な作用に着目すれば、健康食品などを「お守り」と同じようなものだと割り切ることもできるため、科学的根拠がないからと一概に否定はできない。しかし、お守りと違って、リスクが潜んでいる可能性があるため問題は複雑である。健康維持の努力を続けることは、義務なのか、自己満足なのか、手段が目的化していないか、冷静に捉え直す必要があるだろう。

そして、イリッチは「現在の医原的流行病を阻止するためには、医師ではなく素人が可能なかぎり広い視野と有効な力とを持つべきだということである」（Illich 1976 = 1998: 13）とも述べている。我々に必要なことは、煽られるままに健康増進に邁進することではなく、産業化・義務化によるメッセージと適当に付き合いつつ、自律的な身体感覚を取り戻すことなのである。

参考文献
References

Beck, Ulrich, 1986, *Risikogesellschaft: Auf dem Weg in eine andere Moderne,* Frankfurt: Suhrkamp Verlag.（＝東廉・伊藤美登里訳, 1998,『危険社会――新しい近代への道』法政大学出版局.）

Illich,Ivan,1976, *Limits to medicine. Medical Nemesis: The expropriation of health.* London: Calder & Boyars Ltd.（＝金子嗣郎訳, 1998,『脱病院化社会――医療の限界』晶文社.）

北澤一利, 2004,「栄養ドリンクと日本人の心」栗山茂久・北澤一利（編）『近代日本の身体感覚』青弓社.

国民生活センター, 2021,『消費生活年報 2021』.

厚生労働省, 2020,『令和元年 国民健康・栄養調査報告書』.

高橋久仁子, 2007,『フードファディズム――メディアに惑わされない食生活』中央法規.

上杉正幸, 2000,『健康不安の社会学――健康社会のパラドックス』世界思想社.

ディスカッションテーマ
Exercises

1　自分あるいは家族が、日頃「健康」のために実践していることを列挙し、そこに潜んでいる危険性について考えてみよう。

2　三つのレベルの「医原病」について、それぞれ思いつくものをあげてみよう。

読書案内
Reading guide

1　八木晃介, 2008,『健康幻想の社会学――社会の医療化と生命権』批評社.

ヘルシズムがなぜ生じるのかということが詳細に分析されており、さらにヘルシズムによってどのような問題が生じているのか（新たに生じている偏見など）についても深く洞察されている。本章で概説した内容についてより深く学びたい人にお勧めできる。

2　野村一夫・北澤一利・田中聡・高岡裕之・柄本三代子，2003，『健康ブームを読み解く』青弓社.

　こちらは、ヘルシズムについて、複数の著者により幅広い視点で考察されており、全体的に読みやすい。日本人の健康観の変遷について詳しいので、ヘルシズムの傾向が強まった歴史的な経緯が理解できる。

第 14 章

情報化社会の功罪

テクノロジーの進歩と医療の行方

阪井 俊文

⟨ 本章のねらい ⟩

　体調が悪いとき、自分がどのように対処するか考えてみよう。まずは、症状について
インターネットで検索し、どのような病気の可能性が高いかを調べる。自分の病気の見
当をつければ、何科を受診すればよいかもわかるだろう。今度は近所の病院のなかで口
コミの評価がよいところを調べ、その病院の場所や診察時間などを確認する。病院に
よっては、インターネットで予約ができる場合もある。受診後、診断名でネット検索し
たり、動画共有サイトで検索したりすれば、同じ病気の人がどのような経過をたどった
のかなど、体験談を見つけることができるだろう。入院することになっても、ネット環
境があれば退屈することはなさそうだ。このように、高度に発達した情報通信技術は、
我々にとってなくてはならないものになっていることは疑いようもない。しかし、それ
を十分に使いこなせない人も存在している。本章では、情報化の進展により生じている
さまざまな問題について考えたい。

ソーシャル・メディア、ビッグデータ、情報格差、情報弱者、監視社会

1 情報化社会の功罪

「絶対症状でググるな」。これは、スウェーデン人の医師で、音楽活動もしているアーティストの楽曲のタイトルである[1]。その歌詞は、父親が身体の不調についてネットで検索した結果、心気症により命を落とすこととなり、息子にインターネットの危険性を訴えるというストーリーになっている。歌詞の一部を抜粋すると、「得られるものは100通りもの診断とひどい予後」「すべてが重症のサイン」「『咳』と『病気』でググれば、お前はすでに結核だ」「『熱』『発赤』でググれば、お前はエボラにかかってて、すぐ死ぬ」「『鼻水がでる』とググれば、それは脳脊髄液の漏出」「ちょっと力がはいらない？　そう、それなら筋萎縮性側索硬化症」といった具合である。

　現代では、通信や情報の伝達手段が高度に発達しており、それが社会全体のあり方にも大きくかかわっている。それゆえに、現代社会を指して、情報社会やメディア社会と呼ぶことがあるが、そこには功と罪、両面があるだろう。上述した楽曲は、情報が溢れる社会の危険性について啓発する内容であり、情報社会の負の側面を表している。膨大な情報に容易にアクセスできるということは、便利なことであり、利点が多いことは言うまでもないが、ともすれば情報に振り回されるという危険もはらんでいる。情報社会化は今後ますます進展していくと考えられるが、それは、さらに便利な社会になると同時に、「リスク」の増大も意味している。本章では、情報化の功罪について考え、医療のあ

り方との関連についても考察したい。

2　ソーシャル・メディアの浸透とその弊害

　情報化社会の功罪について、まずはダナ・ボイドによる、情報化のなかでも特にソーシャル・メディアの普及が我々の生活環境にもたらした影響についての論考をみてみよう（Boyd 2014 = 2014）。ボイドの考えを團康晃が「恩恵的側面」と「弊害的側面」に分別してまとめたものが**表 14-1** である。これらは、若者へのインタビュー調査の結果に基づいており、学生の皆さんにとっては自身の経験から容易に理解できる項目も多いだろう。ここで恩恵的な側面としてあげられている現象は、「便利」という言葉に集約できるだろうし、その便利さは、我々の生活にとって、いずれも不可欠な存在になっている。現代では当たり前のこととなっているこれらの事柄は、2000 年代以降になってソーシャル・メディアが普及したことで達成された新しい生活様式である。たとえば、「可視性」の恩恵的側面としてあげられている「だれでも情報を発信できる」という特徴は、インターネットが普及する前の時代、テレビや新聞などのマス・メディアが大きな影響力を持っていた時代と社会の様相が大きく変化したことを示している。たとえば、料理をする際にレシピを知りたければ、多く

表 14-1　ボイドによるソーシャル・メディアの 4 つの特徴

	恩恵的側面	弊害的側面
①持続性	離れていても、いつでもメッセージを送れる。残せる。	つながりっぱなしによる「疲れ」。
②可視性	多くの利用者に情報を発信、共有できる。	無自覚な発信による「炎上」。
③拡散性	拡散された有益な情報と出会える。	不確かなデマも拡散され、受け取ってしまう。
④検索可能性	出会うことのなかった人と出会える可能性。	意図せぬかたちで他人から検索されている。

注：團（2018）がボイド（2014 = 2014）をもとに作成したものを引用。

の人はインターネットで検索する（ググる、あるいはタグる）だろう。その結果得られる情報の多くは、クックパッドのようなレシピ投稿サイトやSNSに投稿された一般の人による情報である。その投稿されたレシピに従い調理してみた人の評価や感想も閲覧できるし、もちろん自分が感想などを投稿することで情報を発信することもできる。

　こうして省みると、我々が日頃収集し活用している「情報」の多くは、専門家や有名人によってもたらされるものではなく、言わば素人によるものとなっている。「拡散性」の恩恵としてあげられているように、その多くは有益な情報である。その一方で、弊害的側面として述べられているように、不確かな情報がまことしやかに拡散されることもあり、ときには社会的な混乱を招くほどの影響を及ぼす。記憶に新しい例として、2020年のコロナ渦において、「トイレットペーパーの多くは中国からの輸入であるため、これから新型コロナウイルスの影響で不足する」というSNSの投稿が、人々をトイレットペーパーの買いだめへと駆り立て、深刻な品不足に陥ったという出来事があげられる。この投稿の内容は事実とは異なり（トイレットペーパーのほとんどは国産）、そのことを国やメーカーが広報したにもかかわらず、大きな混乱を招いた。この投稿は、その業界の関係者や専門家ではない一般の人によるものであることものちに判明しており、一個人の何気ない投稿が大きな混乱を引き起こしたことになる。また、弊害的側面にあげられている「炎上」もしばしば物議を醸している。芸能人や政治家のSNSでの発言もたびたび問題となっているが、若者がバイト中の悪ふざけを撮影しSNSに投稿したものが拡散され炎上するということも繰り返されている（バイトテロと称されている）。こうした場合には、その企業が対応に追われるなど社会的に大きた影響や損失をもたらし、さらには「検索可能性」の弊害的側面として述べられているように、個人が特定され、名前や写真などがオンライン上で半永久的に曝け出されるということにもつながる。

　「出会うことのなかった人と出会える可能性」も情報化が進展したことによる社会の大きな変化と言える。近年では、結婚する男女の約1割は「ネット系婚活サービス」で出会っているとの調査結果もあり▶2、人間関係のあり方が変化している。医療に関連することとしては、難病を患う人が、同じ疾患の人

と知り合い、励まし合ったり、情報交換を行ったりすることが容易になるといった恩恵が考えられるだろう。

　ソーシャル・メディアの発達は、我々の人間関係を時間的、空間的に拡張し、それがさまざまな恩恵をもたらしているが、一方で、思いがけない弊害が生じることもあり、その弊害が甚大な場合もあることを認識する必要がある。とりわけ、デリケートな個人情報を取り扱う医療従事者の場合には、情報倫理が徹底されなければ、取り返しのつかない事態を招きかねない。

3　ビッグデータがもたらす「監視社会」

　情報化の進展による社会のさまざまな変化のなかでも、近年、その動向が著しいのが「ビッグデータ」の構築と活用である。ビッグデータとは、さまざまな方法で収集された個々人のデータが蓄積され、マーケティングなどに活用される技術のことを指している。たとえば、筆者は YouTube に投稿された動画を楽しむことがよくあるが、ホーム画面にアクセスすると私へのおすすめの動画が複数表示される。この動画はどのように決定されているのだろうか。もちろん、私のこれまでの視聴履歴も判断材料になっているが、それだけではない。筆者は、YouTube を google のアカウントで利用しており、これにより筆者の google 検索の履歴など、google が提供する各種サービスの利用履歴が統合され、それが的を射た「おすすめ」を導いているのである。動画視聴の際に挿入される広告の内容も同様である。さらに、筆者はポケモン GO（米国 Niantic 社）というスマホのゲームアプリを長年プレイしているが、ここでも google のアカウントを使用している。このゲームはスマホの GPS を活用することで拡張現実でのプレイを楽しめる点に特徴があるが、これによりビッグデータ内に、筆者がいつどこにいたかという情報を加えることも可能となっている▶3。　このように、現代では、ビッグデータを収集する仕掛けが随所に存在している。急速に普及が進むスマホ決済サービスもその一つで、たとえば、Yahoo の関連会社による PayPay を Yahoo のアカウントで利用すれば、いつどこでいくらの買い物をしたかという情報が Yahoo のビッグデータに追加される。

　こうしたビッグデータの構築とその利用は、多くの人々が意識することな

く、いつのまにか拡大を続けている点や、そこにどのようなリスクが潜んでいるのかが十分に議論されていない点など、社会学では批判的な見方も多い。情報化の進展は、時間的・空間的に我々の活動範囲を拡張し、より「自由」な社会をもたらしていると考えることができる。しかし、おすすめの動画やおすすめの商品、その人に合わせた広告などに囲まれた生活は、主体性を失い、何かに監視され、操られているようにも感じる。森正人は、「アルゴリズムというデジタルなものによって、私たちのあらゆる行動が監視され、操作されている。そのとき、私たちはなおも『人間』なのだろうか」と疑問を呈し、「人間の終焉」という強い言葉でその違和感を表現している（森 2018）。

4　情報社会と「格差」

　情報化が進むにつれて、情報格差（デジタル・ディバイド）が問題にされることも多くなった。情報化による利益を享受できる人とできない人の差が拡大しているという指摘である。情報通信技術を活用できない人は「情報弱者」と呼ばれるが、そうなりやすい人の特徴として高齢者、障害者、貧困状態の人などがあげられる。この情報弱者については、嘲笑するようなニュアンスを込めて「情弱」と呼ばれることもある。こうした蔑称が用いられる背景には、情報通信技術を使いこなすリテラシーは自分で獲得するべきものであって、情報弱者になるのは自己責任という風潮があるように思われる。しかし、柴田邦臣が、情報弱者について「その原因は、本人に帰するのではなく、明確に環境に帰責されるはずであろう。だから＜情弱＞論は、本当は社会環境の問題のはずなのに、それがすべて個人の属性として扱われているという意味での、『社会的弱者』の問題なのだ。これこそが私たちが＜情弱＞というタームにいだく嫌悪感の源泉である。そして私たちは、社会学は、まったく同じ構造を知っている」（柴田 2019: 37）と指摘しているように、我々は情報弱者の存在を社会的不平等や差別問題と同様に捉える必要がある。柴田が、障害者が情報弱者になっているケースについて、「動画に手話通訳や字幕をつけていないから、『情報弱者』になるのだ。つまり、目が見える、耳が聞こえる、手足が動くといった個人の能力ではなく、まさに社会環境の方が、『情報弱者』を生んでいるのであ

る」（柴田 2019: 38-39）と述べているように、急速に進展する情報化が、特定の人々を排除していないか考え直す必要がある。

　表14-2 は、インターネットの利用頻度を年代別に集計したものである。やはり、高齢者の利用頻度は、若年層に比べて全体的に少ない。唯一、メールの送受信だけは若年層よりも利用時間が長くなっているが、SNS の普及により若年層のメール利用が減っているためであり、高齢者のネット利用の段階が遅れていることを意味している。しかし、高齢者が若かった頃、皆さんのように学校で情報教育を受ける機会があっただろうか。コロナウイルスのワクチン接種が開始された時期には、「スマホない高齢者、接種予約の支援窓口に長蛇の列『息子も高齢でネット苦手』」（読売新聞オンライン 2021 年 5 月 18 日）といった報道が多くみられた。このように、高齢者が、現代の情報通信手段を若者と同じように使いこなすのは容易でないことは当然であるにもかかわらず、配慮がなされない事柄も多く存在している。

　現在、日本では「デジタル田園都市国家構想」が掲げられ、過疎化や高齢化

表14-2　インターネットの利用項目別の平均利用時間（平日、単位：分）

単位：分	全年代 (N=3,000)	10 代 (N=282)	20 代 (N=430)	30 代 (N=494)	40 代 (N=648)	50 代 (N=594)	60 代 (N=552)
メールを読む・書く	35.7	19.6	20.1	36.0	39.9	50.9	34.5
ブログやウェブサイトを見る・書く	26.0	16.1	25.8	35.8	30.3	19.6	24.4
ソーシャルメディアを見る・書く	40.2	64.4	84.1	46.2	32.2	25.7	13.3
動画投稿・共有サービスを見る	43.3	89.3	83.2	43.0	35.7	25.0	17.3
VOD を見る	14.1	13.2	32.1	17.8	11.4	8.1	7.0
オンラインゲーム・ソーシャルゲームをする	20.3	38.8	44.7	18.3	19.1	10.6	5.4
ネット通話を使う	4.2	5.3	14.0	5.1	1.5	1.7	1.2

注：総務省情報通信政策研究所「令和 3 年度情報通信メディアの利用時間と情報行動に関する調査報告書」。

が進み衰退しつつある地方都市の再生が試みられている。情報通信技術の活用により、産業や教育、医療など都市部と地方で存在するさまざまな格差を解消し、地方への移住を促すことで地域の活性化を図るという取り組みである。政府は、「年齢・性別・地理的な制約などにかかわらず、誰でもデジタル技術の恩恵を享受できる『取り残されない』デジタル社会を実現する」という目標を掲げており▶4、こうした配慮が十分になされれば、情報化は地域格差などを解消する可能性も秘めている。

5　おわりに

　日本では「健康・医療・介護」分野においてもデジタル化を推進することが掲げられている。デジタル庁によれば、現在は「自治体、国、医療機関、介護事業者、民間の健康関連事業者等、個人の健康に関わるデータが、多様なステークホルダーに分散して蓄積」されているのを、「一人ひとりの個人に紐づけて連携」することで、「本人の健康意識や健康維持に向けた行動を促すとともに、事業者による健康・医療・介護分野での事業開発を喚起し、さらに行政の効率化と高度化」が期待されるという▶5。では、我々の健康に関わるデリケートな情報が、インターネット上でデータベース化され（PHR：パーソナルヘルスレコードと呼ばれる）、活用される社会を想像してみよう。

　意識のない重篤な状態の患者が救急病院に搬送された場合を想定してみる。この患者の指紋を読み取るだけで、名前や年齢などの基本的な情報に加えて、既往歴や服薬の状況などが立ち所にわかる。さらには、さまざまな病気のリスクを判断できる遺伝子検査の結果や生活習慣、血縁者の既往歴といったことまで照会できるようにすることも可能だろう。健康に関わるさまざまな情報を含んだビッグデータに基づいて、AI（人工知能）が最初に疑うべき疾患や優先すべき検査を医師に指南する、といった医療のあり方が現実味を帯びている。監視社会についての論考で知られるデイヴィッド・ライアンは、次のように、監視が強化されつつある社会のあり方に警鐘を鳴らしている。「今日、私たちは、身元特定によって統治されている。いわゆる『情報時代』において、かつての紙を基礎とした官僚制の時代よりも、身元特定の重要性は増した。個人データ

の処理を可能にする電子情報インフラは、個人と組織との間を媒介する身元特定書類やプロトコルに依存している。（中略）患者は病院で医療サービスを受けるのに健康カードを作る。カードおよびそれが依存するデータベースがなければ、身元は認証されない。自分の身元について自分で話すだけでは不十分なのである。大事なのはカードを提示することだ」（Lyon 2009 = 2010）。このライアンが危惧する傾向をさらに進めれば、医療現場において、医師は、データが導く治療方針を重視し、患者自身の訴えは軽んじられるという事態も想定できる。先に紹介した「人間の終焉」という指摘ともつながるが、我々は、自分についての「データ」によって自分自身が疎外されるという社会に向かっている可能性もあり、テクノロジーの適切な利用について熟考を重ねなければならないだろう。

注
Notes

▶ 1　この楽曲は YouTube で公開されている．（2022 年 6 月 30 日取得，https://www.youtube.com/watch?v=Vn_ZkI7-IZ4）

▶ 2　「婚活実態調査 2021（リクルートブライダル総研）」による。この調査によると、2020 年の婚姻者のうち、婚活サービスを通じて結婚した人は 16.5 ％で、さらに内訳をみると「ネット系婚活サービス」が 11.1 ％、「結婚相談所」と「婚活パーティ・イベント」がそれぞれ 2.7 ％で、ネットによるサービスが婚活の主流になっていることがわかる。

▶ 3　森（2018）によると、ナイアンティック社は、ポケモン GO により収集された個人情報を広告やマーケティングに利用することがない旨、ホームページに明記している。しかしながら、情報を「収集」していることは事実であり、何らかの形でその情報が利用されている可能性が高い点を危惧している。

▶ 4　首相官邸のウェブサイトによる．（2022 年 6 月 30 日取得，https://www.kantei.go.jp/jp/headline/tokushu/digital.html）

▶ 5　デジタル庁のウェブサイトによる．（2022 年 6 月 30 日取得，https://www.digital.go.jp/policies/health/）

参考文献
References

Boyd, Danah, 2014, *It's complicated*, Yale University Press. (= 野中モモ訳 , 2014, 『つ
　ながりっぱなしの日常を生きる——ソーシャル・メディアが若者にもたらしたも
　の』草思社 .)

團康晃, 2018,「ソーシャル・メディアの功罪——SNS 的つながりの実相」辻泉・南田
　勝也・土橋臣吾（編）『メディア社会論』有斐閣 : 75-92.

Lyon, David, 2009, *Identifying citizens; ID cards as surveillance,* Cambridge: Polity.
　(＝田畑暁生訳, 2010,『膨張する監視社会——個人識別システムの進化とリスク』
　青土社 .)

森正人, 2018,「ポケモン GO と監視社会——人間の終わりの始まり？」神田孝治・遠
　藤英樹・松本健太郎（編）『ポケモン GO からの問い－——拡張される世界のリア
　リティ』新曜社 : 139-150.

柴田邦臣, 2019, 『〈情弱〉の社会学——ポスト・ビッグデータ時代の生の技法』青土社 .

総務省情報通信政策研究所, 2022,『令和 3 年度情報通信メディアの利用時間と情報行
　動に関する調査報告書』.

ディスカッションテーマ
Exercises

1　情報化が進んだことで、現在生じている問題をあげてみよう。

2　医療現場の情報化、デジタル化が進むことで生じる利点と問題点を考えてまとめ
　てみよう。

読書案内
Reading guide

1　Bauman, Zygmunt & Lyon, David, 2012, *Liquid surveillance: A conversation*, Cambridge: Polity.（＝伊藤茂訳, 2013,『私たちが、すすんで監視し、監視される、この世界について――リキッド・サーベイランスをめぐる 7 章』青土社.）

　　この分野の著名な社会学者 2 人が、情報化による「監視」のリスクについて議論している。テクノロジーの進歩した現代社会をシノプティコン（多数が一人を監視する、あるいは多数が多数を監視する）とし、我々が気付かないうちにさまざまな形で監視されていることに気付かされる。

2　辻泉・南田勝也・土橋臣吾（編）, 2018,『メディア社会論』有斐閣.

　　ビックデータの構築が新しい形の監視社会をもたらす点について詳しく論考されている。また、芸術作品がデジタル化されることの功罪など、情報化の問題点について本章で述べた事柄以外のトピックについても学ぶことができる。

第 15 章

地域のなかの医療と福祉

地域社会を支える医療と福祉

木村　多佳子

◁ **本章のねらい** ▷

　本章では高齢者対象に各市町村が構築を進めている「地域包括ケアシステム」と在宅医療の提供体制について解説する。住み慣れた地域で暮らすというニーズは高齢者だけのものではなく全住民のニーズといえるが、医療的ケア児の支援体制が未整備であることや、地域によって医療格差が生じているという実情がある。地域完結型医療への転換には、多機関・多職種による連携が不可欠であり、在宅療養と介護を続ける本人・家族が安心して過ごせるための支援が必要である。

地域包括ケアシステム、地域完結型医療、医療格差、
在宅医療、多職種連携

1　住み慣れた地域で暮らし続けるためのしくみ

（1）高齢者対象の地域包括ケアシステム

　2025 年には、1947 年から 1949 年に生まれた団塊の世代（約 800 万人）が 75
歳以上となり、医療や介護サービスを必要とする後期高齢者がさらに増加する
と見込まれている。従来の入院および施設入所中心のサービス提供体制ではな
く、人生の最後まで本人が住み慣れた地域で自分らしい暮らしを続けることが
できる「地域包括ケアシステム」を構築することに厚生労働省は 2008 年より
取り組みはじめた。

　2014（平成 26）年に成立した「医療及び介護の総合的な確保を推進するため
の関係法律の整備等に関する法律（医療介護総合確保推進法）」第 2 条によると、
「『地域包括ケアシステム』とは、地域の実情に応じて、高齢者が、可能なかぎ
り、住み慣れた地域でその有する能力に応じ自立した日常生活を営むことがで
きるよう、医療、介護、介護予防（要介護状態若しくは要支援状態になることの
予防又は要介護状態若しくは要支援状態の軽減若しくは悪化の防止をいう。）、住ま
い及び自立した日常生活の支援が包括的に確保される体制」と定義されている。
具体的には、高齢者を対象に専門職によって提供される「医療」「介護」「予
防」に関するサービスと、その前提として「住まい」と近隣住民による見守り
やボランティアによるサポートを含めた「生活支援・福祉サービス」が相互

図 15-1　「地域包括ケアシステムの姿」（厚生労働省 2022a）

に関係し、連携しながら地域での暮らしや在宅療養を支えるしくみである（**図 15-1** 参照）。

　当事者が在宅療養や介護の継続を決めるにあたり、人生における「本人の選択」が最も尊重されるべきとし、「本人の選択と本人・家族の心構え」が地域包括ケアシステムの基礎と考えられるようになった。「本人・家族の心構え」には、本人が意思決定できるうちに治療や療養に関する希望について家族と話し合っておくことも役立つといえる。

　しかし、いざというときのことや病気を抱えた自身の未来を想像するのは避けたいと考える人も多く、家族の立場からも元気で過ごしている本人を前に話し合いを切り出しにくいものである。人生の最終段階（終末期）における医療行為のみではなく、最後までどう人生を送りたいかという本人の望む生き方を家族や医療従事者が自発的に話し合う「アドバンス・ケア・プランニング」の実践を進めていくために、厚生労働省は「人生会議」という名称でリーフレットや動画を作成し、普及をめざしている。

（2）全世代に求められる地域包括ケア

　住み慣れた地域で暮らすというニーズは高齢者だけのものではなく、全住民

のニーズといえるだろう。医療的ケア児、障害児、難病患者、精神障害のある人にとっても地域包括ケアは必要であり、そのためには公的な支援体制が対象別の法制度によって縦割りに対応するのではなく、利用者からみた「一体的なケア」が求められている。

　ここでは、日常生活を送る上で痰の吸引、経管栄養や人工呼吸器の管理などの医療的なケアを必要とする医療的ケア児の支援体制の課題をあげる。医療的ケア児は2020年に約2万人と推計され、10年間で約2倍になっている（厚生労働省 2022b）。法律上は2016（平成28）年の児童福祉法改正において規定され、地方公共団体には医療的ケア児と家族を対象とした保健、医療、福祉等の支援体制整備が求められるようになった。さらに、乳幼児期から学卒期までの成長を考えると、保育・教育分野との連携や相談体制の整備も必要となる。

　しかし、保育園や学校等で医療的ケアに対応できる人員不足を理由に希望する施設・機関に通園・通学を受け入れてもらえないという事例もある。そして、小児を中心とした訪問診療、訪問看護、居宅介護等のサービス提供体制が地域によって十分でなく、親のなかには片道1時間以上を要する通院や隣接県の事業所の利用を余儀なくされるという実情もあるといわれている。これらの課題については、当事者である医療的ケア児が望む環境で生活できるよう、医療機関、障害福祉サービス事業所、教育機関などの地域の関係機関が協力する体制づくりを進めることと、高齢者を対象とした訪問診療を行っている医療機関に対して、小児在宅医療への参加を促すことが効果的であると考えられている（厚生労働省政策統括官付政策評価官室 アフターサービス推進室 2018: 15-16）。

2　地域完結型医療と医療格差

（1）地域完結型医療への転換

　かかりつけ医機能、外来、検査、入院治療、リハビリテーションと一つの病院がすべての役割を引き受けていた病院完結型医療から「地域完結型医療」への転換が進められていることは、国民医療費の削減をめざす医療政策であるとともに患者の希望に応じた療養生活の選択肢が増えることにつながっていくが、

すべての人が自分の意向に合う療養場所を見つけて過ごし暮らせているとはいえないのが現状である。

「地域完結型医療」とは、患者の病態に応じた治療および療養するための場所が急性期機能のある病院→回復期リハビリテーション病棟→自宅退院・施設入所などと移行していくことが特徴である。そのためには地域連携クリティカルパスを活用して、病名や治療内容に応じた診療計画を「機能の異なる複数の医療機関が、役割分担を含め、あらかじめ診療内容を患者に提示・説明することにより、転院早々から切れ目の無い治療やリハビリを提供する」という方策がとられている（巻 2020: 112）。

（2）医療における地域差

介護予防や健康寿命の延伸が重要視され始めたのは、介護保険制度施行後の2003 年あたりからで、2005（平成 17）年の介護保険法改正と前述した地域包括ケアシステム構築への取り組みともつながっている。

近藤克則（2005）は、社会的な因子が健康に影響を与えていることが健康格差につながるとし、所得や教育を受けた年数が少ない社会経済階層の底辺層は慢性的な心理的・社会的ストレスが大きく、社会的排除の結果としての不健康につながっていると述べている（近藤 2005: 28-29）。社会的因子には、都市部と地方の間に生じる医療提供体制の差も含まれる。具体的には必要な診療を受けられる医療機関の量的なちがいや医師の偏在による格差、患者のアクセスのしやすさという物理的な要因がある。

医療における地域差は、平均寿命や乳児死亡率によって比較できる健康状態、医療費（健康保険料）、病床数、医師数によって比較されるが、尾形裕也（2010）によると、ある地域において使用された医療費が高額であったり、病床数や医師数が多いからといって、必ずしも健康状態のよい人が多いとはいえない事例が日本だけでなく諸外国でも見受けられるという（尾形 2010: x - xi）。

馬場保子ほか（2021）が行った離島・へき地のある 1 都 2 県の保健医療福祉職を対象とした終末期ケアに関する調査によると、終末期ケアシステムは「離島・へき地」の方が整っておらず、マンパワー不足や地理的に訪問困難な地域

が多いことが在宅での看取りを困難にしているとわかった。しかし、支援体制構築が困難であるなかで、「離島・へき地のない」地域に比べて、医師の在宅での看取りに対する関心と多職種連携行動は高く、病院スタッフも在宅移行の視点が高いという特徴が明らかとなった（馬場ほか 2021: 28）。

　つまり、医療資源の活用に限界のある地域であっても、その地域の強みを活かした疾病予防と介護予防にアプローチすることにより、住み慣れた自宅等での療養生活を支えることは可能であり、選択肢が少ない中で多職種は本人の思いを共有し、尊重した支援を続けることができるといえる。

3　在宅医療の提供体制

（1）在宅医療の機能

　医療介護総合確保推進法によって、第7次医療計画（2018年度からの6か年計画）の一部としてすべての都道府県で地域医療構想が策定されることとなった。2025年に向けて主に慢性期医療を担う医療機関が介護施設への転換も含めた約30万人分の在宅医療の受け皿を充実させることを目指している。

　在宅医療の提供体制として、「退院支援」「日常の療養支援」「急変時の対応」「看取り」の四つの医療機能の整備が求められており、医療保険と介護保険によるサービスによって、包括的かつ継続的な在宅医療・介護の提供を行う（厚生労働省医政局地域医療計画課長通知 2017）。

　①　退院支援
　　入院医療機関と在宅医療に係る機関との協働による退院支援の実施
　②　日常の療養支援
　　多職種協働による患者や家族の生活を支える観点からの医療の提供
　　緩和ケアの提供
　　家族への支援
　③　急変時の対応
　　在宅療養者の病状の急変時における往診や訪問看護の体制及び入院病床の確保

④　看取り

住み慣れた自宅や介護施設等、患者が望む場所での看取りの実施

（2）多機関・多職種による連携

医療面では、かかりつけ医（主治医）、在宅療養支援診療所、在宅療養支援病院の他、地域包括ケア病棟のある病院などが在宅療養患者の状態に応じて連携することでこれらの機能を果たす。また、訪問看護と訪問リハビリテーションは患者の病状や処置の内容、主治医から指示される訪問回数などに応じて、医療保険適用と介護保険適用の両方がある（**図 15-2** 参照）。

日常の療養支援では、介護や生活支援の側面よりケアマネジャー（介護支援専門員）が中心となりケアプランの作成および調整を担当する。そして、薬剤

在宅医療の種類

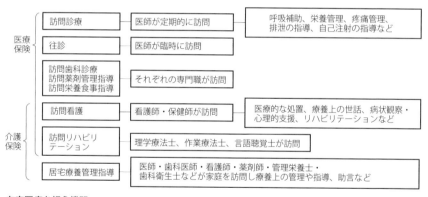

在宅医療を担う機関

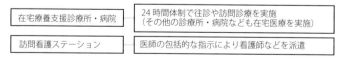

図 15-2　「在宅医療の種類と機関」（厚生労働統計協会 2021: 82）

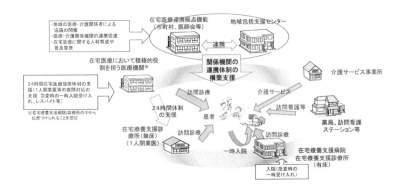

図15-3 「在宅医療・介護の連携推進の方向性（イメージ）」（厚生労働省 2022c）

師や管理栄養士による訪問指導も実施されるようになり、診療報酬ならびに介護報酬上の評価が高まる傾向にある。

図15-3 のように、多機関による支援ネットワークと多職種チームによる支援体制は、市町村が中心となって、地域の医師会等と連携しながら構築を図っていく。

　また、各医療機関に所属する医療職だけではなく、福祉職である医療ソーシャルワーカー（社会福祉士等）も退院支援の相談に応じることによって、患者が病状や回復の段階に応じた医療を受け、療養中の生活を安心して送ることを支援している。入院前より介護保険による居宅サービスを利用していた場合は、入院時に担当ケアマネジャーより入院前の生活についての情報を提供してもらい、入院中の状態を情報共有し、患者本人の希望と家族の状況を把握した上で、退院前カンファレンスで在宅療養の準備について話し合うという多機関と多職種による連携が重要とされている。

　筆者の勤務地がある福井県では、医療と介護の関係者が連携して患者のスムーズな在宅移行を支援するにあたり、必要な情報を共有するための「福井県入退院支援ルール」を作成し、2016 年 4 月より改定を重ねながら福井県内全域で運用している。このルールに基づき各医療機関や在宅介護関係者が連携す

ることで、入退院時の引継ぎがもれたり不十分となったりすることを防ぎ、在宅での生活や療養に困る患者や家族をなくすことをめざしている（「福井県入退院支援ルール」検討会 2020: 1）。

4　在宅医療とソーシャルワーク

保健医療機関で働くソーシャルワーカーは医療ソーシャルワーカー（medical social worker: 以下、MSW）と呼ばれ、多くの医療機関では地域医療連携室や医療福祉相談室などに所属している。基礎資格は社会福祉士であり、患者・家族の抱える療養中の心理的・社会的問題の解決や調整、退院や社会復帰に関する支援、適切な受診・受療に関する支援、医療費や生活費などの経済的問題の解決と調整について社会福祉の立場から相談に応じる福祉職である。

病院機能分化が進んだことを背景に、急性期病院では 10 〜 14 日程度の入院期間のあいだに患者・家族と面談を行い、主治医からの病状説明への同席、多職種によるカンファレンスに参加しながら、患者・家族の不安の低減と今後の生活準備に関わっている。

そして、近年では在宅医療を専門的に行う医療機関に所属する MSW も増えつつある。ソーシャルワーカーとして対象や領域を問わず、クライエント（患者やサービス利用者）の自己決定と生活者としての権利を尊重し、問題解決に関わることは共通しているが、在宅医療分野での MSW 業務の特性として 4 点があげられる（公益社団法人 日本医療社会福祉協会 2020: 7）。

① 患者の生活している自宅や地域で、患者の生活、人生という「線」に伴走的にかかわり続ける。

② 人生の最終段階に関わることが多く、本人の人生観や価値観に寄り添うことをより多く求められる。

③ 多職種・他職種との連携業務の割合が大きい。

④ 地域でのネットワーク構築や制度・サービスの開拓の必要性といった地域の課題を、地域で在宅医療を受ける患者の個別な支援から明らかにしてとらえなおすことが可能である。

また、前述した在宅医療の四つの機能に応じて MSW が支援を行っているこ

とが**図 15-4** に示されている。入院医療機関、在宅医療機関を問わず、在宅医療を支える MSW には、患者本人や家族の希望につながっているこれまでの人生やそれぞれの価値観を理解することが支援の前提となる。退院支援の段階でも「どこに退院したいか」という場所の選択ではなく、本人が何を大切にして生きていきたいのか、そして、どのように過ごすことが本人の平穏と安心につながるのかを一緒に考えることが伴走的な関わりといえよう。

　地域での療養生活を送る本人・家族にとって、多職種による支援や医

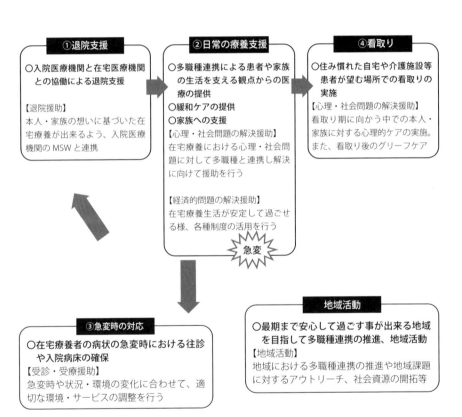

図 15-4　「在宅医療における医療ソーシャルワーク実践」
（公益社団法人 日本医療社会福祉協会 2020: 9）

療・介護サービスの利用によって解決することもあるが、これまでの本人の生活習慣や生活信条を変えることが難しかったり、家族関係に影響を受けて解決できない性質の困りごとを抱えながら日々の暮らしを続けることもある。ソーシャルワーカーは生活問題の解決を支える立場であるが、人生の主人公である本人の折り合いのつけ方に付き合おうとする姿勢も伴走者には必要である。

　もちろん、病状の急変時や看取り期に患者本人の意思を確認できない場面に遭遇し、本人にとって何がベストであるのか答えが出ないことに悩んだり、人生の最終段階で残された時間がわずかとなった患者を前に医療職や介護職のように身体ケアができないことに無力感を感じたりすることもあるかも知れない。それぞれの職種の信念や使命感をお互いに理解することが、多職種で患者・家族のより良い療養生活をめざすには不可欠であり、チームのメンバー同士で支援についての悩みを共有することによって、職種間コミュニケーションはより円滑なものとなりメンバー間の信頼関係は深まるといえる。

5　おわりに

　本章では、地域包括ケアシステムと在宅医療体制と、それらの医療・介護サービス提供に欠かすことのできない多機関・多職種連携について述べた。

　看護を学ぶ皆さんにとって、一緒に働く職種であるソーシャルワーカー（社会福祉士、精神保健福祉士）の役割を理解してもらうことは、お互いの専門性を尊重した職種間コミュニケーションを図るための第一歩といえるだろう。保健医療福祉領域における多職種連携の基礎である患者・サービス利用者・家族・コミュニティ中心という価値を共有しながら、専門職として成長し続けることを願っている。

参考文献
References

馬場保子ほか, 2021,「離島・へき地における終末期ケアの現状と多職種連携」『厚生の指標』68(5): 28-34.

地域包括ケア研究会, 2016,『平成 27 年度老人保健事業推進費等補助金老人保健健康増進等事業　地域包括ケアシステム構築に向けた制度及びサービスのあり方に関する研究事業報告書──地域包括ケアシステムと地域マネジメント』三菱 UFJ リサーチ＆コンサルティング.

「福井県入退院支援ルール」検討会, 2020,『福井県入退院支援ルール──病院と地域で切れ目のない連携をめざして』福井県ホームページ. (2021 年 6 月 1 日取得, http://www.pref.fukui.lg.jp/doc/kourei/taiinshien.html)

木村多佳子, 2020,「地域包括ケアシステムと在宅医療」成清美治・竹中麻由美・大野まどか編著『保健医療と福祉』第 9 章, 学文社 : 132-144.

公益社団法人 日本医療社会福祉協会, 2020,『在宅医療に関わるソーシャルワークの手引き』公益財団法人 在宅医療助成 勇美記念財団 2018 年度在宅医療助成一般公募（後期）「在宅医療研究への助成」事業.

厚生労働省, 2022a,『地域包括ケアシステム』厚生労働省ホームページ, (2022 年 3 月 7 日取得, https://www.mhlw.go.jp/stf/seisakunitsuite/bunya/hukushi_kaigo/kaigo_koureisha/chiiki-houkatsu/)

厚生労働省, 2022b,『医療的ケア児について』厚生労働省ホームページ, (2022 年 3 月 31 日取得, https://www.mhlw.go.jp/content/000846525.pdf)

厚生労働省, 2022c,『在宅医療・介護の連携推進の方向性』厚生労働省ホームページ, (2022 年 3 月 29 日取得, https://www.mhlw.go.jp/seisakunitsuite/bunya/hukushi_kaigo/kaigo_koureisha/chiiki-houkatsu/dl/link4-1.pdf)

厚生労働省医政局地域医療計画課長通知, 2017,『在宅医療の体制構築に係る指針（疾病・事業及び在宅医療に係る体制について）』2017（平成 29）年 3 月 31 日付け医政地発 0331 第 3 号.

厚生労働省政策統括官付政策評価官室 アフターサービス推進室, 2018,『医療的ケアが必要な子どもと家族が, 安心して心地よく暮らすために──医療的ケア児と家族を支えるサービスの取組紹介』厚生労働省政策統括官付政策評価官室.

厚生労働統計協会, 2021,『図説　国民衛生の動向 2021/2022』厚生労働統計協会 : 82.

近藤克則, 2005,『健康格差社会──何が心と健康を蝕むのか』医学書院.

巻康弘，2020,「保健医療における専門職の役割と連携・協働」成清美治・竹中麻由
　美・大野まどか編著『保健医療と福祉』第 7 章，学文社：104-115.

尾形裕也，2010,「医療における地域差の現状と課題」ヘルスケア総合政策研究所『医
　療白書 2010 年度版』日本医療企画：ii-xii.

ディスカッションテーマ
Exercises

1　地域包括ケアシステムの基礎として「本人の選択と本人・家族の心構え」が位置
　づけられる理由を論じてみよう。

2　患者・家族にとって、多機関・多職種による在宅療養支援が行われる利点と、各
　職種が連携するために必要な行動について考えてみよう。

読書案内
Reading guide

1　隅田好美ほか，2018,『よくわかる地域包括ケア』ミネルヴァ書房.
　　地域包括ケアの制度・政策、そして地域における課題解決と支援のための地域づ
　くりに関して解説されている。また、代表的な疾患や状態を取り上げ、各疾患に応
　じた地域包括ケアに必要となる医学知識、看護やケア、地域づくりについて書かれ
　ているため、保健医療福祉の多職種連携に必要な「他の専門職の視点」を理解する
　のに役立つ書籍である。

2　中村伸一，2019,『入門！　自宅で大往生──あなたもなれる「家逝き」達人・看取
　り名人』中央公論新社.
　　福井県おおい町名田庄地区でへき地医療に携わる在宅医療専門医による著作であ
　る。住み慣れた家での看取りや延命治療をめぐる患者・家族のエピソードと、地域
　の生活文化に根差した患者理解と支援について書かれている。

放課後等デイサービスでの児童・家族支援

　昨今、さまざまなメディアを通じて、発達障害という言葉が世間一般に広く認知されるようになりました。しかし、その障害特性がどのようなものなのか、またどういったサポートが必要かといった実情を知る機会はまだ少ないように思います。

　発達障害は、社会生活を送るうえでできること・できないことの差が非常に大きく、アンバランスな発達の偏りを持って生まれる先天的な脳機能障害です。精神医学の領域における大きな分類として、ADHD（注意欠如多動性障害）、ASD（自閉スペクトラム障害）、LD（学習障害）といったそれぞれの特性に応じた診断名があります。コミュニケーションのとり方が独特なことで、他者とうまく意思の疎通ができずトラブルになることや、自身の行動や感情をうまくコントロールできずトラブルになるなど、対人関係において問題が生じる場面が多く見られます。また、読む、書く、話す、計算するなど、特定の作業や行動が極めて困難であるなど、通常の社会生活を送るうえで生きづらさを感じてしまうことも少なくありません。

　私の勤める放課後等デイサービスは、そのような特性を持ちながら学校へ通う子どもたち（6歳から18歳までの就学年齢の児童）にとっての、放課後や長期休暇中の療育の場（日常生活動作の指導、集団生活への適応訓練等）であるとともに、放課後等の居場所としての役割を担う福祉サービス機関です。それぞれ発達の特性や症状に濃淡はありますが、いわゆる定型発達の児童と比べ、発達の特性を持つ児童は自分ができないことが多いために、過度に自信を無くすあるいは過度に他者へ攻撃的になる場合があったり、家庭や学校などでの日常生活をうまく送ることができずに大きなトラブルへ発展してしまう場面が多くなります。そのような状況が積み重なった結果、不登校から引きこもりになる児童も決して少なくありません。

　そういった課題の予防として、放課後等デイサービスでは遊びや学習等を交えたさまざまな療育活動を通して、症状の緩和やセルフコントロールのスキル、集団のなかで必要な社会性を身につけていけるような支援（ソーシャルスキルト

レーニング）を行っていきます。たとえば、実際のトラブルに発展しそうな場面を想定したシミュレーションを行い、その際のトラブルの回避や対応方法をスタッフや児童同士で練習するなどです。

　また、個別の支援計画書を作成し、それをもとに児童に合った支援を保護者（ときに本児を交え）と共有し、ケースによっては学校へ出向きケースカンファレンス等を行います。学校、家庭、放デイ（放課後等デイサービス）の三者で情報共有することで、支援をスタッフ間だけで完結するものではなく、児童を取り巻く家庭や学校といった環境まるごとのサポートを行うことができます。さらに放課後等デイサービスには、児童への支援サポートの側面だけではなく保護者に代わり一時的にケアを代替することで日々の疲れをリフレッシュしてもらう家族支援サービスとしての機能もあることから、幅広い役割を担う支援機関と言えます。

　とはいえ、放課後等デイサービスは制度的にもまだまだ過渡期であり、課題は多くあります。とりわけ専門職員の人員配置に関して、今後は福祉や教育の専門視点だけでなく家庭や学校に次いで児童へ補完的に保健指導等を行うことや、利用児童の主治医との情報共有、服薬管理から医療ケア（吸引・吸入・経管栄養など）の必要な児童の受け入れ拡大などの観点から、看護師などの医療知識、技術を持つスタッフの需要は非常に高まっています。

　今後、放課後等デイサービスは、多様な専門スタッフの配置等の整備を進めることで、発達の特性を持つ児童への支援をさらに充実したものにし、少しでも家庭や学校での生活をスムーズに、本児らしく過ごせるようサポートできる支援機関となることが期待されます。

（Y. T. 放課後等デイサービス職員）

第16章

看護から考えるグローバル化

EPA 制度を事例として

濱野 健

────────〈 本章のねらい 〉────────

　グローバル化により、私たちの生活圏は国境や地域に限定されなくなった。日本では少子高齢化がますます進行し、地域によっては看護師や医師など、医療分野における専門的人材の不足も問題化しつつある。海外からの専門的人材の受け入れにより多くの先進国はこの事態を解消しようとしてきた。日本とてその例外ではない。医療や介護の現場は、グローバルな社会の変化とローカルな地域生活が交差する地点として大きく変わりつつある。本章では経済連携協定（EPA）という制度による、日本への外国人看護師候補生受け入れ事業を取り上げる。医療の現場に海外出身者が増えていくことは人材不足の解消という経済的な側面に留まらず、あるいは医療という現場に限定されず、グローバル化する社会において言語や文化の背景が異なる人たちとどのように共生していくのかという未来の社会像と結びつく。そうした社会の第一歩として看護の現場では実践的な取り組みが求められていくのか。その方法も紹介する。

◇Keywords グローバル化、経済連携協定（EPA）、外国人看護師候補者、文化化対応力、互酬性

1　グローバル化とは何か

　グローバル化（globalization）とは1990年代以降欧米諸国から世界中に浸透してきた地球規模での社会変化を指す言葉である（伊豫谷 2003）。日本社会のグローバル化は1990年代後半頃に始まった。私たちが社会の単位として暗黙の前提としてきた「国家」が消滅することはなかったが、その役割や関係性は大きく変わった。グローバル化によって、個別の社会の政治、経済、文化のいずれもが国境をこえて否応なしに結びつけられてきた。たとえば私たちが未だ訪れたことのない遠い世界のどこかで紛争が起きたことによって資源の輸出入や物流に大きな影響が生じ、決して「国際的」ではないかもしれない私たちの日常生活に大きく影響する。「世界の圧縮化」（Robertson 1992=1997）は場所や地域の規模を選ばず生じている。その結果、自分の日常生活の「当たり前」が改めて問われている。COVID-19の感染拡大が、人やモノや情報が世界中を駆け巡る世界のなかで生きている私たちの「モバイル・ライブス（mobile lives）」（Elliot and Urry 2016）を改めて実感させたことは私たちの記憶に新しい。

　しかし、グローバル化にはパラドクスが存在する。グローバルな市場経済が収益を上げるためには、商品の生産地と消費地の二つの地域の経済的な格差（賃金格差や雇用条件の差異）が維持されなければならない。その結果、グローバル化が進むほど、国家や地域間ばかりか社会内部の格差や不平等が著しくなることがあることも理解しておきたい（溝口編 2018）。他方でグローバル化は

「グローカル化（glocalization）」の活性化ももたらす。人やモノ情報の交流の結果、グローバルな社会とローカルな社会が混じり合い、各地域で新たな文化やコミュニティが生み出される可能性も秘めている（石井編 2017）。「グローバル」か「ローカル」か、または「内」か「外」かといった二者択一の思考ではなく、その両方が融合した「グローカル」な社会のあり方、多元的な人間関係の築き方についてより深く考えることは、グローバル化の現実を理解するうえで欠かせない。

　第3章で解説があったように、日本では2010年を境に人口が減少し続けている。その大きな影響の一つが経済活動の縮小化である。生産年齢人口の減少は経済活動に従事する人口の減少を意味し、購買力だけではなく製造やサービスの提供にも影響を与える。二つめの影響は、都市と地方の格差の拡大である。人口減少は都市部への人口集中を招き、地域の経済格差が拡大する。最後に社会保障への影響がある。高齢者の年金制度や医療介護負担などの社会保障の多くは、生産年齢人口の所得の再分配を制度的基盤にしている。生産年齢人口の負担を最小限に抑えるため労働人口が受給者である高齢者人口を大きく上回っていなければならないが、若年層の人口減少によりそうした社会保障制度は困難となる。少子高齢化社会の進行に伴う看護労働力の問題に他国ではどのように対処しているのだろうか。日本と同じように少子高齢化に直面しているドイツでは、2013年に「トリプル・ウィン・プロジェクト」と呼ばれる政策が導入され、フィリピンなどの四つの国から3年間で2,000人の看護師を受け入れた。この「トリプル」という名称には、一つめにドイツ国内における看護師不足、二つめに雇用者に対する外国人看護師の雇用を介した十分な利益の確保（事前の十分な語学教育と職業訓練）、そして三つめに、移住してくる看護師の賃金保障のみならず福利厚生を保障してドイツへの社会統合を促進するという期待が込められている（ロペズ・大野 2015）。このような外国人看護師の積極的な雇用は先進国の多くの国で見られる（**表16-1**）。こうした看護師の国際移動が、それぞれのローカルな経済力の格差や両国間の政治的な立ち位置に由来している点も、先に述べたようにグローバル化のパラドクスとして認識しておかなくてはならない。

表 16-1　先進国における外国人看護師の人数（2015-16 年にかけて）

（Socha-Dietrich and Dumont（2021）より抜粋）

国名	人数	看護師全体に占める割合（%）
オーストラリア	104,272	35.3
カナダ	92,530	24.4
フランス	40,329	6.6
ドイツ	217,998	16.2
イギリス	151,815	21.9
アメリカ	691,134	16.4

2　経済連携協定（EPA）と看護師候補生の受け入れ

　日本を含め世界の多くの国々では、貿易や投資などの幅広い経済活動をより活発に実施するため、「自由貿易協定」（Free Trade Agreement、FTA）や「経済連携協定」（Economic Partnership Agreement、EPA）といった国際協定が結ばれている。これらは二国間における特定の商品の貿易に対する関税（自国の生産物を護るために他国からの輸入品にかける特別な税）を緩和したり撤廃したりするとか、外国企業や個人へのビザや法的規則を優遇したりすることを促進する。経済のグローバル化が進み、日本もまた貿易投資、関税などといった内容にとどまらない多様な枠組みを構築し、複数の国と EPA を締結している。なかでもユニークなのが、EPA に基づく外国人看護師候補者・介護福祉士候補者（以下、候補者）の受け入れである。以下、看護師候補者受け入れ制度について概説する。

　EPA に基づく候補者の受け入れは外国人の就労が原則的に認められていない看護分野にて、二国間協定に基づき政府の管理の下に公的に実施される。候補者の受け入れは、「外国人技能実習制度」のように民間事業者ではなく、国際厚生事業団（JICWELS）が独占的な受け入れ調整機関として指定されている。毎年の受け入れ人数は、国内の労働市場の状況を検討し受け入れ人数が決定され（2021 年度では看護師候補生は一国あたり 200 人程度）、希望者は事業団を介

して受け入れ先の国内機関とのマッチングが行われた上で、自国での日本語事前研修（該当しない場合もある）や日本語の能力試験を経て来日する。給与や労働関係法令、社会・健康保険については日本人と同等以上の条件が保障され、訪日後に再び日本語研修や看護研修を受けて、日本国内の受け入れ施設で看護助手として就労する。協定に基づく在留期間の限度は、看護師候補者は 3 年間

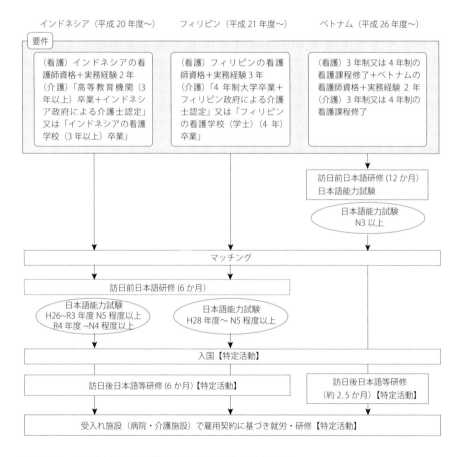

図 16-1　EPA による看護師候補生の受け入れの仕組み
（厚生労働省 2022b より抜粋）

とされているが、期間内に看護師国家資格を取得すれば正規の看護師として滞在を延長することが可能となる（厚生労働省 2022a）。現在、EPA に基づき日本が候補者の受け入れを行っている国は、インドネシア、フィリピン、ベトナムの３カ国である。それぞれの受け入れ枠組みやこれまでの受け入れ人数については図 16-1 と表 16-2 にて示す。

　EPA にて来日した看護師候補生は、期限内に看護師国家試験に合格すると専門資格を有する外国人として改めて日本での就労が可能になる。だが、長時間就労しながら国家試験の対策を実施することは決して容易ではない（日本語についても、国家試験に合格するためには専門用語や法令の理解も含め、訪日の

表 16-2　看護師候補生の年度毎受け入れ人数（厚生労働省（2022b）より抜粋）

国名	2008	2009	2010	2011	2012	2013	2014	2015	2016	2017	2018	2019	2020	2021	合計
インドネシア	104	173	39	47	29	48	41	66	46	29	31	38	23	8	722
フィリピン		93	46	70	28	64	36	75	60	34	40	42	49	11	648
ベトナム							21	14	18	22	26	41	38	37	217
合計	104	266	85	117	57	112	98	155	124	85	97	121	110	56	1587

注：COVID-19 の影響により 2020 年度のフィリピンからの候補生は 21 年 5 月に入国（日本語研修免除者を除く）

表 16-3　看護師候補生の年度毎看護師国家試験合格者数
（厚生労働省（2022b）より抜粋）

受験年度	インドネシア			フィリピン			ベトナム			合計（カッコ内は総受験者数）		
	受験者数	合格者数	合格率（%）	受験者数	合格者数	合格率（%）	受験者数	合格者数	合格率（%）	受験者数	合格者数	合格率（%）
2008	82	0	0.0	—	—	—	—	—	—	82 (50,906)	0 (45,784)	0 (89.9)
2009	195	2	1.0	59	1	1.7	—	—	—	254 (52,883)	3 (47,340)	1.2 (89.5)
2010	285	15	5.3	113	1	0.9	—	—	—	398 (54,138)	16 (49,688)	4.0 (91.8)
2011	257	34	13.2	158	13	8.2	—	—	—	415 (53,702)	47 (48,400)	11.3 (90.0)
2012	173	20	11.6	138	10	7.2	—	—	—	311 (56,546)	30 (50,232)	9.6 (88.8)
2013	151	16	10.6	150	16	10.7	—	—	—	301 (59,725)	32 (53,495)	10.6 (89.6)
2014	174	11	6.3	163	14	8.6	20	1	5.0	357 (60,947)	26 (54,871)	7.3 (90.0)
2015	203	11	5.4	192	22	11.5	34	14	41.2	429 (62,154)	47 (55,585)	11.0 (89.4)
2016	218	21	9.6	192	29	15.1	37	15	40.5	447 (62,534)	65 (55,367)	14.5 (88.5)
2017	216	29	13.4	185	31	16.8	40	18	45.0	441 (64,488)	78 (58,682)	17.7 (91.0)
2018	200	15	7.5	175	31	17.7	48	23	47.9	423 (63,603)	69 (56,767)	16.3 (89.3)
2019	196	12	6.1	153	16	10.5	64	18	28.1	413 (65,569)	46 (58,514)	11.1 (89.2)
2020	140	17	12.1	111	25	22.5	84	28	33.3	335 (66,124)	70 (59,769)	20.9 (90.4)
2021	142	9	6.3	135	11	8.1	93	24	25.8	379 (65,625)	44 (59,344)	11.9 (91.3)

とき以上に高度な能力を習得することが必要とされる）。候補者一人ひとりの能力や意欲以上に、こうした状況を理解した勤務先の病院や施設から異文化での生活支援も含めた包括的な支援が得られるかどうかが重要である。**表 16-3** は EPA において来日した看護師候補者の看護師国家試験合格者数をまとめたものである。候補者の合格率は制度の改定や現場での支援の取り組みによって増加の傾向にあるが、候補者たちにとって国家資格の取得はまだまだ難関となっている。

　EPA による看護師候補生を含め、2021 年 10 月現在で日本国内に居住する外国人の労働者数はおよそ 173 万人であった（厚生労働省 2022d）。これと並行し、2019 年には国内の深刻な労働者不足を解消する目的で「出入国及び難民認定法」が改正され、「特定技能（1 号・2 号）」という在留資格が新たに追加された。2022 年 5 月現在、政府の指定する特定産業分野に従事する場合は最長 5 年（1 号）あるいは上限なし（2 号）の就労が認められている。いまや日本では海外から多くの人がさまざまな分野で就労している（**図 16-2** 参照）。しかし、日本国政府は短期間での「外国人労働者」の受入を拡大しながらも永住につながる「移民」の受入にはあまり積極的であるとは言えない。厚生労働省により 2014（平成 26）年 4 月 1 日に公表された「雇用政策基本方針」では、外国人労働者の受け入れに対する基本的見解が示されている。この基本方針では「高度外国人材」、あるいは結婚や留学などを経て日本に定住している（しようとする）外国人については雇用促進をはかるとされる。しかし看護師候補生について厚生労働省は、「候補者の受け入れは、看護、介護分野労働力不足への対応ではなく、2 国間の経済活動の連携の強化の観点から、経済連携協定（EPA）に基づき、公的な枠組みで特例的に行う」と説明している。候補者たちの日本国内での医療現場での労働は法律上「特定活動」とされ、「就労」とはみなされない。現在でも厚労省は、「これら 3 国からの受入れは、看護・介護分野の労働力不足への対応として行うものではなく、相手国からの強い要望に基づき交渉した結果、経済活動の連携の強化の観点から実施するものです」（厚生労働省 2022c）という説明をしている。

出入国管理及び難民認定法上、以下の形態で
就労が可能。

①就労目的で在留が認められる者　　約 39.5 万人
（いわゆる「専門的・技術的分野の在留資格」）
・一部の在留資格については、上陸許可の基準を「我が
　国の産業及び国民生活に与える影響その他の事情」
　を勘案して定めることとされている。

②身分に基づき在留する者　　　　　約 58.0 万人
（「定住者」（主に日系人）、「永住者」、「日本人の配偶者
　等」等）
・これらの在留資格は、在留中の活動に制限がないた
　め、様々な分野で報酬を受ける活動が可能。

③技能実習　　　　　　　　　　　　約 35.2 万人
・技能移転を通じた開発途上国への国際協力が目的。
・平成 22 年 7 月 1 日施行の改正入管法により、技能実
　習生は入国 1 年目から雇用関係のある「技能実習」
　の在留資格が付与されることとなった。

④特定活動　　　　　　　　　　　　約 6.6 万人
（EPA に基づく外国人看護師・介護福祉士、ワーキング
　ホリデー、外国人建設就労者、外国人造船就労者等）
・「特定活動」の在留資格で我が国に在留する外国人は、
　個々の許可の内容により報酬を受ける活動の可否が
　決定。

⑤資格外活動（留学生のアルバイト等）
**　　　　　　　　　　　　　　　　　約 33.5 万人**
・本来の在留資格の活動を阻害しない範囲内（1 週 28
　時間以内等）で、相当と認められる場合に、報酬を
　受ける活動が許可。

「専門的・技術的分野」に該当する
主な在留資格

在留資格	異体例
教授	大学教授等
高度専門職	ポイント制による高度人材
経営・管理	企業等の経営者・管理者
法律・ 会計業務	弁護士、公認会計士等
医療	医師、歯科医師、看護師
研究	政府関係機関や私企業等の研究者
教育	中学校・高等学校等の語学教師等
技術・人文 知識・国際 業務	機械工学等の技術者、通訳、デザイナー、私企業の語学教師、マーケティング業務 従事者等
企業内転勤	外国の事業所からの転勤者
介護	介護福祉士
技能	外国料理の調理師、スポーツ指導者、航空機の操縦者、貴金属等の加工職人等
特定技能	特定産業分野(注)の各業務従事者

（注）介護、ビルクリーニング、素形材産業、
　　産業機械製造業、電気・電子情報関係産業、
　　建設、造船・舶用工業、自動車整備、航空、
　　宿泊、農業、漁業、飲食料品製造業、外
　　食業（平成 30 年 12 月 25 日閣議決定）

注：外国人雇用状況の届出状況（令和 3 年 10 月末現在）による。外国人雇用状況届出制度は、事業主
　　が外国人の雇入れ・離職の際に、氏名、在留資格、在留期間等を確認した上でハローワークへ届出
　　を行うことを義務づける制度（労働施策の総合的な推進並びに労働者の雇用の安定及び職業生活
　　の充実等に関する法律第 28 条）。なお、「外交」、「公用」及び「特別永住者」は対象外である。

図 16-2　日本で就労する外国人のカテゴリー（厚生労働省 2022c より抜粋）

3　看護の現場からの共生社会

　政策上は「就労」ではなく「特定活動」として位置づけられている EPA に基づいて日本へやってくる外国人看護師候補者にとっても、受け入れ先である医療機関や施設にとってもこの制度によって来日した候補者は、日本の医療の現場では実質的な労働力（とその成長への期待）とみられているのが現状だ。他方、就労が認められているのは 3 年間だとはいえ、国家試験の合格を目指す候補者たちがいるという事実は、日本社会で専門職従事者として生きていく路を選ぶ人たちがいるという事実を明らかにする。現場では、政策の意図を超えて看護のグローバル化が現在進行中なのである。

　世界中から集まった移民により多文化社会が形成されているオーストラリアでは「多文化主義政策」という国家の方針のもと、社会の多様性や文化的特殊性を尊重しそして拡大する取り組みが各方面で行われてきた。そのオーストラリアで高齢者介護に携わっているエイダ・C・チャンは、言語や文化的背景が異なるスタッフと共に働くために現場で必要とされるスキルを「文化対応力」（cultural competence）と呼び、その一部を以下のように紹介している（チャン 2009: 36-39）。そこで前提とされている病気の診断やその治療に対する判断基準、専門家への信頼とそのために必要な他者とのコミュニケーション手段、あるいは「よく生きること（well-being）」などの判断基準は、私たちのそれぞれの文化に深く根ざしているということである。

　その上で、文化対応力の高い職場を推進するための働き方を考えてみよう。初めに、文化対応力は個人レベルではなく組織レベルでも高めること、つまり制度化することが必要である。そのため、一人ひとりの努力に加えて職場全体で制度的条件を整えることが文化対応力を高めることだと理解しておこう。例をあげよう。初めにスタッフのなかで避けられない文化的な相違があるという認識が生じる。その場合のポイントは、お互い「同じ」という前提ではなくそもそも互いが「異なる」という前提から始めることだ。そして文化が異なるからと言ってお互いが相容れないとするのは早計である。助言が必要なときや、要望やクレームを申し立てる必要が発生した場合、言語や地位にかかわら

■	多文化で構成されたチームの形成
	仲間意識の学習
■	文化的意義を高める活動
	スタッフ・ミーティングにおける分かち合い
	健康、家族の役割や価値、お互いの暗黙知から学ぶと言う姿勢
	文化的な祭りや祝い
■	文化的に無神経な組織でないということの保証

図 16-3　偏見や差別を解消するための取り組み方（チャン 2009: 38 より抜粋）

ずそれを公平に利用できる制度を整えるのである。職場の仲間の言語や習慣に
なじんでいるスタッフが重要な役割を果たすだけではなく、そうした人を介し、
誰もがお互いの文化的な違いをしっかりと理解し、誤解やミスについても原因
や解決策を全員で共有する。また、何か困った事態が起きたときに誰に相談す
れば良いのか、どこに相談に行けば良いかを明確にしておくことも重要である。
とりわけ新しい社会や文化に慣れるまでに時間を要する外国人看護師や介護士
については、定期的にカウンセリングを行うなどの配慮も重要である。そうし
た上で、多言語・多文化な職場における偏見や差別を解消するための具体的な
方法として、**図 16-3** にあげられているような取り組みを勧めている。
　多言語や多文化な職場では、それぞれの言語や文化的な習慣に基づく小集団
が生まれる状況を徹底して避けることが重要である。多文化なチームを意識的
に結成し、お互いの文化的な差異を十分に知る機会を頻繁に設ける。グローバ
ル化によって多元化した社会では、私たちは常に異なる文化や言語と隣り合わ
せに生きている。相手とはわかり合えないからと「背を向け合う」のではなく、
衝突を繰り返しながらも理解していこうという「対話」が重要だ。相手の差異
を理解することは同時に相手にとっては、自分の言語や文化的習慣への尊重を
得られるという看護や介護の領域で重要な「互酬性」（互恵性）が生じるコミュ
ニケーションのあり方だ。異文化に向き合ことは言語的な差異を克服すること
だけを意味しない。職場の同僚や患者などへ「無意識に期待する」または「無
意識に期待されている」すなわち「当たり前」の内容はそれぞれの文化でまっ
たくで異なるのである。文化対応力とは、その違いを認識し、その違いを前提

> ■　ゆっくり、かつはっきりと喋る
> ■　文章は短く簡潔にする
> ■　標準的な声量を保つ
> ■　同じ考えを表すのに違う言葉を使う
> ■　指示を出すのに優先順位をつけ順番を守る

図16-4　異文化における意思疎通のコツ（チャン 2009: 36 より抜粋）

とし、信頼のもとに対人関係を築く能力である。職場で異文化間でのコミュニケーションをより効率よく進める方法についてチャンは**図16-4**で挙げられているような方法を提案している。

　そもそも私たちの職場は年齢や経験そして知識において多くの異なる立場や職業意識を持った人間関係で構成されているものだ。例えば近年では医療の現場においてさまざまな分野の専門化が協働することによる「チーム医療」の重要性がますます指摘されている。そこで効果的なコミュニケーション方法を意識することは、現場での伝達ミスや互いの葛藤を減らす基礎的な技術でもある。「わたし」か「あなた」のどちらかが他方に寄り添うのではなく、お互いが顔を合わせ、継続的な対話を続け、信頼関係を紡ぎ合うことが求められているのである。

4　おわりに

　本章では看護の現場を通して、私たちが現在生きている社会もグローバル化によって大きく変わろうとしている姿を明らかにした。グローバル化によって社会が変化を遂げることは、人と人やモノ、そして情報等とのつながりが拡大し、社会がますます豊かになっていくことを意味している。そうした社会の発展は決して自然な変化や成り行きによって達成されるのではない。こうした変化は、まったく新しい「当たり前」を持った人と対話を続けることが必要とされ、私たちの「当たり前」が見直され、そこから対話を通し新たな「当たり前」を生み出すようなやりとりの結果としてのみ生じるのである。看護師は医

療の専門家でありながら、人を支える専門家として、その使命が広く社会に開かれている。このような仕事を目指す人にとって、自分の働く職場や社会がグローバル化によってどのように大きく変化しているかを理解していくことは、ますます重要になるだろう。

参考文献

References

チャン, エイダ・C, 2009,「多文化における介護スタッフのコミュニケーションとマネジメント」安里和晃・前川典子編『始動する外国人材による看護・介護——受け入れ国と送り出し国の対話』笹川平和財団: 36-39.

Elliott, Anthony, and John Urry, 2010, *Mobile lives*. London and New York: Routledge.（＝遠藤英樹監訳, 2016,『モバイル・ライブズ——「移動」が社会を変える』ミネルヴァ書房.）

石井香世子編, 2017,『国際社会学入門』株式会社ナカニシヤ出版.

伊豫谷登士翁, 2003,『グローバリゼーションとは何か——液状化する世界を読み解く』平凡社.

厚生労働省, 2022a,「第 111 回看護師国家試験における経済連携協定（EPA）に基づく外国人看護師候補者の合格者数と受入施設名を公表します」, (2022 年 5 月 6 日取得, https://www.mhlw.go.jp/stf/newpage_24807.html)

厚生労働省, 2022b,「インドネシア、フィリピン及びベトナムからの外国人看護師・介護福祉士候補者の受入れについて」, (2022 年 5 月 6 日取得, https://www.mhlw.go.jp/stf/seisakunitsuite/bunya/koyou_roudou/koyou/gaikokujin/other22/index.html)

厚生労働省, 2022c,「外国人雇用対策　Employment Policy for Foreign Workers」, (2022 年 5 月 6 日取得, https://www.mhlw.go.jp/stf/seisakunitsuite/bunya/koyou_roudou/koyou/gaikokujin/index.html)

厚生労働省, 2022d,「「外国人雇用状況」の届出状況まとめ（令和 3 年 10 月末現在）」. (2022 年 4 月 30 日取得, https://www.mhlw.go.jp/stf/newpage_23495.html)

国際厚生事業団, 2021, 「EPA に基づく外国人看護師・介護福祉士候補者受入れの状況・支援等について」. (2022 年 4 月 30 日取得, https://jicwels.or.jp/wp-content/uploads/2021/03/2022 年度受け入れ説明会第 2 部 %E3%80%80 説明資料(国際厚生事業団).pdf)

国際厚生事業団, 2013, 「EPA 看護師に関する調査事業報告書」. (2022 年 4 月 30 日取得, https://jicwels.or.jp/files/E69CACE69687.pdf)

溝口由己編, 2018, 『格差で読み解くグローバル経済──不寛容の拡がりに共生を問う』ミネルヴァ書房.

Socha-Dietrich, Karolina, and Dumont Jean-Christophe. 2021, *International migration and movement of nursing personnel to and within OECD countries - 2000 to 2018: Developments in countries of destination and impact on countries of origin*, (2022 年 5 月 6 日取得, https://www.oecd-ilibrary.org/social-issues-migration-health/international-migration-and-movement-of-nursing-personnel-to-and-within-oecd-countries-2000-to-2018_b286a957-en;jsessionid=7Y5M-u1NV5fC_Ih0oIsxiCWr.ip-10-240-5-57)

ロペズ, マリオ・アイバン・大野俊, 2015, 「ドイツにおける外国人看護師受け入れ──「トリプル・ウィン・プロジェクト」の事例を中心に」『こころと文化』14(2): 123-130.

ディスカッションテーマ
Exercises

1　自分自身が外国人看護師として医療の現場に従事するとしたら、言葉の支援以外にも職場に対して理解や配慮を訴えるべきだろうか。本章の内容に沿って話し合ってみよう。

2　グループ学習・研究活動や実習の現場にて、図 16-3 および図 16-4 で示された内容をどのように活用できるか話し合ってみよう。

読書案内
Reading guide

1 塩原良和, 2012,『共に生きる──多民族・多文化社会における対話』弘文堂.

　　文化や背景が異なる人たちと共に生きるということに、私たちは不安や戸惑いを覚えることもある。グローバルな社会のなかで互いに背を向けあうことなく対話を続けることの意味と大切さとは何か、それを考えるための一冊。

2 岩渕功一編, 2021,『多様性との対話──ダイバーシティ推進が見えなくするもの』青弓社.

　　日本では現在、「ダイバーシティ」という言葉が広がりを見せ、社会の多様性に目を向けそれらを包摂しようという動きが政策や職場のみならず、学校教育の場でも広まりつつある。本著に収録されている論稿は、こうした日本社会におけるダイバーシティーの広がり批判的に検討し、一見すると私たちの社会が大きく変わっているかのような意識の背景に不可視化された、不平等や差別について改めて問題提起を行っている。

column

日本人看護師としてオーストラリアで働くこと

　私が看護師になった理由は、就職には困らないだろうと思ってのことで、特にナイチンゲールのような素晴らしい看護師になりたいなどと言う、大きな夢は持っていませんでした。その為、看護学生時代あまりやる気のない学生だったと、自覚しています。それでも看護師になるのだと言う目標は常にあったので、辛い実習や国家試験も乗り越えられたのだと思います。卒後 1 年目はとにかく業務を覚えることが精一杯で、時間が流れて行きました。とりあえずお礼奉公の 3 年間だけは我慢し、その後は転職しようと心に決めていました。でも何をやりたいのかわからず、現実逃避でオーストラリアに語学留学をしてみました。

　そんな私が、まさか異国の地で看護師になるとは！

　特に英語力があったわけでもなく、英語学校での勉強はとても大変でした。なかなか上達しない英語力、試行錯誤しているときに、ある人物から「ただ英語を学ぶのではなく、自分自身が興味のあることを英語で学んでみると、英語上達につながる」とアドバイスを受けました。そのときふと「まったく新しい分野よりも看護のことなら多少なりとも知識があるから、英語でも理解しやすいかもしれない」と思い立ったのが、オーストラリアで看護師を目指す始まりでした。それから大学付属の英語学校へ転入し大学進学を目指す為の英語の猛勉強をし、見事最終試験に合格の末、大学の看護科に進学。しかし、現地の生徒達と同等に受ける看護の授業について行くのに、とても必死でした。でも、授業中理解できなかった内容も、自宅でオンラインテキストで復習することにより「ああ、あのことを言っていたのか」などと、なんとかついて行くことができました。

　日本での病院実習は、怖い先輩看護師達がいていつも緊張していましたが、意外にもオーストラリアでの実習はなんとも楽しい時間でした。オーストラリアでは看護師の年齢や経験年数も人それぞれで、元々違う職種で何十年も働いてきたのに、その後看護師になったと言う年配の方もいて、年齢や看護経験による上下関係が日本ほどありませんでした。英語のハンディーは相変わらずでしたが、日本での 3 年間の勤務経験のお蔭で、やっぱり現場はやりがいがあるなあと実感しました。

それから念願だったオーストラリア看護師となり、総合病院に就職が決まりましたが、働き始めた頃は、苦労の連発でした。まず第一にスタッフと患者さんとの英語でのコミュニケーションにつまずきました。また年配の患者さんのなかには根強い白豪主義を持っている方もいて、初対面ではアジア人の私に対して怪訝な表情をされたこともあります。しかし、せっかくここまでたどり着いたのだから諦めるわけにも行かないと思い、毎日一つでもいいから何かを学ぶ、そして当たり前のことながら時間を守る、失敗したときは言い訳をしない、同じ失敗は繰り返さないと言うことを常に考え、精一杯頑張りました。その成果あって、周りとも信頼関係を徐々に築くことができなんとか一人前の看護師として働けるようになってきました。

　日本とオーストラリアでの看護経験を通して、今看護の勉強をしている皆さまにいちばんお伝えしたいことは、自分に自信を持つことと常に誠実に仕事に取り組むことです。自信のなさそうな看護師の態度は患者さんに不安を与えます。自信を持つにはやはり常に「なぜこの患者さんにはこの治療やケアが必要なのか？」と疑問を持ち、それについて勉強することです。そしてスタッフや患者さんに対し誠実に接していれば、必ず信頼関係が築けます。どんな看護師になりたいかと言う目標がなくても、上記二つのことを忘れずにいれば、必ず道は開けます。

（M. N. 看護師）

第 17 章

医療ツーリズム

医療のグローバル化の可能性と問題点

須藤 廣

本章のねらい

　医療ツーリズムには、グローバル化する医療ビジネスの可能性という側面と、医療と
ケアによる国境を越えた相互扶助の難しさといった側面がある。国境のこちら側では救
えない命を、国境の向こう側では救えることもある。そして、それが医療法人の収益確
保につながることもある。さらにまた、国境を越えた患者の移動が、医療設備や機器の
効率的な使用やさらなる高度化につながることもある。他方で、本来国家と国民が歴史
のなかで作り上げてきた相互扶助としての医療福祉制度が、国外から訪れる一部の富裕
層のためのものへと変質していくこともある。現在、医療がグローバルビジネスやグ
ローバル NPO の流れのなかにあることは間違いない。医療ツーリズムは医療と移動に
おける、さまざまな二面性を前景化させている。

移動、医療、グローバル化、ビジネス、相互扶助

1 医療ツーリズムとは何か

　国連の世界観光機関（UNWTO）は観光客（tourists）を「個人が普段生活している環境、訪問地における雇用を除く、一年未満のビジネス、レジャー及びその他のあらゆる目的で訪問地を一泊以上滞在した者」と定めている（国連世界観光機関駐日事務所 2019）。この定義は、統計が取りやすいという技術的な意味からも、最も広い意味における「観光客」の定義であろう。一般的な「観光 tourism」という言葉には、さらに「楽しみのために」という言葉がどこかに入りそうである（これに加えて、「日帰り観光」が案外多い日本人の観光の定義には「一泊以上」という言葉は排除されるべきかも知れない）。どうやら「観光 tourism」という言葉には「移動」という意味と「楽しみ」という意味の両方が含まれそうである。

　近年、2008 年には「観光庁」が創設され、日本政府は観光に力を入れている。そのなかでも近年注目されているのは「医療（メディカル）ツーリズム」という領域である。「医療ツーリズム」が「医療観光」とは言われない理由は、恐らく「tourism」の範疇のなかでも、「楽しみ」よりも「移動」に力点が置かれているからであろう。医療ツーリズムとは、医療やケアのサービスを受ける目的で、人が主に国境を跨いで移動することである。「ツーリズム」と特に言うのは、外国で医療やケアを受けることで、サービス提供側に経済的利益が生まれ、サービスの受け手に自国では得られない高度の医療や、安価なケアを受け

ることができるからであり、そうすることで移動が「価値」を生み出すからである。「ツーリズム」とは（主に楽しみ）という「価値」を求めて人が移動することであり、医療やケアという「価値」を求めて移動することもそのなかに含まれる。医療やケアを求めるツーリズムの多くは、医療やケア以外の時間を他国で楽しむという行為を含んでいることが多い。そもそも「医療ツーリズム」の興隆の意味は、医療が歴史的に「癒し」といった「楽しみ」とつながっていることにあろう。医療が「移動」と「楽しみ」としてのツーリズムとどのようにつながり、また、現在はそれが国際的なビジネスとなろうとしていることの意味を、主にタイのバムルンラード国際病院等の事例から考えていこう（この章を読む前に、掲載の「コラム」を読んでほしい）。

　タイ政府は 2004 年から、世界の医療拠点を目指して、海外からの医療目的ツーリズムに向けたてこ入れを始めた（羽生 2011: 39）。そのトップバッターとして設立されたのがバムルンラード国際病院である。物価も医療費も比較的安価なタイには、外国からの医療ツーリストが数多く訪れ、筆者がこの病院を（患者としてだが）訪れたときには、約 200 万人の外国人が医療目的でタイを訪れていたという。日本においても、2010 年には「医療産業研究会」が発足し、同年「国際交流医療人材育成支援事業」が開始し、医療滞在ビザの申請が可能となり（羽生 2011: 131）、本格的に医療ツーリズムの支援に乗り出している。

　アジアだけではない。世界中で人と情報とモノの移動が活発化しているグローバル化の時代において、医療もまた急激にグローバル化している。どこにおいても、収入や好みに応じて、高い医療技術とサービスを求めて、人は国境を超えて移動している。国境を超えて素晴らしい技術とサービスの恩恵を受けることができるようになったことは、もちろんよいことである。しかしながら、特にアジアの途上国においては医療のリソースは限られている。医療ツーリズムの進展は、誰でも平等に医療サービスを受けられるようにという医療の理想とは、どこか矛盾する点もないわけではない。グローバル化というのはポジティブ、ネガティブ両面を持っていそうである。この点も含めて次の節では、医療のグローバル化のなかにおける医療ツーリズムについて考えていこうと思う。

2　医療ツーリズムの歴史

　医療ツーリズムは意外に長い歴史を持っている。日本において、旅（日本の国境を越えるものではないが、多くは現在の県に近い「藩」を越えるものであった）と医療やケアとが混在した例は湯治であった。湯治の習慣は 8 世紀には存在しており、たとえば『豊後国風土記』には天ヶ瀬温泉、『肥前国風土記』には武雄温泉や嬉野温泉の記載があり、豪族や貴族が治療やケアの目的で訪れていたという（石川 2018: 24-29）。中国では後漢時代にはすでに「温泉」という語はあり、また温泉が病を癒やすことが知られていた。このように湯治の習慣は、中国の文物をとおして日本に伝わったものであるという。鎌倉時代からは湯治は主に武士や文人によって行われており、江戸時代になると 15 世紀には、一廻り 7 日という湯治の方法が確立していた。元寇（1274 年及び 1281 年）の時には、戦傷武士が別府温泉にて手当、リハビリを受けたことはよく知られている（石川 2018: 98）。江戸時代に入ると湯治は庶民（農民や町民）も行うようになる。江戸時代末期の日本において湯治は、医療やケアよりもレジャーとして広まっており、主に農閑期の農民たちが 1 カ月近くかけて旅と温泉医療を楽しむようになっていたという（鈴木 2014: 261-286）。

　また、この頃には「温泉医学」の発達もめざましく、修徳の著した『一本堂薬選続編』には、痔や皮膚病、腰冷え等を治すための温泉の入り方や効能が詳しく書かれてある（鈴木 2014: 136）。江戸末期には既に、オランダ人医師やドイツ人医師が日本の温泉治療についてよく調べ、またアドバイスをしていた。この流れは明治になっても続き、ドイツ人医師ベルツが宮内省に招かれ、箱根や草津の温泉の成分分析や効能等を調査し、西洋医学の文脈で湯治が見直されるようになった（鈴木 2014: 193-200）。

　英国のバース（その名のとおり風呂を表す Bath）やドイツのバーデンバーデン（Baden も風呂の意味である）等において現在でも伝統的入浴法が引き継がれていることからもわかるように、西洋においても湯治は起源前に始まる古代ローマ帝国時代から盛んに行われていたものであり、明治以降の西欧人医師によって、日本と西洋の温泉治療の知見が結びついていった。

　湯治はヨーロッパにも日本にも
広くあった民間医療の習慣であっ
たが、これらには医療的要素もあ
るものの「治療」という積極的医
療に属するものではなく、多くは
「消極的医療」としてのケアの領域
に属するものであった。医療ツー
リズムの歴史を紐解くと、こういっ
た「消極的医療」のためのツーリ
ズムが多く見られるのである。現
代においても、このような「消極
的医療」としての医療ツーリズム
の意義はなお存続しているのであ
るが、今日、「医療ツーリズム」と

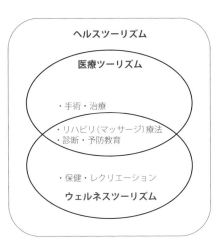

図 17-1　医療ツーリズムの定義（羽生
　2011 を参考に筆者作成）

いわれるものの多くは、近代的病院を舞台にした「積極的医療」に属するもの
であり、歴史的な医療ツーリズムとはケアという医療思想の底流ではつながっ
てはいるものの、一般的概念としては、これらのものとは一線を画すものであ
ると考えられる。

　羽生はこれらを「ヘルスツーリズム」として一旦括り、**図 17-1** のように、
消極的医療ツーリズムを「ウェルネスツーリズム」、積極的医療ツーリズムを
「医療ツーリズム」として分けている（羽生 2011: 2）。筆者は「ウエルネスツー
リズム」と「医療ツーリズム」は完全に分化できないものであるとあるという
立場であるが、この章では「医療ツーリズム」の用語を積極的な医療を伴うも
のを中心として扱おうと思う。

3　医療ツーリズムの現在──特にアジアを中心に

　2000 年以降、世界では国境を越えて移動する人たちが激増している。その
多くは観光客としての往来である。2000 年における世界の国際訪問客数（ビジ
ネス客も含まれているが多くは観光客である）は、約 6 億 7,000 万人であったのが、

2018 年には約 14 億人と倍増している（国連世界観光機関 2019）。また、これに伴う国際観光収入は 2010 年の約 5,000 億米ドルから、2018 年には 1 兆 7,000 億米ドルと約 3 倍超に増えている。このころから日本においても外国人観光客が増え出しているが、観光客の急増は日本だけの現象ではない（日本での増加は顕著であったが）。アジア全体でも国境を跨いで移動する人たちは増加しており、現地駐在（や留学）の外国人のために、あるいは旅行中の怪我や疾病のために、外国人用の病院の設置が急務となっていった。また、駐在や旅行に付随するものではなく、治療やケアを目的に国境を越える「観光客」（あるいは「患者」）の数も急増した。タイ政府が 2004 年に「アジアの医療拠点」とする 5 カ年計画に入ったのも、移動の時代といった社会的背景があったからである。もとよりタイの医療水準の高さは定評があり、主に中東からの医療ツーリストが多くタイの国際病院を訪れていたという。タイでは現在医療サービスは重要な外貨獲得源となっており、タイ政府もさまざまな減税措置等で医療ツーリズムの普及を支援している。

　タイでは、国際医療ツーリズムは、旅行代理店とタイアップして組織的に行われていることが特徴である。旅行代理店が交通手段やホテルの手配をするだけではなく、利用者を病院へつなげることも行っている。また、病院のウェブサイトにも、旅行代理店の情報が載せられており、また多くの国際病院には医療ツーリズムの専門部署がある（羽生 2011: 40）。タイだけではない、同様のことは、シンガポールでもマレーシア、韓国でも、近年は中国でもさかんに行われている。

　海外で医療サービスを受けるメリットとは何であろうか。第一に重要なのは、先進国の基準をしっかり満たすような確かな医療設備と技術があるかどうかである。国際医療ツーリズムの背景には、医療施設が一定の医療の水準を持つことを証明する JCI（Joint Commission International）といった認証制度の存在が大きい。この認証制度はアメリカで以前からあり、世界的に信用があった Joint Commission という制度の国際版である。JCI には監査制度があり、認証された医療施設は設備から収益まで幅広く標準化されたものを求められる。先に例をあげたバンコクのバムルンラード国際病院はアジアで初めて JCI 認証を受けた病院である（Woodman 2007=2008）。以上のような、高度な医療技術の

保証があるかどうかは、医療ツーリズムの大前提であり、医療ツーリズムで成功しているという医療施設は、JCI の認証を持つと同時に、それぞれの病院で得意分野を持っていることが多い。JCI の認証を持っている医療施設がどれだけあるかが、その国の国際医療ツーリズムがいかに活発であるかを示している（**表 17-1**）。JCI の認証はまた、旅行保険等の保険診療とも連動しており、保険会社が病院を紹介する際の基準の一つにもなっている。

　医療ツーリズムの誘因は医療技術だけではない。医療のコストパフォーマンスを利用者が求めることはいうまでもない。為替相場等の影響も受けるが、治療や入院費用がサービスのレベルで評価したときに、相対的に格安であることが第二に重要な点である。後述するが、医療サービスでは、価格の他に待機時間が重要な要素であり、外国人医療ツーリストに対して迅速な医療を保証して

表 17-1　2016 年時点での世界における医療ツーリズム受け入れ数（JCI による統計）
（サムライプロジェクト 2016）

順位	国	承認病院数
1	アラブ首長国連邦	143
2	サウジアラビア	101
3	中国	59
4	タイ	52
5	ブラジル	51
6	トルコ	48
7	アイルランド	29
8	インド	28
9	韓国	27
10	イタリア	25
11	スペイン	24
12	シンガポール	22
12	インドネシア	22
14	イスラエル	21
15	日本	18

いる点にも注目しなければならない。第三に重要なのは、医療目的で訪れる外国人への医療ビザの発給である。タイでは現在一定の基準のもとで（認可された160の病院にかぎり）90日の医療目的滞在ビザを発給している（2018年からはスマートビザという名称）。これは国家の支援なしでは行えず、2004年から医療ツーリズムを国策として行っているタイでは、2001年に60万人だった医療目的ツーリストの数は2012年には約253万人にまで増え、その収益は127億バーツ（約406億円）までになっている（サムライプロジェクト2016）。第四に重要なのが言語の問題である。マレーシアやシンガポールでは英語がほぼ共通言語となっており、タイでは海外で医学教育を受けた医師も多くいるので、英語でのコミュニケーションは問題ない。しかし、その他の言語に対応するにはそれなりの努力が必要になる。冒頭にあげたバンコクの病院では、受付から担当医師まで日本語も含む主なアジアの言語に対応しており、これにはかなりのコストがかかるが、このことなしには医療ツーリズムは成立しないであろう。その他にも医療過誤が生じたときの保険や訴訟等の問題もあるが、これらは国によって事情が異なっており、アジアの医療ツーリズムにとっては欠点であるが、決定的な問題点とはいえないだろう。

　また、タイを始めとするアジアの諸国には医療が済んだ後、保養のために滞在する場所も多くあり、またマッサージやヨガ等、伝統的なウェルネスツーリズムを体験することもできる。医療ツーリズムにはウェルネスツーリズムの要素がある場所が選ばれる傾向にあり、国際的な観光資源を持ち、湯治というウェルネスツーリズムの伝統がある日本は有利であるといえよう。

4　医療ツーリズムの問題点

　これまで、格安で高度な医療サービスを提供する医療ツーリズムの魅力について主に述べてきたが、観光とは異なる社会保障的側面を持つ医療はツーリズムとどこか相性が悪いところがあることは否めない。日本のような国民皆保険が充実している国は、世界的にもめずらしいのである。医療保険制度を持たない国では、自国で医療を受けるよりも外国で受ける方が、渡航費や宿泊費を払っても格安にすむということも多い。タイでは2002年より国民医療保障制

度が施行され、被保険者の比率が国民の 75% になったが、制度が利用できる病院はほとんど公立病院のみであり、このことが医療格差を引き起こす原因となっている。ちなみにアメリカには日本のような国民皆保険制度はなく、65 歳以上の高齢者対象のメディケアと低所得者対象のメディケイドの制度はあるが、基本的には、自分で民間の保険制度を利用するしかない。ヨーロッパの諸国では国民医療保険制度がある国が多いが、英国のように、利用できる医療施設が決まっており（登録医のみ）、そのため順番待ちが長く、多少お金をかけても外国で手厚い医療を受けた方が得だといった場合も多い。

　しかしながら、2020 年から 2022 年まで続く新型コロナ禍でも露見したように、先進国であったとしても医療のリソースには限りがある。マレーシアやタイのような「途上国」においてはなおさらである。前述したように、タイにおいても、2002 年より、公立病院（一部民間病院もある）に限り国民が 1 回 30 バーツ（2022 年現在、1 バーツ約 3.7 円）で診療を受けることができる制度ができた。しかし、この「30 バーツ制度」（現在タイでは、無料で医療が受けられる勤労者のための「公務員医療給付制度」、「社会保障制度」もあるが、実状はあまり変わらない）のために公立病院へと受診者が殺到し、多くの医療従事者が公立病院から民間病院へと転職するという事態がおこった。1 回の診察や治療に関して 30 バーツを支払い、保健局から病院へ 300 バーツ程度が支給される制度であるが、実質コストは 600 バーツ以上掛かり、採算が取れていないのが現状であろうという（ASEAN JAPAN　2014）。さらには、公立病院での国民皆保険制度が進む一方で、サービスの行き届いた民間病院では「医療ツーリズム」が賞揚されていたからである。こうして公立病院の医療の質は落ち、医療費の高くつく民間病院、とくに医療ツーリズム用の民間病院の質は一層高くなっていった。限定的な国民皆保険制度と医療ツーリズムといった、相反する制度改革のために、タイでは医療の二極化が起こったのである（豊田 2007: 155-160）。医療制度は社会福祉と直結する。グローバル化の結果として、医療サービスの市場化を目指した医療ツーリズムは、経済的価値を創造した半面、社会的価値を損傷する危険性を秘めているといわざるを得ない。医療ツーリズムの普及には、収益という経済的価値と相互扶助という社会的価値の両面を見据えていく必要があろう。

5　日本における医療ツーリズム

　日本において、2019 年の国際交流人口（海外からの入国者数）は、3,188 万人になっている（2 年連続で 3,000 万を越えたが、この後 2 年間は新型コロナ危機のため大幅に減少しているが、これは一時的なものであり、今後も増加傾向は続くと考えられる）。2009 年の入国者数が 679 万人であったことを考えると、十年間で五倍弱まで増加していることがわかる。世界のグローバル化に比較しても、人の移動の増加のスピードが激しいといえよう。そんななか日本政府は 2007 年に観光立国推進基本法の施行、それに基づき観光立国推進基本計画が進められた（さらに、2008 年には観光庁が設立されている）。このような流れのなかでさまざまな新しいツーリズム（「ニューツーリズム」と呼ばれた）のあり方が提案された。このなかの一つに、インバウンド観光客を対象とした「医療ツーリズム」が位置づけられ、観光庁はもとより、経済産業省、厚生労働省がこぞって医療ツーリズムの促進に当たった。しかし、経済産業省は積極的、厚生労働省は消極的、観光庁は中立的と、医療ツーリズムに関わる行政省庁の取組みが三つ巴の状況で、一体化していなかったという（真野 2015）。

　しかしながら現在では、経済産業省が支援する形で「JMIP（Japan Medical Service Accreditation for International Patients 外国人患者受入れ医療機関認証制度）」（2022 年 75 施設）や「JIH（Japan International Hospitals）」といった日本独自の医療ツーリズム受入れ医療機関の認証事業制度が始まっている。

　人や情報のグローバル化はまた医療のグローバル化と直結する。観光や就労（2019 年には約 165 万人を記録）や留学（2019 年には約 31 万人を記録）等で外国から日本を訪れ、滞在するようになるのに伴って、滞在する外国人のための医療サービスが欠かせない。2019 年に観光庁が行った調査によると、訪日中に怪我・病気になった訪日外国人旅行者は彼ら全体の 4％であるという（観光庁 2020）。医療施設を訪れるかどうかは別として 3,000 万を越す訪日観光客の数を考えると、治療を必要とする観光客はかなりの数に上ると考えられる。2010 年に閣議決定した「新成長戦略──『元気な日本』復活シナリオ」のなかに「医療ツーリズム」は明確に「国際医療交流（外国人患者の受入れ）」として「医

療滞在ビザ」「認証制度」「ネットワーク」の創設や「外国語人材」育成をあげている（首相官邸 2010）。

　現在行われている日本の医療ツーリズムの事業はこの流れに沿うものである。たとえば JMIP 認証病院の多くは、対応マニュアルの導入、外国語対応として通訳や 12 カ国語の診療ガイド、職員や医師の外国語研修、院内表記の多言語化、外国人患者向け広報等を行っている。こういった対応は外国人患者へのサービスの向上ばかりでなく、高度な医療機器の稼働がはかれること、またより高度な医療機器の導入が可能になること等、高度医療技術のさらなる進展へとつながる。しかしながら、タイの例からもわかるように、医療のさらなる商品化、限られたリソースのなかにおける医療格差、結果として医療の二極化といった問題の発生へとつながる危険性があることにも注意を向けなければならない。

6　おわりに

　グローバル化は、人や情報の移動は国境を越えた人々の連帯を創り出すこともあれば、国境を越えた経済の運動によって、生活のすべての領域を商品化することにもつながっていく。医療もそのなかの一つである。国境のこちら側では救えない命を、国境の向こう側では救えることもある。また、国境を越えた患者の移動が、医療設備や機器の効率的な使用やさらなる高度化につながることもあれば、本来国家と国民が歴史のなかで作り上げた相互扶助としての医療福祉制度が、海外の一部の富裕層のためのものへと変わってゆくこともある。医療がビジネスになることは、経営難を抱える医療施設の再起の手段になるともいえるし、医療はビジネスであるべきではないという主張にもうなずける。医療ツーリズムは医療と移動における、さまざまな二面性を前景化させるものである。

　また、さらに医療には現在、治療だけにかぎらず、さまざまなケアや癒しも求められる。これらを敷衍すれば、医療ツーリズムには「観光」の要素が強調され、心地の良い医療とツーリズムはより融合するだろう。第 2 節でも取り上げたように、医療とツーリズムが結びついた形は人間社会の歴史に普遍的なも

のであった。私たちは、その歴史のなかの一場面として「医療ツーリズム」に立ち返っているのかもしれない。知らない土地を訪れ、癒やされる経験をしたいと思うのは人間の本性なのかもしれない。

　2020年より続く新型コロナ危機の影響で、グローバル化は収束したかのように見える。しかし今後、長い目で見れば、グローバル化の流れは変わることはないだろう。これからの医療従事者は、グローバル化の諸側面を客観的に判断できるようなグローバルな能力が求められる。

参考文献
References

ASEAN JAPAN, 2014,「タイの公的医療費30バーツ制度と問題点」. (2022年7月28日取得, https://www.asean-j.net/23843/)

羽生正宗, 2011,『医療ツーリズム――アジア諸国の状況と日本への導入可能性』慶應義塾大学出版会.

石川理夫, 2018,『温泉の日本史――記紀の古湯、武将の隠し湯、温泉番付』中央公論社.

観光庁, 2020,「訪日外国人旅行者の医療に関する実態調査を行いました」. (2022年7月28日取得, https://www.mlit.go.jp/kankocho/news08_000329.html)

国連世界観光機関UNWTO駐日事務所, 2019,「UNWTOの資料の中で観光客 (Tourists) の定義について教えてください」. (2022年7月28日取得, https://unwto-ap.org/faq/unwto)

真野俊樹, 2015,「医療ツーリズムの歴史と日本の動き」. (2022年7月28日取得, https://www.medical-tourism.or.jp/column/mano_column_1)

サムライプロジェクト, 2019,「タイはメディカルツーリズム大国――先ずはタイから」. (2022年7月28日取得, https://thai-stay.jp/medical-care/medical-touris)

首相官邸, 2010,「新成長戦略――「元気な日本」復活のシナリオ」. (2022年7月28日取得, https://www.kantei.go.jp/jp/sinseichousenryaku/index.html)

鈴木一夫, 2014,『江戸の温泉三昧』中央公論社.

豊田三佳, 2007,「メディカルツーリズム――シンガポールとタイの事例から」山下晋司編『観光文化学』新曜社.

Woodman, Joseph, 2007, *Patients beyond Borders : Everybody's Guide to Affordable, World-Class Medical Travel*. Chapel Hill, NC: Healthy Travel Media.（＝堤田淳子監訳, 2008,『メディカルツーリズム 国境を超える患者たち』医療経済社 .）

 ## ディスカッションテーマ
Exercises

1　医療のグローバル化に対応するための課題をいくつか上げ、さらにその一つひとつにおいて看護師として外国人に日本の医療を提供する際の具体的方法について議論しよう。

2　タイの例などから、医療ツーリズムにはどのような社会的問題点があるのか考えよう。また、日本に導入したときの課題とその解決法について議論しよう。

 ## 読書案内
Reading guide

1　真野俊樹, 2019,『インバウンド時代を迎え撃つ——医療の国際化と外国人患者の受入れ戦略』日本医療企画.

　　グローバル化の流れのなかで、医療ツーリズムがいかに発展してきたのかが、簡単にわかる。医療の国際認証である JCI や JMIP について詳しく書かれてある。ただし、医療のグローバル化は、これまでの国民のための医療制度とは矛盾をはらんでいることを見逃さないことが重要である。

2　石川理夫, 2018,『温泉の日本史——記紀の古湯、武将の隠し湯、温泉番付』中央公論社.

　　日本の文化のなかで、医療と観光が温泉をとおして深く結びついていたことがわかる本。この本に書かれてある古の温泉巡りを楽しみながら、医療について考えてみるのもよいかも知れない。

東南アジア医療ツーリズム事情

　2010年の冬、筆者はタイとラオスに3週間の一人旅をした。旅を始めて1週間が経った夕刻、バンコクの宿で激しい腹痛を覚え、その晩は一晩中高熱にうなされた。幸い日本で旅行保険に加入していたので、朝方急いでバンコクにある支店に電話し救援を求めたところ、対応に当たった日本人社員から、タクシーで20分程離れたところにある国際病院（改装の真新しいバムルンラード病院）に急いで行くように指示された。

　病院に着いて驚いたのは、そこは病院とは到底思えない豪華な建物であり、高熱のあまり錯覚でどこかのホテルに迷い込んだのかと思った程だ。大きな玄関を入ると正面にはリゾートホテルのフロントのような受付があり、右手にはスターバックスのカフェがある（帰りによく見たらフードコートやレストラン街が併設

バンコク・バムルンラード病院（Thailandpicks　https://thailandpicks.com/medical-bumrungrad-hospital/ より）

されていた）。受付で事情を話すと、上階にある外国語ラウンジの日本語カウンターに行くように指示された。エレベーターで指定された階の日本語窓口に行くと、流ちょうな日本語を話すスタッフに病状を詳しく聞かれ、日本語のできる医師がいる診察室にすぐに案内された。担当してくれた女性医師は正確な日本語でゆっくりと私がコレラや赤痢のような感染症に罹患している訳ではなく、単なる食あたりであることを説明してくれた。その診察に私は安堵し（腹痛も治ったような気がして）、こちらから、彼女がなぜ日本語ができるか、またこの病院がなぜこんなに豪華なのか尋ねた。彼女はゆっくりした日本語で、自分は日本の大学（医学系ではない）に留学経験があり、その後さらに米国に留学し医師免許を得たという。彼女は、この病院が医療ツーリズムで海外から来る患者のためにできたものであることを説明してくれた。彼女が私に見せてくれたパンフレットには、別棟にある豪華ホテルの部屋のような病室があり、院内のレストランからルームサービスも受けられるという。「入院しますか？」と聞かれ迷ったが、荷物を宿においてきたこともあり、そして単なる食あたりでこれ以上世話になるのも気が引けたので、病院を後にした（保険適用だったことに気づき後で後悔したのだったが）。この経験が、私が「医療ツーリズム」に興味を持つことにつながったのである（本章参照）。

（須藤 廣）

第 18 章

生と死の社会学

現代社会における生と死の社会学的考察

鈴木　健之

─ 本章のねらい ─

　医療・看護という仕事において、日常的にしばしば出会う人の生と死。病院は人の生と死に関わる重要な場所であり続けている。まず、病院（ホスピタル）において、しばしば直面せざるを得ない死は、「感情中立的」な＜二人称の死＞として対処されてきたことを確認する。病院において、患者の死は医師や患者にとっては客観的なものである。なぜなら病院は治療（キュア）が目的だからだ。これに対して、病院ではなく家に近い環境で死ぬ、あるいは家で死ぬことが良いことだとして、施設ホスピス・在宅ホスピスが展開されてきた。ホスピスではキュアすることが目的なので、最期まで普通に暮らすことができるからだという。これに対して、良い死も悪い死もないこと。死（death＝end）を「終わり」という意味ではなく、「目的」という意味に捉え、死ぬまで生ききることを主張する。

パーソンズ、生と死、感情中立性と感情性、ホスピタ
ルとホスピス、キュアとケア

1　はじまりは、パーソンズ──生と死の場としての「病院」

　ふつう平和な社会では、病気は死に先行する。そこで、死は病人役割（sick role）と深く結びつけられる。従って、死の不安が大なり小なり生じているという点が重要である。……医師はしばしば臨終の床に居合わせており、人々が自分の死が近いことを不安に思うとき、「先生、でどうなんでしょう？」と最初に尋ねるのは医師である。……医師という職業は、わたしたちの社会 [アメリカ社会] では……死に繰り返し直面せざるを得ない数少ない職業集団の一つなのだ（Parsons 1951=1974: 440、訳語は筆者により適宜修正を加えてある）。

　こうして、タルコット・パーソンズの関心は、終始一貫、人のライフ＝生に注がれていたことが何よりも注目される。しかし、この『社会体系論』（1951）はまさしく C・W・ミルズ（C. W. Mills）が『社会学的想像力』（1959）のなかで「グランドセオリー」としてこき下ろした著作（刊行は 1951 年）であり、「問題の書」として今なお悪名高い著作である。けれども、この著作において、第 2 次大戦後、病院（ホスピタル）が人の生（ライフ）と死（デス＆ダイイング）に深く関わる場所として理解されている点が注目される。人は、家族において生まれ、家族において死んでいく（と思われている）。しかし、現実には、ほとんどの人は病院において生まれ、そこで死んでいく。だとすれば、生と死という人生の始まりと終わりの場である「病院」は意味深いところとなるはずだ。

パーソンズは『社会体系論』において、病院における「生」と「死」の意味について、医師と患者の関係を中心に明らかにしていった。

　1940年代、社会学者パーソンズはフィールドワークの対象として、医療（medicine）を選ぶ。具体的には、医療実践の場としての病院。その病院における医師、その医師を取り巻く医療スタッフと、患者、その患者を取り巻く家族の関係に焦点を当て、病院という近代的効率的な制度で働く医療スタッフと患者・家族の行動を明らかにした。

　まず医師。医師は、たとえ担当の患者が死んだとしても、心のなかで泣くことさえあれ、遺族の前で泣くことはできないし、許されない。医師はつねにクール、パーソンズの言葉を借りれば「感情中立的」であることが要求される。また、医師は、患者の足元（社会学の用語で言えば、地位（status）や威信（prestige））を見て、（その日の気分で）医療行為を手加減することはできないし、許されない。医師はつねに「公平無私」であることが要求される。しかし、医師は、ときとして、「患者の『個人的な友人』のパターンに自らの役割を同化することに『引き寄せられる』立場に置かれている」（Parsons 1951=1974: 453-454）。しかしこうした同化が起こるのを許すのは好ましくない。なぜならば、医師の仕事の「客観性」と「正しい判断」を維持するのが困難になるからだ。だから、医師はつねにクールであることが要求される。また、医師は「患者が、医師に投影するのが愛情であれ、憎悪であれ、期待されたとおりには交互にやりとりすることができない。かれは、依然として客観的であり、感情的に中立的である」（Parsons 1951=1974: 455）。「患者は、健康の分野以外の個人的な事柄で医師とかかわりをもとうとするが、医師は、かれの診察室で定まった時間を除いて患者と会うことを拒否し、交互的な反作用のための機会を避けるように、患者の前に姿を見せないようにしている」（Parsons 同）。ときに、こうした医師、加えて看護師の「冷たい」態度が、結果として、病院を＜よそよそしく＞させてしまうことになる。

　しかし、パーソンズは、元来、生と死の場である病院を よそよそしい場所と考えてはいない。1940年代に実際に病院という場で参与観察を行ったパーソンズは、医師と患者の関係から、新しい家族関係のありよう、ひいては新しい社会関係の原理を議論してくることになるからだ。医師は感情中立的である

ことが要求されている。けれども、医師は、その要求に十全に答えられず、ときに感情的になり、ときに泣いてしまうかもしれない。あるいは、ときに低所得者より高所得者の方を大切に扱ってしまうかもしれない。パーソンズは、医師が患者とその家族との関係において、厳しい「緊張」にさらされていることを適切に指摘していた。

　パーソンズは、その初期の議論より一貫して、現代社会におけるプロフェッションの地位と役割に関心を注ぎ続けた。プロフェッション。これは「ビジネス」の対極にある。ビジネスの世界では、人は自己利益の合理的追求に指向している。これに対して、プロフェッションの世界では、人は「公平無私」であらねばならない。医師は「患者が無力な状態、専門的能力が欠如した状態、そして不合理な行動に陥らないように、患者を」（Parsons 1951＝1974:456）守らなければならない。

　パーソンズはこうした病院における医師 - 患者関係を 1940 年代後半から 50 年代前半のアメリカの家族関係に重ね合わせた。パーソンズは「パターン変数」という難解な概念を使ってこの関係を説明したが、言い換えると「感情中立性」＝感情を表に出さない＝医師＝父、「感情中立性」＋「感情性」＝ときに感情的になるけれども、ふだんは愛情をもって接してくれる＝看護師＝母、「感情性」＝しばしば感情的になる＝患者＝子、という関係になっている。ジェンダーの社会学の視点から見れば、いろいろと問題がある議論ではある。けれども、当時の病院と家族を考えれば、ひじょうに興味深い議論である。現代日本においても「看護婦」から「看護師」へという呼び方が変わり、ジェンダー平等の観点から医療教育の在り方も変わってはきたものの、医療制度におけるジェンダー役割は今なお固定化されていると言わざるを得ないだろう。だが、パーソンズは、父親的役割をドクターに、母親的役割をナースに結びつけたものの、ドクターが男性、ナースが女性であらねばならないとは主張していない。パーソンズのシステム論からすれば、母親的役割、父親的役割を担うのにジェンダーは関係ない。この点は強調されねばならない。

2　ホスピタルとホスピス

　ここ日本にいても、良かれ悪しかれ「医療化」「病院化」の進展により、人の生の始まりと終わりの場は「病院」となった。今では、ほとんど人が病院で生まれて、病院で死んでゆく（日本において病院死の数が在宅死の数を上回った年が 1976 年）。かつて、人は家族において生まれ、家族において死んでいった。日本人の場合、畳の上で生まれて、畳の上で死んでいった。今や死ぬ人の 8 割が病院で死ぬ。いまここ日本において、ここ 20 年、家で死ねる環境づくり、いわゆる「在宅ホスピス」も徐々に浸透してきてはいるものの、最後のみとりの場は、依然として自宅ではなく病院である。

　キュア（治療）を目的とする病院では、ケアは後回しになる。パーソンズの議論を再び持ち出せば、健康の回復に向けて努力する「病人」、あるいは、回復の見込みがなくとも、自分の「死」を受け容れて、死ぬまで努力する「病人」は歓迎される。けれども、そもそも健康の回復が見込めない「病人」は歓迎されない。アメリカでは、健康の回復が見込めない、死にゆくものは病院を出ざるを得なかった。病院を出て、「施設ホスピス」に入るものもいれば、「在宅ホスピス」を行うものもいる。日本ではどうだろうか。重篤な病気。たとえば、末期がんと診断された人のほとんどが病院で最期を迎える。自分がどんな病気にかかっていてどんな状態なのか「本当のことが語られ（telling truth）」ていない場合も少なくない。たとえ「病名告知」と「余命告知」を受け、本人が家族にみとられて自宅で死を迎えたいと「在宅ホスピス」をと思っても、家族に遠慮して言い出せなかったり、たとえ言ったとしても家族がこれを拒否したりする。自ら病院を出て、施設ホスピスに入ろうとしても、それがそばになかったりする。これでは、本人は病院に居続けざるを得ない。本人が家で死ぬことを望んでも、できれば病院にいてほしいと思う。自宅で病人を看れる人がいなかったり、看られる時間がなかったりするからだ。本人が望んでも、家で死ぬ環境が整っていなかったり、家族の協力を得られなかったりといった現実がある。

　家で死ぬことを実践した本人やその家族、それを支えた医師たちは、病院で

は「自分らしい死」が不可能だ。家で家族にみとられて死ぬのが「良い死」だ。末期がんで助からないのであれば、痛みをできるかぎりコントロールして自宅でふつうに暮らせるようにする。ホスピタルではなく、ホスピスこそ自分らしい死を迎えるための環境である、と主張する。「がんと闘うな」と主張する医師もいる。病院で行われる医療に対して、代替医療を実践する人もいる。ここ最近の「ホスピス運動」は、病院死は悪い死、自宅死を良い死と決めてかかる傾向があり、病院死はライフの管理化（＝医療社会化、病院社会化）を示すものであるのに対して、自宅死はライフの管理からの解放＝自分らしい死のありようだとする主張が見て取れる。

　病院は、多くの死にゆく患者とその家族にとって、今でも「よそよそしい」場であろう。回復の見込みがない重篤な病に冒されていても、患者は医師の前では従順であることを要求される。ときとして、彼・彼女は、「余命幾ばくもない」自分に落胆し、感情を爆発させるかもしれない。しかし彼・彼女らは、治りたい一心で、医師からの治療を受ける。その家族は、患者がたとえ残された命が短かろうと、治る希望を捨てさせないように最善を尽くす。

　ホスピタルにおける死が悪くて、ホスピスにおける死が良いとは言えないだろう。どちらを選ぼうが本人の自由である。また、ホスピタルのよそよそしさや冷たさを指して、それは悪い。末期のがんで治らないのであれば、病院を出て家に帰ろう。在宅ホスピスを行おうと、それを望んでもいない本人や家族に説いてまわるのは迷惑でしかないだろう。ただ問題なのは、本人が在宅ホスピスを強く希望しているのに、それが叶わないという場合である。ここ日本においても、在宅ホスピスを行う環境がずいぶんと整ってきたが、まだまだ十分ではない。

3　キュアとケア

　重篤な病気にかかっている患者を治療（キュア）するのは「病院（ホスピタル）」の役割である。しかしその人が余命幾ばくもなく、死を覚悟し、死を受け容れたとき、その人に必要とされるのは、キュアではなく、ケアである。病院では、医師よりはむしろ看護師にケアの役割が振り分けられてきたように思

われる。けれども、ケアに関する医師の役割も重要となるはずだ。患者が医師から「熱き＜ケア＞の心と、冷たい＜キュア＞の頭」で自分の病気について、十分な説明を受け、その後の治療について、同意し納得するならば、あとは、自分の残された「生」をいかに充実させるかについて考えるに違いない。治癒が見込めなくなったとき、死に場所としての病院を避け、主体的に家庭（在宅ホスピス）、あるいは家庭的環境（施設ホスピス）を選ぶかもしれない。

　多くの人は、病院で死を迎える。しかし、ある程度の死の環境が整えば、ケアの本来の場である「家庭」に帰り、そこで家族にみとられながら、安らかな死を迎えることもできる。あるいは、最後のケア（ターミナルケア）の場として「ホスピタル」を選び、そこで大切な人にみとられながら、安らかな死を迎えることもできる。

　多くの人は病院において生まれ、病院において死んでいく。その始まりと終わりの環境としての「病院」は、キュアは当然のこととして、何よりもケアマインドを持った医療スタッフが安らぎのある環境のもと、患者本位のキメの細かいサービスを提供する場とならねばならないだろう。たとえば、末期がんで余命幾ばくもない患者が医師より「告知」を受け、死という限界状況を自覚せざるをなくなったとしよう。これは、患者にとって、そしてその家族にとってもつらいことだ。しかし患者は、死期という人生の終着地点を自覚することで、（おそらく初めて）生を自覚し、生きる意味を問い直すことになるだろう。死という限界状況を知ることはよりよく生きることにつながっていく。死という限界（あるいは、ある人にとっては、神という究極的実在）を知ることによって、人は、人間存在の弱さを自覚すると同時に、人間の生の強さを自覚するだろう。限界状況を受け容れつつ、そのときどきに、己の生を尽くして精一杯生きることの尊さ。これをパーソンズは「主意主義的」と呼び、主意主義的な生き方をする人（行為者）を議論の前提にしたのである。こうして、初期パーソンズの「主意主義的行為」者は、1940年代の医療現場の観察から、病気を治したい、病気を治そうとする患者として現れることになったのだ。

4 THE END

　医療・看護という仕事において日常的にしばしば出会う人の生と死。病院は人の生と死に関わる重要な場所であり続けている。

　まず、医療・看護の仕事において、しばしば関わらざるを得ない死は、「感情中立的」な＜二人称の死＞として立ち現れる。＜いまここ＞の死に対して、感情中立的であろうとすればするほど、その死はときとして過度に客観化され、「他人事」となる。一方、＜二人称の死＞に対して、「感情的」であろうとすればするほど、その死はときとして過度に主観化・主体化され、死別の悲しみに苦しめられたり、必ず訪れる自分の死の恐怖にがんじがらめにされたりする。

　医療の現場における死に対して、そこにいる医療関係者には、＜客観的に＞なりすぎず、かといって＜主観的に＞なりすぎない、中庸な態度（attitude）と行為（action）が求められるだろう。そうあり、そうするためには、パーソンズがいみじくも語ったように、＜いまここ＞にいる死にゆく人の、そしてやがて必ず訪れる自分の死を、「終わり」という意味でとらえるのではなく、「目的」として THE END をとらえるようにする。「死ぬまで生きる」ということが求められるのである。

参考文献
References

Parsons, Talcott, 1951, *The social system*. New York: Free Press. （＝佐藤勉・日高六郎訳, 1974, 『社会体系論』青木書店.）

Parsons, Talcott, Robert Freed Bales, James Olds, Morris Zelditch and Philip Elliot Slater, 1955, *Family: Socialization and interaction process* New York: Free Press. （＝橋爪貞雄・溝口謙三・高木正太郎・武藤孝典・山村賢明, 2001, 『家族──核家族と子どもの社会化』黎明書房.）

澤井敦, 2005, 『死と死別の社会学——社会理論からの接近』青弓社.

高城和義, 2002, 『パーソンズ 医療社会学の構想』岩波書店.

田代志門, 2016, 『死にゆく過程を生きる——終末期がん患者の経験の社会学』世界思
　　想社.

ディスカッションテーマ
Exercises

1　「死」に対するイメージを書き出してみよう。そして、いまここにいる人と「死」
　について話し合ってみよう（死と向き合う。死の社会学の始まり）。

2　自分のなかにある「良い死」と「悪い死」を書き出し、話し合ってみよう（人は
　どんな基準で「良い」「悪い」の価値判断を行うか）

読書案内
Reading guide

1　田代志門, 2016, 『死にゆく過程を生きる——終末期がん患者の経験の社会学』世
　界思想社.
　　日本における最良の死のミクロ社会学的研究。終末期がん患者、ホスピス医らへ
　のインタビューをもとに書かれた必読書。

2　澤井敦, 2012, 『死と死別の社会学』青土社.
　　デュルケム、ウェーバーに始まり、パーソンズを経て、バウマンに至るまで、社
　会学者たちの「死」の社会学理論が手際よくまとめられている。

column

パーソンズが語る老い

　ひとが明らかに「老衰のために」死期に近づいている場合には、妊娠期間の終わりを迎えて妊婦と同じように病人扱いすることはけっしてできない。たとえ特別の保護を要し、また適切な保護に対して少なくとも部分的には「医療」という規定を与え得るとしても、高齢者や妊婦は病人ではない（Parsons 1964＝1973: 317, 訳語は一部修正してある）。

　タルコット・パーソンズが語る「老い」はつねにポジティブである。パーソンズにとって、老いは衰退ではなく、成長である。1960 年代初頭、パーソンズは、高齢化しつつあるアメリカ社会を適切に捉え、来るべき高齢化・高齢社会に備えて、「高齢者の役割期待の再定義」という重大な議論を行っている。その再定義にあたっては、三つの重大な要因が働いているという。第一の要因は「価値システムによる圧力の方向」である。第二の要因は「高齢者のカテゴリーに属する人々の数と全人口に占める割合の増加」である。第三の要因は「高齢者の能力の平均的レベルの向上」である。

　パーソンズが第一に指摘しているのが、アメリカの価値システムである。パーソンズによれば、アメリカの主導的価値は「道具的活動主義」であるという。道具的とは「全体としての社会にせよ、国家のような部分社会にせよ、これを『目的そのもの』にまで格上げせず、『やりがいのある』ものごとを実現するための道具とみなす」（Parsons 1964＝1973: 318）ということである。一方、活動主義とは「集合体であれ個人であれ、とにかく社会の単位を成しているものが、なにか重要なものごとを業績として達成すべきこと」（Parsons 1964＝1973: 319）を意味する。アメリカ社会において、平均的なアメリカ人は、業績を上げるように競争を強いられているが、しかしその動機は功利的なもの（損得感情）にのみ基づくものでなく、やりがいや生きがいといったより高次の目的に志向するものであらねばならない。そしてそのアメリカ社会は、パーソンズによれば、より高度な分化を経験し、まさに高齢化社会に突入しつつある（60 年代初頭）という。高齢化社会は、若い社会と比べれば、「体力」が衰え、「効率」が悪

244

い。しかし、老いた社会は、若い社会に比べれば、間違いなく「成熟」している。老いた社会には、若い社会にはない「知恵」の蓄積があり、「優しさ」がある。パーソンズは、現代（近代）のビジネスと鋭い対照をなすものとして、「プロフェッション」の世界を論じたことがあるが（本章を参照）、まさに老いた社会は、老「プロフェッション」の世界であり、功利（効率）を超えたところに繰り広げられる世界なのだ。

　「高齢者のカテゴリーに属する人々の数と全人口に占める割合の増加」を経験したアメリカは、まさしく高齢化社会に突入していった。しかし、これをネガティブな状況と見ないところにパーソンズの高齢化社会論の特色がある。かつての高齢者は、日常的な経験から蓄積された「知恵」を持ち、功利を超えた優しさを持ち合わせていた。そして今、これからの高齢者は、「教育革命（高等教育の普及・発展）」のおかげでより高度で専門的な教育を受けており、知恵と優しさに加えて、豊かな「知識」をも持つことになる。従って、パーソンズは、高齢者の役割（期待）が以前とはまったく異なるものになるであろうことを適切に指摘する。パーソンズ流に言えば、あまり分化が進んでいない段階でのアメリカ社会、言い換えれば、若いアメリカ社会において、高齢者は社会の一線から退いた（リタイアした）ひとという意味で、社会の役に立たないひととして扱われ、また自らそうした高齢者を演じ、「高齢者」してきた。これに対して、成熟した（老いた）アメリカ社会において、高齢者は、リタイアしてはいても、効率やら功利やらビジネスの価値を相対化し得る人生の「プロ」として、自らの役割を演じるように期待される。パーソンズは言う。若い社会（若いとき）ならば、がむしゃらに働いて、稼いで、でも良いのかも知れない。しかし成熟した社会になる（歳を取る）につれて、稼いで儲けることよりもむしろ生き甲斐やら遣り甲斐を求めるようになるだろう、と。とくにアメリカ社会は「道具的活動主義」を社会の主導的な価値にしている。そのアメリカ社会がかつてない高齢化社会に突入している。老いた社会・アメリカをあくまでもポジティブに描き続けることがパーソンズの使命だったのだ。

◎参考文献

Parsons, Talcott, 1964, *Social structure and personality*. New York: Free

Press.（＝丹下隆一・武田良三訳．1973．『社会構造とパーソナリティ』新泉社．）

（鈴木　健之）

第19章

ウィズコロナの社会(学)
私たちの社会のこれまでとこれから

濱野 健

――――――< 本章のねらい >――――――

　2019年12月に原因不明の肺炎としてその存在が確認された新型コロナウイルス
（COVID-19）は、グローバル化によって結びついた世界を瞬く間に駆け巡り、各地で
猛威を振るうこととなった。COVID-19のパンデミックは個人の健康状態が身の回り
の人間や社会に大きく影響することをどう防ぐかという公衆衛生学上の影響ばかりで
はない。感染症拡大防止のためのさまざまな取り組みやそれらに対する多種多様な応
答によって、社会の「当たり前」が急速に変容してきてた。この文章を執筆している
2022年7月の時点でもその変化は未だ進行中であるかに見える。このような「例外
状態」に焦点を当て、私たちが日常生活を営む後期近代社会の仕組みや特性を再確認し、
ウィズコロナ時代について考えるための一助とする。

1 グローバル化した社会とパンデミック

　中華人民共和国湖北省武漢市で 2019 年末に初めて公式に確認されたとされている原因不明の肺炎は翌月 2020 年の 1 月になってから、世界保健機構（WHO）によって新型のコロナウイルスであると特定された。この当時、すでに日本でも国外に滞在していた人物の感染が確認されているが、国内外では新型ウイルスの発見と感染の拡大はまだ十分に認識されていない段階であった。しかし感染者は各地で増加し、やがて月末には外務省により武漢への渡航中止勧告が感染症危険地域として発出され、WHO も国際的な緊急事態を宣言するなど、感染症に対する予防措置がまたたく間にグローバルな規模で展開した。そしてこの新型ウイルスが WHO により COVID-19 と名づけられた頃には、日本国内でも感染者の数が急激に増え始めた。「新型コロナウイルス感染症対策アドバイザリーボード」（厚生労働省）や、「新型コロナウイルス感染症対策専門家会議（内閣府）」の設置は、この感染症がもたらす社会的影響の大きさを改めて示すこととなった。

　マスメディアを通じ、国境を越えて拡大する感染力の高さとその規模そして重症化への懸念が、私たち一人ひとりの身近な危険として認識されるようになった。前章でも論じたように、こうした事態が表しているのは、私たちのローカルな生活のあり方とグローバルな社会の動向が否応なしに結びついた状況を意味する。その後誰もが知るように、数度にわたり発出された緊急事態宣

言や「まん延防止法」などによって個々人の移動や行動が制限されたが、単
に人の移動が規制されるばかりではなく、通常の就労や教育までもが途端に遂
行不可能となり、日常の消費財も入手困難となるなどして、予測不可能な影
響が広い範囲に及んだ。仮に移動しているのが自分自身ではなかったとして
も、私たちの生活が実際にはどれほどまでに商品や情報の移動によって成り
立ってきたのかを改めて知ることとなった。とはいえ、膨大な数の研究調査と
その結果が世界中で共有されると同時に、瞬く間に開発された各種ワクチンと
急速かつ世界的な規模での接種によって、感染症に対する当初の「不安」はい
まや把握と予測（と予防）に基づく「リスク」へと転じつつあるようだ（Beck
1999=2014; 1986=1998; Giddens 1991-2021; Luhmann 1991=2014）。このような感染
症のグローバルな拡大は私たちの社会がいかに「一つ」であるかを改めて認識
させた。しかし、そのような楽観的な状況ばかりではなく、ワクチン接種の可
能性や医療制度に地域格差があることや、さらにはそのような地域格差をさら
に拡大させてしまうグローバルな資本主義社会の否定的な面にも目を向ける必
要がある（Davis 2005=2006; Giddens 2000=2001）。政治的な次元においても、マ
スク着用やワクチンの接種をめぐる個人の選択と社会への責任をめぐる論争や、
政府や地方自治体によるいわゆる「ロックダウン」の権限とその正当性、それ
に対する住民への生活保障などの論争によって、COVID-19 の感染拡大は個人
と社会の関係性や、政治のあり方をめぐる議論にも波及した社会的な問題と化
した。感染症の拡大は医療制度や公衆衛生上の論点を提起したのみならず、さ
まざまな諸制度が組織され、そしてそれらの関係性が持続・変容し続ける社会
の「いま・ここ」を顕在化させたのである。

2　後期近代における「不安」と「リスク」

　社会学において、近代社会の制度的特徴や個人の意識的特徴を理論づけるの
が「合理化」である。合理化による近代社会の理論化は、このテキストの第 1
章で紹介したマックス・ウェーバーなどの研究によるところが大きい。しか
しながら近代社会が進展するにつれ、このような合理化のプロセスそのものの
弊害や、合理化による楽観的な社会像がある種の「限界」を抱えていることを、

社会学者自身が明らかにしてきた。たとえば1980年代にはドイツの社会学者ウルリッヒ・ベックが、ドイツなどの先進諸国を代表とした産業化と高度な福祉制度の拡充によって成立する社会形成が一定の限界に達したことを指摘した（Beck 1986=1998）。そして、近代社会の合理化の過程についてベックは、不確実な世界で生じる「危険」を科学的知識や高度な技術などによってその発生や予防法を予測することが可能な「リスク」へと返還する、一種の合理化に基づく社会形成であるとした議論を行った。

　20世紀後半にはこれまでに考えられもしなかった「豊かな社会」を享受する国が現れるようになった一方で、その量的な豊かさは必ずしも質的な「安心」につながるわけではない。高度な産業社会とその技術的基盤となる科学知識は、不確実性を完全に消失させることはできない。合理的に診断され予防的な制度設計がされたはずの「リスク」の背後には、常にそれを超える出来事が起こってしまう可能性が避けられない。1980年代当時ベックはその事例を、世界的な規模で未曾有の被害をもたらした旧ウクライナ・ソビエト社会主義共和国チェルノブイリ（現ウクライナ、チョルノービリ）での原子力発電所事故などに求めた。日本でも、2011年の東日本大震災での福島第一原子力発電所における「想定外」の事故はいまだ記憶に新しい。しかしベックが強調したのは、こうした「不確実性」がもたらす災害が、グローバル化が振興する現代社会では地域や国家を越えた「リスク」として転換されることで理解されてきたということである。2000年代にも、SARSやMARSなどのウイルスのグローバルな感染症の拡大はたびたび起きていた。そして2020年度にまたたく間に世界中に広がったCOVID-19の感染拡大は、グローバル化とそれぞれの社会の相互依存の拡大によって従来の感染症の影響とは比べものにならない事態をもたらしたとはいえ、「世界リスク社会（World Risk Society）」（Beck 1999=2014）の延長上での出来事であるとも言える。

　しかし、現代社会が不安定であり不確実性に満ちていることについて、社会学は必ずしもそれに悲観的な態度ばかり見せるとはかぎらない。このテキストの第1章で述べたように、社会学は社会に対し独特の「両義性」を示すことを思いだそう。たとえばギデンズ（2000 = 2001）やベックは、後期近代（私たちが現在生きている社会）が否応なしに世界的なつながりを形成し、時間や場所

を越えた地点で生じた出来事の影響を免れることはできないとしながらも、その意識から生み出される、未来へ向けたより積極的な行動や選択の広がり、さらには固有の問題意識や地域独自の課題が特定の集団や社会を越えた大きな（それと同時に多元的な性質を残した）政治的なうねりになるという点も明らかにしている（Giddens 1991=2021; Beck 1986=1998）。このような論点に立脚するならば、一見したところ「悲観的」なリスク社会論も、リスクについて再帰的に検討し続けるという態度として捉えた場合、そこからまた別の路が開けるという可能性を肯定的に捉えることができるかもしれない。

　このように、自分の行為やその行く末を自身でモニタリングし、そこから何かを「選択」しようとする現代の私たちが備えている再帰性（reflexivity）とは、個人のレベルでも制度的なレベルでも両義的なものであり、不確実性の縮減にはつながってもその解消を意味しているのではない。しかし、そのような意識を持って生きることによって自分や他者が置かれた状況を冷静に把握し、それに対するオルタナティブな思考や行動を模索することにもつながる。そしてそもそもこうした再帰的意識は、社会学がその初めより有していた社会観とも言えるものであり、その態度から改めて動乱のさなかにある「隠された」あるいは「ますます顕在化した」社会問題に対する意識も導かれるのである。このような視点から、次節ではCOVID-19の感染拡大によって「顕在化」した、私たちの社会的課題のある一つの例について考えてみたい。

3　「不安」により顕在化した社会的課題

　不安や不確実性は社会において常に存在しているのであり、むしろそうした不確実性に対する再帰的なモニタリングを所与のものとすることで、社会のなかに新しい概念や、問題解決のための方法や技術や制度を導入する可能性を開く場合もあり得る。COVID-19の感染拡大によって生じた社会的出来事を、現代社会の一つの縮図として俯瞰的に描く見取り図がある一方、さまざまな社会的な環境や条件でこの期間を生き抜いてきた人たちは、こうした社会の変化をそれぞれの社会的文脈で理解し、あるときはその結果を受け入れ、またあるときはさらなる不安や不確実性に向き合っている。不安やリスクが私たちの社会

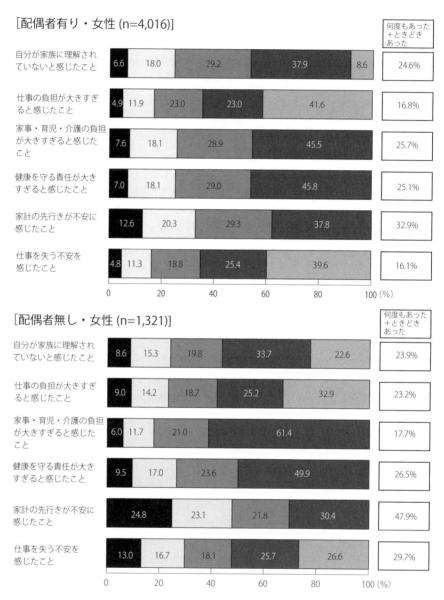

図 19-1　第 1 回緊急事態宣言中（2020 年 4 月～ 5 月）の心理状況
（内閣府男女参画局 2021:43 より抜粋）

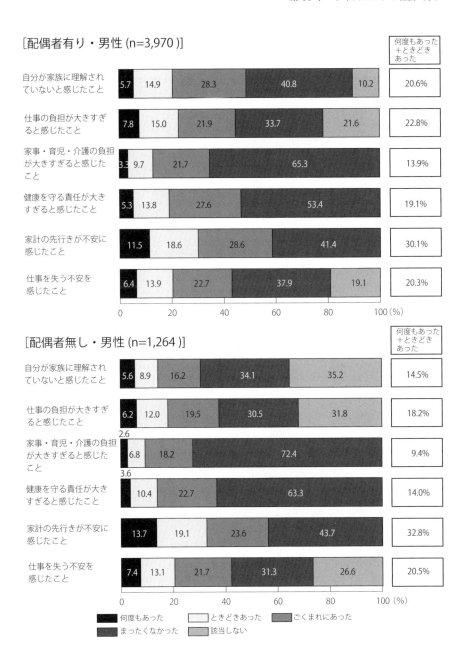

[配偶者有り・男性 (n=3,970)]

何度もあった＋ときどきあった

項目	何度もあった	ときどきあった	ごくまれにあった	まったくなかった	該当しない	何度もあった＋ときどきあった
自分が家族に理解されていないと感じたこと	5.7	14.9	28.3	40.8	10.2	20.6%
仕事の負担が大きすぎると感じたこと	7.8	15.0	21.9	33.7	21.6	22.8%
家事・育児・介護の負担が大きすぎると感じたこと	3.3	9.7	21.7	65.3		13.9%
健康を守る責任が大きすぎると感じたこと	5.3	13.8	27.6	53.4		19.1%
家計の先行きが不安に感じたこと	11.5	18.6	28.6	41.4		30.1%
仕事を失う不安を感じたこと	6.4	13.9	22.7	37.9	19.1	20.3%

[配偶者無し・男性 (n=1,264)]

何度もあった＋ときどきあった

項目	何度もあった	ときどきあった	ごくまれにあった	まったくなかった	該当しない	何度もあった＋ときどきあった
自分が家族に理解されていないと感じたこと	5.6	8.9	16.2	34.1	35.2	14.5%
仕事の負担が大きすぎると感じたこと	6.2	12.0	19.5	30.5	31.8	18.2%
家事・育児・介護の負担が大きすぎると感じたこと	2.6	6.8	18.2	72.4		9.4%
健康を守る責任が大きすぎると感じたこと	3.6	10.4	22.7	63.3		14.0%
家計の先行きが不安に感じたこと	13.7	19.1	23.6	43.7		32.8%
仕事を失う不安を感じたこと	7.4	13.1	21.7	31.3	26.6	20.5%

凡例：何度もあった　ときどきあった　ごくまれにあった　まったくなかった　該当しない

の基本的な属性であるとしても、それぞれの社会的背景や条件の違いが、その程度や受け止め方に影響を及ぼしていることは疑いない。

そこで内閣府男女共同参画局が 2021 年に実施した「男女共同参画の視点からの新型コロナウイルス感染症拡大の影響等に関する調査」の調査結果をもとに、ジェンダーや家族構成が COVID-19 による社会不安に対する意識にどのような影響を与えているかを見てみよう。

図 19-1 は、2020 年 4 月から 5 月にかけて第 1 回緊急事態宣言の発出により、私たちの日常生活が大きく様変わりしたときの心理状況を尋ねた質問の結果である。この時期、感染症の拡大を防ぐために緊急事態宣言が政府によって発出されたことにより、「自粛」という言葉によって示されていたように「日常」に対する制限がより強く意識させられた時期であった。しかしまだワクチンの接種等の段階にも至らず、この例外的な状況がいつ収束するのかを誰もが判断できずに強い不安を抱えた時期でもあった。この調査では、調査結果を性別と配偶者の有無に分けて考察している。先の図では、配偶者を持つ男女の心理的な状況について示されているが、たとえば「家事・育児・介護の負担が大きすぎると感じたこと」「健康を守る責任が大きすぎると感じたこと」についてという質問に対し、「何度もあった」「時々あった」という回答には、比較的はっきりとした男女差が生じている。この時期は緊急事態宣言によって多くの学校が休校になったり高齢者向けの介護施設の利用が制限なったりしたことから、その負担が拡大したことは明らかである。しかし、これまでこのテキストのさまざまな章で取り上げたように、仕事と家事の性別役割分業によって、そうした状況から抱えざるを得ない不安やストレスに対して妻と夫との間に異なるレベルでの心理的負担を生じさせているのである。さらに、配偶者を持たない人や非正規雇用者の場合、「家計の先行きに対する不安を感じたこと」が配偶者を持つ人たちのそれよりも高く、ここでも男女差が見られる（いずれの場合も女性の方がより不安を感じている）。他の類似した調査（川口 2022; 石井・山田 2021）でも同様の兆候が見られたという。他にも、介護などいわゆる「女性化」された職場における高い感染リスクなども指摘されている（朝日新聞 2022）。COVID-19 の感染拡大に伴い一層顕在化した私たちの「不安」を探ることによって、私たちの労働や働き方を取り巻く社会的な状況がどのように

構成されているのか、その「当たり前」が露わになると同時に、今回のような「緊急事態」が生じると、ある特定の条件に置かれた人たちがどれほど深刻な状態に陥りやすくなるかが改めて浮き彫りにされたのである。

4　おわりに

　この文章を執筆している 2022 年 7 月現在、COVID-19 の拡大からすでに二年以上が経過した。巷では「ウィズコロナ社会」に向けたさまざまな取り組みの可能性や、その具体的な実行に向けた準備が始まろうとしている。こうした社会の動向は、感染規模の縮小や危険性の低下そしてワクチン接種の拡大などの成果により当初は診断不可能な高い不確実性を持っていた COVID-19 が「リスク」へと変化し、私たちの科学的な知識と社会工学的な手法により統制が可能となるのではないかとする期待が高まりをもたらしているかに見える。他方、これまで述べたように、リスクには常にそれを超える不確実性が背後に潜んでいるのであり、これを完全に制御することはできない。そうしたリスクがはらむ不確実性は、制度化された（はずの）再帰的なモニタリング（反省的な態度）によって改めてその対処方法を模索することになるのだろう。

　このテキストでは、社会学という学問を「常識」をうまく手放すための学問として位置づけてきた。この批判的な精神、いわば「社会学的想像力」（C. W. ミルズ）は、私たちの社会にとって「当たり前」であった制度的枠組みや、日常生活レベルでのさまざまな常識を、客観的な方法論と、論理的な理論によって捉えようとするばかりではない。社会学が、かつてフランス革命以後の社会の動乱とともに生じた新しい社会のあり方への問いから始まったのだとしたら、「ウィズコロナ社会」のあり方を想像することに向けて、社会学は今でも十分に寄与することができる。さらに重要なのは、私たちは現代社会がグローバル化によって一つに結びついていると言う意識を共有しながらも、それぞれの社会や地域に固有の文脈で生じている問題や社会の解決についての具体的な問題意識を明確にし、その解決の糸口を探られればならない。このような「グローカル」な視点が、私たちの日常生活の現実そのものをまなざすうえで、必要なのである（第 16 章も参照）。地球全体から身近な家族構成員にいたるまで、私

たちの社会は「つながっている」と同時に「別れている」のである。

　その上で、未来社会への期待に満ちたユートピア的なまなざしばかりではなく、社会学のもう一つ特徴である、現実のあり方を冷静にそして客観的に見据える態度もまた重要であろう。こうした二つの視点を併せ持ち、コロナ禍によって顕在化した社会問題の解決に向けて具体的な行動を生み出すきっかけをもたらすこともまた、来るべき将来に向けての社会学的課題なのである。

 参考文献
References

朝日新聞, 2022,「第6波、増える女性のコロナ感染　女性の割合高い介護や保育園現場？で拡大——朝日新聞デジタル」,（2022年6月6日取得, https://www.asahi.com/articles/DA3S15309106.html?iref=ogimage_rek）

Beck, Ulrich, 1986, *Risikogesellschaft: Auf dem Weg in eine andere Moderne.* Frankfurt: Suhrkamp（＝東廉・伊藤美登里訳, 1998,『危険社会——新しい近代への道』法政大学出版局.）

————, 1999, *World risk society.* Cambridge: Polity（＝山本啓訳, 2014,『世界リスク社会』法政大学出版局.）

Davis, Mike, 2005, *The monster at our door: The global threat of avian flu.* New York: New Press（＝柴田裕之・斉藤隆央訳, 2006,『感染爆発——鳥インフルエンザの脅威』紀伊國屋書店.）

Giddens, Anthony, 1991, *Modernity and self-identity: Self and society in the late modern age.* Stanford, CA: Stanford University Press.（＝秋吉美都・安藤太郎・筒井淳也, 2021,『モダニティと自己アイデンティティ——後期近代における自己と社会』筑摩書房.）

————, 2000, *Runaway world: How globalization is reshaping our lives.* New York: Routledge（＝佐和隆光訳, 2001,『暴走する世界——グローバリゼーションは何をどう変えるのか』ダイヤモンド社.）

石井加代子・山田篤裕, 2021,「コロナ禍における低所得層の経済的脆弱性——JHPS

コロナ特別調査に基づく分析（特集 コロナ禍の影響を測る）」『貧困研究』27: 35-47.

川口章, 2022,「新型コロナウイルス感染症拡大第 1 波が子をもつ共稼ぎ労働者の就業に及ぼした影響——ジェンダー格差に着目して」『同志社政策科学研究』23（2）: 17-33.

Luhmann, Niklas, 1991, *Soziologie des Risikos*. Berlin: Walter de Gruyter（＝小松丈晃訳, 2014,『リスクの社会学』新泉社.）

内閣府, 2020,「新型コロナウイルス感染症の影響下における生活意識・行動の変化に関する調査——内閣府」,（2022 年 5 月 18 日取得, https://www5.cao.go.jp/keizai2/wellbeing/covid/index.html）

ディスカッションテーマ
Exercises

1　COVID-19 の感染拡大による社会的情勢の変化によって顕在化した社会問題について具体的な事例を取り上げ、なぜそうなったのか、そして解決のためにどのような変化や制度的発展が必要かを議論してみよう。

2　本章で述べられた不確実性に開かれた世界の両義性は、あなた自身のキャリア（将来に向けた生き方）にとって、どのような「可能性」と「不安」を同時に生み出しているだろうか。それぞれの抱える両義性の特徴とその理由について、これまでこのテキストで学んだ「社会学的」な視点で論じてみよう。

読書案内
Reading guide

1　小田中直樹, 2020,『感染症はぼくらの社会をいかに変えてきたのか——世界史のなかの病原体』日経 BP.

　過去に世界的なパンデミックを引き起こした感染症について、医学的な視点ではなく社会史的な視点で取り上げ、その対策が社会の仕組みをどのように変化させたかを概説した一冊。

2　Lyon, David, 2022, *Pandemic surveillance.* Cambridge: Polity.（＝松本剛史訳, 2022,
　『パンデミック監視社会』筑摩書房.）

　　感染症対策に用いられた高度なテクノロジーやロックダウンなどの行動制限を実
　施するための諸政策は、私たちを高度な監視体制の元におくことも意味している。
　COVID-19 の感染拡大という「例外状態」が、テクノロジーと監視制度を拡大した
　新たな統治システムをどのように生み出してしまうのかを批判的に考察した一冊。

column

「わからないことがわからない」世界と生きる

　2019 年の年末以来、私たちは COVID-19 の感染拡大が収まるのを諦観したわけでもなければ、その状況を静かに傍観していたわけでもない。そこでは、ありとあらゆる科学的知識と技術が動員され、パンデミックの収束と「普通の暮らし」を取り戻すための具体的制度設計がすさまじい勢いと規模で進行した。医療や看護領域では感染症への科学的知見がまたたくまに蓄積されていき、患者のみならず医療従事者に対する安全性の確保や、世界規模でのワクチン接種を目の当たりにすることとなった。こうした社会情勢が COVID-19 が私たちの社会の抱える「不確実性」を改めて顕在化させながらも、いずれ科学的知識の発達によって克服できるとする期待をあらためて実感したような経験にもつながったと言えよう。

　ところで、科学とは一体何だろう。通常私たちが科学について説明するときに用いるその概念それ事態が科学の内在的な定義に由来していることに気がつくだろうか。たとえば科学的根拠とは、客観的であるとか、数値化可能だとか、再現可能あるいは反証可能とされた知識の総体であるとされる。しかしながらあらゆる科学は「状況的な知（situated knowledge）」（ハラウェイ）でもあって、私たちの社会関係や歴史的な営みのなかで構築され、再生産されてきた。その点で言えば、科学の知識体系やその知識独自の「色眼鏡」を通して見る世界のあり方もまた、社会との関係を無視できない（第 9 章や第 10 章を参照）。たとえば、科学的な知識や技術の発展を社会の変遷との関係を通して考える「科学技術社会論（Science and Technology Studies, STS）」という学問がある（藤垣 2020）。そこでは科学というものが「わかる」対象とそうではない対象を区別して設定する（つまりわからないことは「非科学的」だとみなして相手にしない）ような、「境界画定作業（boundary work）」（Gieryn 1995）によって特徴付けられていると説明している。科学をこのように捉えることは極めて社会学的である。なぜなら、科学的知識と非科学的知識の境界を画定しようとする科学的な（あるいは科学それ自身の枠組みのなかでの自己言及的な）営みとは、人が世界に対し「わかる」「わからない」の境界を引こうとする社会的実践そのものだからだ。科学

へのこのような考え方は、科学と社会の間の関係性を批判的に（そして創造的に）捉え直すことにつながるだろう（このテキストでたびたび取り上げられるドイツの社会学者ウルリッヒ・ベックによる「リスク社会論」もこのような論点を提起している）。

　とするならば、科学による世界の境界画定作業は私たちに「わかる」領域を明確に示すと同時に、その背後に一定の「わからない」領域を必然的に残さざるを得ない。一方で私たちは、科学により画定された「わからない」領域は将来的には解決される、つまりいつか「わかる」領域に包摂されると理解する（あるいは「信じている」）。他方で、現代の科学的知識を代表する統計学に代表される「確率」という思考方法が、「0より大きく100より小さい」という説明モデルをとること、つまりそこには常に「予測が外れる」可能性を含んでいることに気がつくだろうか。このような世界の捉え方は、対象や現象の絶対性を保証するものではなく、常に何らかの予測不可能な「わからない」余地をどこかに残しているのである。

　しかしながら私たちには、そもそも「わからない」ことが「わからない」ことが多々ある。ドイツの社会学者ベックとヴェーリング（2012）は、近代社会における「知識」のあり方に注目し、私たちの思考方法や、それに依拠した政策・制度設計が、STSにおける境界画定作業に類した傾向を持つことを指摘している。そこで彼らは「わからない」ということを私たちが社会的にどう理解しているのか、その類型化を試みている。その一つめは「（わかっているのにもかかわらず）わからないふりをする」ことである。二つめは「（いまのところは）わからないとしておく」ことである。三つめは「（わかっていないことが）わからない」ことである。「わからない」ということにも、このようにそれぞれ性質の異なる「わからなさ」が混在していたり、恣意的に選択されていたりするのである。

　この数年間私たちは、COVID-19は私たちの社会にとって、私たちの地域にとって、私たちの家族にとって、そして私たち個人にとってどのような未来をもたらすのか、「アマビエ」から最新科学に到るあらゆる知識を総動員して、「わからない」ことだらけのCOVID-19を「わかる」境界へと転位すべく奮闘してきた（それは「危険」を「リスク」へ変換する作業でもあった）。しかしそこで私たちは、COVID-19の「わからなさ」について、先にあげた三つめのカテゴリー、

すなわち「わからないことが（私たちには）わからない」に、どれほど向き合ってこられただろうか。実際に私たちの社会が COVID-19 の感染拡大に対しどのように応答したかを思い出してみよう。一つめの「（わかっているのにもかかわらず）わからないふりをする」ことに対する不安は、「正しい知識や情報が歪曲されている」「誰かが特定の意図をもってこのような事態を巻き起こしている」といったような、多種多様な陰謀論を生み出す源泉となった。「COVID-19 などそもそも存在しない（誰かが根拠のない情報を流しているだけだ）」という類いの言説もこの類いの応答に含まれる。このような「わからなさ」の理解と並行し、医療技術や科学的知識の発展がこの新型のウイルスを解明し、再び日常を取り戻すことができるという期待感を私たちは持ち続けてきた。この意識は、二つめの「（いまのところは）わからないとしておく」という理解に基づいていることは言うまでもない。しかしながら同時に、いまも私たちは COVID-19 に対する第三の「わからなさ」、すなわち「（わかっていないことが）わからない」という理解の枠組みも必要なのではないだろうか。ただしこれは「諦め」、あるいは「科学の敗北」を意味するのではない。私たちの科学的知識が常に「状況的な知」であることを冷静に受け止める態度のことである。そしてこれらの三つの「わからなさ」と向き合うこと、そこから思考し、行動しともに歩んでいくことが、まさしく「ウィズコロナの社会（学）」を構想する兆しとなるのではないだろうか。

◎参考文献

Beck, Ulrich, and P. Wehling, 2012, 'The politics of non-knowing: An emerging area of social and political conflict in reflexive modernity,' in, Baert, Patrick and Fernando Domínguez Rubio, *The politics of knowledge*. London and New York: Routledge, pp.33-57.

藤垣裕子 , 2020, 「第 2 章 ものの見方を変える」藤垣裕子編『科学技術社会論の挑戦 1――科学技術社会論とは何か』東京大学出版会 : 35-54.

Gieryn, Thomas. F. 1995: "Boundaries of science." Jasanoff, Sheila, Gerald E. Markle, James C. Peterson and Trevor J. Pinch (eds.) *Handbook of science and technology studies*. Thousand Oaks, CA: SAGE. 393-443.

（濱野 健）

あとがき

　本書は、筆者らが看護専門学校や大学看護学科で社会学の講義を担当するなかで、時代の変化に合わせた新しいテキストの必要性を感じたことから企画されたものである。これまでは、本書の旧版にあたる「看護と介護のための社会学」（増補改訂版 2016 年出版）を使用し講義を行ってきた。しかし、刊行から 6 年あまりが経過したことで、社会学徒として、いま看護学生とともに考えたい事柄とテキストの内容にやや乖離が生じていると感じるようになってきた。とりわけ、ここ数年の社会の変化は目まぐるしく、社会情勢は混迷を極めており、学生に知ってもらいたいこと、考えてもらいたいことは増え続けている。しかし、講義の時間は限られており、少しでも多くの社会学的知見を学生と共有し、これからの社会についてともに考えるためには、社会の動向を踏まえたテキストの存在が欠かせない。こうした経緯から、旧版を大幅に刷新する形で本書は構成されている。

　昨今の時事問題のなかには、新型コロナウイルスの流行など、医療のあり方にかかわることも多くなっており、本書の構成においてはそうしたトピックを積極的に取り入れるように意識した。しかし、社会学という学問は、その思考の特殊性ゆえに、自身が専門とする事柄こそ、社会学的に捉えることがもっとも難しいというジレンマをはらんでいる。「はじめに」や第 1 章で述べられているとおり、「常識を疑う」「反省的な視点を持つ」といった社会学独特の思考は、客観的・批判的・俯瞰的な視点で対象を見る必要がある。従って、自身がその内側に位置している場合に、社会学的な視点を持つことはとりわけ困難となる。看護学生は、すでに医療に対して片足を突っ込んでいる立場であるから、医療を客観視しにくい。医学や看護学など、学生が日頃学んでいる授業の多くは自然科学分野の学問であり、言わばそれが学生にとっての「常識」となって

いるはずである。社会学の講義は、その時間だけ、他の科目とはおおよそ正反対とも言えるほど異質な思考を求めることになる。講義後のコメントで、全く意味がわからなかったという感想が一定数見られるのも、こうした社会学の性質によるものと考えられる。従って、看護学生に社会学的な視点を習得してもらうためには、医療以外の題材で理解を促し、そのあとに、その思考を医療に応用するという手順が有効と考えられる。本書の構成においては、こうした点も考慮したつもりである。

　看護学校では、専任の先生方から講義の内容について要望を頂くことも多くある。具体的には、ジェンダーや家族に関わる問題、貧困や格差の問題などについて、学生に知る機会を持って欲しいので、それを社会学の講義に取り入れることはできないかという相談を受けることがあった。看護学を専門とし、医療現場の現状をよく知る先生方の立場から見て、今後の医療のあり方を考えるうえでとりわけ重要な課題と感じられている事柄ということであり、我々医療の門外漢にとってありがたい指南である。重要なテーマであるにもかかわらず、看護学校では、これらのテーマを扱う科目が社会学の他にあまりないという事情もあるかもしれない。また、看護師の国家試験で関連する設問が出題されることが増えていることも、これらのテーマが要請される理由の一つとなっているように思われる。本書の構成においては、こうした現場からの要請もできる限り取り入れるよう考慮した。

　看護学校のカリキュラムが2022年度入学生から改正され、社会学が含まれる「基礎分野」については「情報通信技術（ICT）を活用する基礎的能力を養う」という内容を含むことが新たに求められることとなった。これに対応する内容を社会学の講義に取り入れて欲しいという要望を看護学校から受けたこともあり、本書では情報化をテーマにした章を設けた。新カリキュラムの要綱を踏まえて構成を考えることができたという点で、本書はタイミングよく企画・出版ができたと言えるだろう。

　この本の企画構想や原稿の執筆、そして編集作業が行われた時期は、地球上のさまざまな地域で暮らしている人たちがそれまで経験したことのない出来事に遭遇した歴史的瞬間であった。通常、社会の変容というのは日々の生活を営む私たちには気がつきにくいものである（だからこそ社会学では研究対象につい

ての歴史や地域間の比較用いることで、こうした事実を可視化しようとする）。しかし、この期間、私たちは社会のさまざまな「当たり前」が日々更新されていくその姿を目の当たりにした。このような経験が意味するのは、コロナ禍においては私たち誰もがある意味で「社会学者」であった、という事実である。みなさんが、そのような社会学的経験を振り返るために、そして変わりゆく社会のなかで立場や意見が様々に異なる人たちとの相互理解や共生を伴った未来への希望や可能性を拓くためにも、本書との出会いがその一助となれば幸いである。

　索引作成については濱松まみさんの協力を得た。ここに記してお礼申し上げる。

2022 年 10 月 13 日

阪井　俊文・濱野　健

索引

執筆者紹介

阪井俊文（さかい　としふみ）

編者・第 6 章・第 12 章・第 13 章・第 14 章・あとがき

北九州市立大学大学院社会システム研究科博士後期課程修了、博士（学術）。NPO 法人福岡ジェンダー研究所嘱託研究員、および北九州市立大学・福岡県立大学非常勤講師。専門は、ジェンダー論、メディア論。

［主な著書・論文］

『増補改訂版　看護と介護のための社会学』明石書店, 2016（分担執筆）.『わたしたちの生活と人権』教育情報出版, 2020（分担執筆）.

濱野健（はまの　たけし）

編者・第 8 章・第 11 章・第 16 章・第 19 章・あとがき

ウェスタン・シドニー大学人文部（College of Arts）博士課程修了（PhD）。北九州市立大学文学部人間関係学科教授。専門は、家族社会学、文化社会学など。

［主な著書・論文］

Marriage migrants of Japanese women in Australia: Remoulding gendered selves in suburban community: Springer, 2019.『増補改訂版　看護と介護のための社会学』明石書店, 2016（須藤廣との共編著）.

須藤廣（すどう　ひろし）　　　　編者・はじめに・第 1 章・第 2 章・第 17 章

日本大学大学院文学研究科社会学専攻博士課程取得満期退学。法政大学大学院政策創造研究科教授・北九州市立大学名誉教授。専門は、観光社会学、文化社

会学など。

[主な著書・論文]

『ツーリズムとポストモダン社会——後期近代における観光の両義性』,明石書店, 2012.『観光化する社会——観光社会学の理論と応用』ナカニシヤ出版, 2008.『増補改訂版 看護と介護のための社会学』明石書店, 2016(濱野健との共編著).

舟木紳介(ふなき しんすけ)　　　　　　　　　　　　　　　　　第 3 章

シドニー大学大学院社会福祉・社会政策・社会学研究科修士課程修了。福井県立大学看護福祉学部社会福祉学科准教授。専門は、ソーシャルワーク、外国人・移民定住支援。現在の主な研究テーマは、デジタルメディアを活用した多文化ソーシャルワークとコミュニティ文化開発。

[主な著書・論文]

Funaki, S., Hamano, T. and Phillips, R. Multiculturalism and social cohesion: A Japanese community's perceptions of 'being Australian', *Asian Social Work and Policy Review*, 2021.1-13.

森谷康文(もりたに やすふみ)　　　　　　　　　　　　　　　　第 4 章

シドニー大学大学院社会福祉・社会政策・社会学研究科修士課程修了。
北海道教育大学教育学部国際地域学科准教授。専門は、ソーシャルワーク、難民や移民の定住支援、滞日外国人の労働・生活問題。

[主な著書・論文]

「函館のカトリック教会に技能実習生と集う」, お隣りは外国人編集委員会編『お隣りは外国人——北海道で働く, 暮らす』北海道新聞社, 2022 年.
「新たな人生に向き合う——難民の暮らしとメンタルヘルス」, 小泉康一編著『難民をどう捉えるか——難民・強制移動研究の理論と方法』慶應義塾大学出版会, 2019 年.

作田誠一郎(さくた せいいちろう)　　　　　　　　　　　　第 5 章・第 10 章

山口大学大学院東アジア研究科博士課程修了。博士(学術)。現在、佛教大学

274

社会学部現代社会学科教授。専門は、少年非行論、犯罪社会学、教育社会学。
[主な著書・論文]
『近代日本の少年非行史──「不良少年」観に関する歴史社会学的研究』（学文社, 2018）.『いじめと規範意識の社会学──調査からみた規範意識の特徴と変化』（ミネルヴァ書房, 2020）.「犯罪報道の功罪──マス・メディアが伝える少年非行」『犯罪・非行の社会学〔補訂版〕──常識をとらえなおす視座』（岡邊健編著, 有斐閣, 2020）.

入江恵子（いりえ けいこ）　　　　　　　　　第 7 章・第 9 章
奈良女子大学大学院人間文化研究科博士後期課程複合領域科学専攻終了、博士（学術）。京都大学学際融合教育研究推進センターアジア研究ユニット研究員（特別教育研究）、九州国際大学法学部法律学科准教授を経て、現在、北九州市立大学文学部人間関係学科准教授。専門は、医療社会学、逸脱研究。
[主な著書・論文]
『介入と逸脱──インターセックスと薬害 HIV の社会学』（晃洋書房, 2019 年）.

木村多佳子（きむら たかこ）　　　　　　　　　第 15 章
関西学院大学大学院社会学研究科社会福祉学専攻博士前期課程修了。修士（社会福祉学）。福井県立大学看護福祉学部社会福祉学科助教。専門は、保健医療ソーシャルワーク、社会福祉実習教育。
[主な著書・論文]
『保健医療と福祉』（第 9 章「地域包括ケアシステムと在宅医療」分担執筆, 成清美治・竹中麻由美・大野まどか編著, 学文社, 2020 年）.『新・基礎からの社会福祉 3　高齢者福祉』[第 3 版]（第 10 章「人生の最終段階における支援」分担執筆, 大塩まゆみ・奥西栄介編著, ミネルヴァ書房, 2018 年）.

鈴木健之（すずき たけし）　　　　　　　　　第 18 章
法政大学大学院社会科学研究科社会学専攻博士後期課程修了（博士・社会学）。立正大学文学部社会学科教授。専門は、社会学史、社会学理論、文化社会学。
[主な著書・論文]

『行為論からみる社会学——危機の時代への問いかけ』晃洋書房, 2020（中村文哉との共編著）.「『核家族』概念と『二核家族』概念再考——タルコット・パーソンズとアーロンズ＝ロジャーズ」,『立正大学人文科学研究所年報』第58号 19-28, 2021.

看護を学ぶ人のための社会学

2022 年 12 月 30 日　初版 第 1 刷発行

<table>
<tr><td>編著者</td><td>阪井俊文・濱野 健・須藤 廣</td></tr>
<tr><td>発行者</td><td>大 江 道 雅</td></tr>
<tr><td>発行所</td><td>株式会社 明石書店</td></tr>
</table>

〒 101-0021 東京都千代田区外神田 6-9-5
電話 03（5818）1171
FAX 03（5818）1174
振替　00100-7-24505
http://www.akashi.co.jp/

<table>
<tr><td>進行</td><td>寺澤正好</td></tr>
<tr><td>組版</td><td>デルタネットデザイン・新井満</td></tr>
<tr><td>装丁</td><td>明石書店デザイン室</td></tr>
<tr><td>印刷</td><td>株式会社文化カラー印刷</td></tr>
<tr><td>製本</td><td>協栄製本株式会社</td></tr>
</table>

（定価はカバーに表示してあります）　　　　ISBN978-4-7503-5516-0

日本人女性の国際結婚と海外移住

多文化社会オーストラリアの変容する日系コミュニティ

濱野健 著

A5判／上製／288頁 ◎4600円

グローバル化に伴い増加傾向にある日本人の国際移動。主に女性の国際結婚と海外移住（婚姻移住）に焦点をあてオーストラリアのシドニーで行った調査結果をまとめた著作。現地の日系社会の変容と新たなエスニック・アイデンティティの形成を描く。

教育福祉の社会学 〈包摂と排除〉を超えるメタ理論

倉石一郎著

◎2300円

障害者虐待の実態と構造 日本・アメリカ・フィンランドからみる

今われわれ社会に求められることとは

増田公香著

◎3600円

近代日本の優生学 〈他者〉像の成立をめぐって

本多創史著

◎4500円

どうする？ What do we do? ～災害時の命の平等編～

小林学美作 石川貴幸絵

◎1200円

14歳からのSDGs あなたが創る未来の地球

水野谷優編著 國井修、井本直歩子、林佐和美、加藤正寛、高木超著

◎2000円

「ごみ屋敷」で暮らす高齢者の実態 「重度のためこみ状態にある住宅」の要因から

居住者への支援まで

河合美千代著

◎5000円

「犠牲のシステム」としての予防接種施策

日本における予防接種・ワクチン禍の歴史的変遷

野口友康著

◎4500円

看取りのドゥーラ 最期の命を生きるための寄り添い人

ヘンリー・フェルスコ=ワイス著

林美枝子監訳 山岡希美訳

◎2500円

〈価格は本体価格です〉

オフショア化する世界

人・モノ・金が逃げ込む「闇の空間」とは何か？

ジョン・アーリ 著　須藤廣、濱野健 監訳

■四六判／上製／328頁 ◎2800円

1990年以降急速に進んだ新自由主義経済と移動に関する技術革新を背景に、国境を超えた労働・金融・娯楽・廃棄物・エネルギー・気候変動やセキュリティの移動が「富裕層の二人勝ち」を引き起こす「オフショア化」を分析し、そこからの脱却の道を探る。

デジタル革命の社会学

AIがもたらす日常世界の ユートピアとディストピア

アンソニー・エリオット 著
遠藤英樹、須藤廣、高岡文章、濱野健 訳

■四六判／並製／360頁 ◎2500円

AIおよびデジタル革命は、個人の日常生活や現代社会にどのような影響をもたらすのか。世界的な社会理論家が、複雑化かつ不均衡な形で展開する現代社会の課題を、変容する社会と自己アイデンティティを軸に読み解く刺激的な一冊。

〈価格は本体価格です〉